CHARLIE WATTS

O GÊNIO DISCRETO QUE DEU O RITMO DOS **ROLLING STONES**

CHARLIE WATTS

O GÊNIO DISCRETO QUE DEU O RITMO DOS **ROLLING STONES**

PAUL SEXTON

Tradução
Jaime Biaggio

HarperCollins
Rio de Janeiro, 2023

Título original: *Charlie's Good Tonight*

Diretora editorial: *Raquel Cozer*
Gerente editorial: *Alice Mello*
Editora: *Lara Berruezo*
Editoras assistentes: *Anna Clara Gonçalves e Camila Carneiro*
Assistência editorial: *Yasmin Montebello*
Copidesque: *Marcelo Vieira*
Revisão: *Rayana Faria e Marcelo Schild*
Design de capa: *Holly Macdonald © HarperCollinsPublishers Ltd. 2022*
Imagem de capa: *© Bent Rej Photography*
Adaptação de capa: *Renata Zucchini*
Diagramação: *Abreu's System*

Dados Internacionais de Catalogação na Publicação (CIP)
(Câmara Brasileira do Livro, SP, Brasil)

Sexton, Paul
Charlie Watts : o gênio discreto que deu o ritmo dos Rolling Stones / Paul Sexton ; tradução Jaime Biaggio. – 1. ed. – Rio de Janeiro : HarperCollins Brasil, 2023.

Título original: Charlie's Good Tonight
ISBN 978-65-5511-511-6

1. Bateristas (músicos) – Inglaterra – Biografia 2. Músicos de rock – Inglaterra – Biografia 3. Rolling Stones (Banda de rock) 4. Watts, Charlie I. Biaggio, Jaime. II. Título.

23-144438 CDD-927.8166

Índices para catálogo sistemático:

1. Bateristas : Biografia : Inglaterra 927.8166

Aline Graziele Benitez – Bibliotecária – CRB-1/3129

HarperCollins Brasil é uma marca licenciada à Casa dos Livros Editora LTDA.
Todos os direitos reservados à Casa dos Livros Editora LTDA.
Rua da Quitanda, 86, sala 218 — Centro
Rio de Janeiro, RJ — CEP 20091-005
Tel.: (21) 3175-1030
www.harpercollins.com.br

Em memória de mamãe e papai,
com eterna gratidão por seu amor e seu apoio.

Sumário

Agradecimentos

Escrever esta biografia só foi possível graças à ajuda e ao apoio gentis e empolgados da família, dos amigos e dos parceiros musicais de Charlie. Gostaria de fazer um agradecimento especial à sua filha Seraphina, à sua neta Charlotte e à sua irmã Linda por participarem do processo com a elegância que perpassa a família Watts. Imensa gratidão também ao seu amigo mais antigo, Dave Green, pela pesquisa fotográfica e documental muito além de sua obrigação; à equipe dos Rolling Stones (incluindo Joyce Smyth, Paul Edwards, Bernard Doherty, Dave Trafford, Carol Marner, Rachel McAndrew e Sarah Dando), pelo apoio e pela permissão; e a todos os outros que colaboraram (Bill Wyman, Tony King, Jools Holland, Glyn Johns, Lisa Fischer, Chuck Leavell, Don McAulay e muitos mais) e amaram Charlie tanto quanto eu. E, é lógico, devo muito, como tantas vezes ocorreu nas últimas décadas, a Mick Jagger, Keith Richards e Ronnie Wood, tanto pelas contribuições históricas quanto pelo tempo a mim concedido durante ensaios da turnê *SIXTY*, quando as pedras rolaram com seu esplendor intacto pelo verão de 2022 adentro. Levaram consigo o espírito de Charlie Watts, assim como todos nós.

Prefácio de Mick Jagger

Charlie era um músico de mente incrivelmente aberta, e seu jeito de tocar, dotado de real sutileza. Era fervoroso em seus gostos: jazz, boogie-woogie, blues, música clássica, música africana, música para dançar, reggae e canções pop bobas e simplesmente boas. As pessoas sempre dizem que ele era um grande fã de jazz, mas não era só isso. Falar dessa forma é simplificar demais seu gosto musical e o que ele gostava de tocar.

Há um mito de que Charlie não saía de casa. É óbvio que saía. Íamos juntos a eventos esportivos e a vários lugares da moda para comer e ouvir música. No estúdio, vivíamos tocando só nós dois, todo tipo de música, depois que os outros já tinham ido para casa ou antes de chegarem. Às vezes, ele tocava umas batidas africanas e algumas das coisas que fazia eram incríveis. Não era supertécnico mas se adaptava muito bem; quando pegava o jeito de uma nova batida, ficava muito entusiasmado.

Era fã de música clássica também. Gostava de Dvořák, Debussy, Mozart, e ele e eu costumávamos ouvir Stockhausen e Mahler. Ouvíamos compositores modernos e tentávamos entender qual era a deles.

Ele era inteligente, de fala mansa, mas sabia ser direto e dizer o que pensava. A vida privada ele mantinha reservada, mas entendíamos o jeito de pensar um do outro. Charlie era uma pessoa muito quieta, mas tinha um ótimo senso de humor e ríamos o tempo todo. Sinto falta dele de tantas formas.

Mick Jagger
Junho de 2022

Prefácio de Keith Richards

Sempre que penso "vou falar sobre Charlie Watts", me dou conta de que a essência do homem não era algo que se expresse em palavras. Charlie era uma presença e, quando você estava com ele, era o que importava.

Em nossa relação, o humor era a base. Tirávamos sarro das pessoas sem nem abrir a boca. Tínhamos uma espécie de linguagem visual de sinais, algo necessário entre um guitarrista-base e um baterista, pois os dois têm de estabelecer uma comunicação. Mas refinamos esta linguagem ao ponto de incluir ironia, mau humor ou, no palco: "Ok, estamos voando, como vamos pousar agora?".

Charlie tinha um humor incrivelmente seco e discreto, mas eu sabia as palavras-chave, e não vou revelá-las. Não era sempre que o fazia, mas havia umas poucas palavras que eu podia dizer e, mesmo que ele estivesse no meio de um aeroporto, cairia no chão de tanto rir com as pernas para o ar. Por sorte, nas poucas vezes em que o deixei neste estado estávamos em quartos de hotel, pois em alguns momentos sua risada era histérica, liberada toda de uma vez só. E sabe Deus qual era a piada. Como de costume quando se trata de risadas assim, o que quer que as tenha desencadeado nem tinha tanta graça.

Era um homem bastante reservado. Eu sempre tinha a sensação de que era melhor não me precipitar ou questioná-lo diretamente sobre alguma coisa, a não ser que ele quisesse falar a respeito. Não tinha pretensão ou pose alguma. Charlie era exatamente aquilo que aparentava ser. O cara mais verdadeiro que já conheci.

Keith Richards
Junho de 2022

Prelúdio

Foi na ilha de Eel Pie que conheci Charlie Watts. Era uma quarta-feira, 1º de maio. Vira os Stones ao vivo pela primeira vez no domingo anterior no Hotel Station, em Richmond. Não havia falado com ele — talvez tenha dado um aceno de cabeça para Mick e Keith mas só falei com Brian Jones, então designado como porta-voz do grupo.

A banda me deixara nocauteado no Hotel Station. Eu não fazia ideia do que tinha acontecido, a não ser pelo fato de que havia mudado meu olhar sobre muita coisa e de que queria fazer parte daquilo. Na quarta-feira seguinte, lá estava eu promovendo a mim e ao meu senhorio, o agente Eric Easton, de quem alugava uma sala e uma linha telefônica na Regent Street. O show havia terminado e eu continuava por ali, ansioso, louco para passar no teste e começar logo a trabalhar.

Eu estava ao lado de Charlie e de sua bateria. Não fazia ideia do que conversar e resolvi oferecer ajuda para carregar o equipamento. Ele sorriu e recusou; já se dera conta de que minhas habilidades eram outras. Ele me deixara hipnotizado no Hotel Station, bem como todos os outros.

Em minha primeira autobiografia, *Stoned*, escrevi: "O baterista parecia estar sendo irradiado, como algo que se sente em vez de ouvir. Gostava da presença que ele trazia ao grupo, bem como de seu jeito de tocar. Ao contrário dos outros cinco, nenhum dos quais usava casaco, vestia o seu com os dois botões de cima meticulosamente fechados sobre uma camisa de colarinho abotoado tão impecável quanto, acrescida de gravata, qualquer que fosse a temperatura no ambiente. O corpo por detrás da bateria, a cabeça voltada para a direita em uma pose de desdém afetado e distante pelas mãos erguidas a 78 rotações bem à sua frente. Estava com os Stones, não era dos Stones. Era algo melancólico, como se tivesse sido transportado para a ocasião do Ronnie Scott's ou do Birdland, onde estivera em outro ritmo, no tempo e espaço de Julian "Cannonball" Adderley. Primeiro e único, para sempre homem de seu próprio mundo, cavalheiro do tempo, do espaço e do coração. Seu talento musical raro é a expressão do talento ainda maior que tem para a vida: acabara de conhecer Charlie Watts".

Nossas últimas sessões de gravação juntos foram de "We Love You" e "Dandelion". Como tantas vezes ocorria quando os Stones começavam a levar um som, não havia final pré-estabelecido — era o caso de primeiro ver se o feijão com arroz estava bem-temperado antes de adicionar acompanhamentos. O fim foi uma mistura de Nicky Hopkins e Brian Jones nos teclados e sopros, Keith e Mick em vocais santificados e Charlie à frente do furdunço com viradas improvisadas. Na ocasião achei que as viradas eram só para mim. Não eram, era simplesmente Charlie sendo Charlie.

Nos anos 1980, Charlie apareceu por alguma razão em Nova York durante uma de suas turnês solo tocando jazz. Cometi o erro de tocar para ele algo em que estava trabalhando. Ele simplesmente não mostrou interesse algum. "Andrew", disse, talvez no intuito de se explicar, "eu não dou a menor bola para o que os Stones representam. Só tenho interesse naquilo que toco". Felizmente, o mal-estar se dissipou, os gritos de deixa-pra-lá e vamos-logo-com-isso prevaleceram e a banda seguiu em frente. Estive com ele pela última vez em Seattle em 2005, exatamente o mesmo cara que eu havia cumprimentado na ilha de Eel Pie.

No mundo do cinema fala-se da Era de Ouro. A nossa foi a de Charlie Watts. Todas as grandes bandas têm algo em comum: um baterista diferenciado.

Andrew Loog Oldham
Junho de 2022

INTRODUÇÃO

Um homem fora de compasso, sempre no compasso

Madison Square Garden, Nova York, novembro de 1969. A "maior banda de rock n' roll do mundo", no epíteto recém-conferido por Sam Cutler, apresentador da turnê, termina "Little Queenie", de Chuck Berry, emenda direto seu mais recente n.º 1 nas paradas, "Honky Tonk Women", e Mick Jagger comenta casualmente: "Charlie está bem esta noite, né?".

Claro que estava, e sempre estaria. A simples menção ao nome de Charlie Watts no contexto desta biografia ou como quer que surja em uma conversa é suficiente para atrair de imediato a atenção de outros músicos e dos fãs. Exatamente o tipo de elegia de que ele fugiria como o diabo da cruz, como fez ao longo de uma vida verdadeiramente singular e improvável.

Charlie era a prova de que nem todos os astros do rock surgem da mesma forma e que clichês existem para serem evitados. Como o de que ele sequer se enxergasse como um astro do rock. Ele era a celebridade global que odiava chamar atenção e disse certa vez preferir a companhia de cães à de pessoas; o aficionado por carros que não sabia dirigir; o cavaleiro que não sabia montar; o homem de gosto refinado criado em uma casa pré-fabricada; o baterista que correu o mundo por cinco décadas e meia e passou cada uma delas ansioso para voltar para casa; o músico freelancer que achava que os Stones não durariam mais do que um ano e acabou virando sua chama-piloto em caráter permanente. Se fosse um personagem inventado, seria taxado de inverossímil.

É natural a tristeza em escrever sobre ele no passado, mas Charlie provavelmente evitaria ler este livro de qualquer forma. Posso imaginá-lo checando quais fotografias dele escolhemos, em seus ternos elegantes, mas pararia por aí. Esta é, espero, a narrativa delicada de uma vida bem-vivida e certamente bem-amada. Quem quiser polêmicas está procurando-as junto ao Stone errado.

Após a grande alegria de passar trinta anos entrevistando-o e a todos os Rolling Stones, fui sondado em 2020 para trabalhar com Charlie em sua autobiografia. Uma ideia ao mesmo tempo emocionante e fadada ao fracasso; o simples pensamento de ele escrever sobre si próprio já era equivocado.

Charlie admitia abertamente que a música dos Rolling Stones não era muito a sua praia e que raramente ouvia qualquer material da banda, a não ser que fosse para aprovar um relançamento ou coisa afim. Nem por isso era menos cortês sempre que convocado a cumprir obrigações promocionais. Com o tempo, aprendia-se a navegar sua imprevisível linha de raciocínio e a forma como se expressava, e a aguardar ansiosamente seu sorriso radiante e caloroso. Apesar de, em alguns momentos, seu cérebro e sua boca operarem em velocidades distintas e de ele, por vezes, ter aquela aparência distraída de um homem que tenta lembrar se não esqueceu nada no forno.

Documentar sua vida na terceira pessoa soa bem mais apropriado, e a rapidez com que seus amigos e família aprovaram e se envolveram no projeto diz tudo sobre ele. Foi o espelho dos aplausos demorados e ardorosos que se ouvia em todo concerto dos Stones quando Mick Jagger o apresentava e do jorro global de afeição que se seguiu à sua morte, aos oitenta anos de idade, em agosto de 2021.

De jovem baterista disponível para trabalhos às duas mãos sólidas dotadas de uma aura que transcendia a idade, de alicerce dos anos de glória a fiador e ícone de estilo de cabelos grisalhos, Charlie Watts viveu muitas vidas mas deixou que os outros fizessem alvoroço em seu nome. Exibicionismo? Não era a dele. Ansiava apenas por estar em casa e não entendia o porquê de tanta agitação.

Quando morreu, quase todo tributo e obituário fez menção ao Stone silencioso, espinha dorsal da banda, o homem que nunca faltou a um show em 57 anos (isso não é bem verdade: perdeu ao menos um, em 1964, porque se confundiu com a data, como veremos). Mas falou-se consideravelmente menos do colecionador inveterado, do generoso presenteador, do homem com um senso de estilo à moda antiga que vivia achando ter nascido no século errado.

Charlie tinha a capacidade, fosse intencional ou não, de resumir uma história, uma situação ou uma vida com um rápido gancho, algo que só encontrava igual em seu amigo Ringo Starr e seus malapropismos sobre noites de dias cheios e amanhãs que nunca se sabe[1]. "Cinco anos de trabalho, mais vinte só de bobeira" estava entre as tiradas mais célebres de Charlie, mas havia muitas outras. Ter estado por perto para ouvir algumas, ter sido testemunha de seu estoicismo de queixo quadrado, ter visto aquele rosto impassível se abrir em um sorriso radiante e ouvido aquela fala desconjuntada e aquelas digressões blasé, tudo isso valeu ainda mais do que o preço do ingresso para o que os Stones davam ao mundo: o maior espetáculo da Terra.

Não é tão raro conhecer músicos de rock de fama mundial a quem a adoração de milhões não livra da dúvida por vezes excruciante a respeito da própria capacidade. Mas conta-se nos dedos aqueles capazes de dizer algo que denote clara modéstia. Quase sempre que nos falávamos, Charlie resmungava algo sobre não se considerar um grande baterista ou não chegar aos pés de qualquer dos seus heróis.

Se isto poderia sugerir falta de autoconsciência, tinha por base uma característica inglesa de reserva e humildade mais bem desenvolvida que a de qualquer um. Mesmo já em pleno mergulho na rápida deterioração pelas drogas, Brian Jones o descrevia como "provavelmente a pessoa mais indiferente e centrada em toda a cena pop".

---

[1] Referência às canções dos Beatles "A Hard Day's Night" e "Tomorrow Never Knows". Malapropismo é a troca não intencional de palavras em uma frase por outras de sonoridade parecida, com resultado irônico e por vezes *nonsense*. (*N. do T.*)

Nas duas primeiras estrofes de "If You Can't Rock Me", faixa de abertura de *It's Only Rock n' Roll*, Mick canta: "A banda está no palco e é uma noite daquelas... o baterista se acha explosivo".[2] Com certeza não estava falando de Charlie. Para ele, arrogância era pura grosseria. Sabia quem era e, com a exceção de um período relativamente curto de loucura narcótica nos anos 1980, do qual se livrou sem qualquer um daqueles clichês dramáticos dos tratamentos de desintoxicação, tendo mantido a mente no lugar desde então, nunca mudou. "Sua filosofia é: 'Não preciso de muita coisa'", disse certa vez sobre ele Andrew Loog Oldham, empresário dos Stones no início da carreira. "Ele fez uma escolha e não se deixa levar pela babaquice." Mesmo em seus primeiros momentos de fama, Charlie dizia à imprensa musical: "Passo a impressão de estar entediado, mas não é isso. É só que eu tenho um rosto incrivelmente monótono".

Pode parecer implausível citar as palavras de um técnico de basquete americano, mas a recente assinatura de e-mail de Oldham, em reconhecimento à sabedoria do falecido John Wooden, soa apropriada. "O talento é Deus quem nos dá, tenha humildade", dizia ele. "A fama são os homens que nos dão, tenha gratidão. A pretensão vem de nós mesmos, tenha cuidado." O talento Charlie tinha de nascença. A fama foi jogada em sua direção. A pretensão, ele era intrinsecamente incapaz de exibir.

Esta biografia não pretende verificar exaustivamente a lenda da maior banda de rock n' roll do mundo, mas pintar um retrato

---

[2] "The band's on stage and it's one of those nights/ The drummer thinks that he is dynamite."

da vida e dos momentos de um homem singular que a tornou melhor, como fez com todos que cruzaram seu caminho. A narrativa obedece à cronologia, mas com periódicos interlúdios em *Contratempo* para focar em aspectos específicos do mundo de Charlie, em especial o casamento duradouro com sua amada Shirley.

Sim, é uma história com baquetas e pedras rolantes, mas é também a história de alguém único, que quase chegava a parecer de outra época: um homem fora de compasso, mas sempre no compasso perfeito.

1

Uma casinha de infância e um companheiro no jazz

Mozart sabia do que estava falando.
Mas deveria ter tido um bom baterista.
Keith Richards, 2011

O Riff Humano, na verdade, estava me explicando sobre a síntese de música hillbilly e negra que customizara a receita do rock n' roll, riscando o fósforo sobre a lenha para os nascentes Rolling Stones e a geração de bárbaros esperançosos por eles representada. Mas aquele último comentário sempre me havia soado como uma apreciação sucinta e jocosa do homem que passara os 58 anos anteriores sentado logo atrás dele. Em uma linha do tempo paralela, dava para imaginar Wolfgang Amadeus cheio de admiração por Charlie Watts. A mesma admiração de todos os demais.

Charlie não só era o astro mais relutante de todo o mundo da música como também o menos provável candidato a um assento permanente por tantas décadas em meio aos representantes mais globais do rock n' roll. Mesmo depois de ceder às repetidas propostas da banda para se juntar a suas fileiras, nem ele nem mais ninguém achava que os Stones e aquele R&B barulhento que faziam durariam mais do que um ano.

No início de junho de 1941, com o *Bismarck* no fundo do Atlântico, a Alemanha se preparava para invadir a União Soviética com tropas de três milhões de soldados. Em um terrível presságio de 2022, tanques logo entrariam em combate nas proximidades de Kiev. Os bombardeios haviam acabado de desalojar The Proms[1] de seu quartel-general no Queen's Hall, transferindo as performances para o Royal Albert Hall, enquanto Churchill e sua Comissão de Comércio anunciavam a criação do racionamento de roupas. Como os cupons ainda teriam que ser impressos, as pessoas se viravam com os talões para compra de margarina: com dezesseis, se obtinha um casaco de chuva, para botas bastavam sete. Mas no University College Hospital, em Bloomsbury, Lil Watts tinha outras coisas em mente.

Natural de Islington, com vinte anos de idade recém-completos, Lillian Charlotte Watts, filha de Charles e Ellen Eaves, havia se casado em 1939 com Charles Richard Watts, um mês mais velho, que servia na Força Área Real, na equipe que trabalhava em solo e como motorista dos oficiais. Depois de dar baixa, tornou-se motorista de caminhão para a London, Midland and Scottish Railway, emprego no qual continuava quando os Stones já conquistavam o Reino Unido. Na segunda-feira, 2 de junho de 1941, Lillian deu à luz seu primogênito; assim como Bill Wyman e Brian Jones, seria batizado com o

[1] Temporada de concertos diários de música clássica realizados anualmente durante o verão londrino, por oito semanas. O Queen's Hall, sua sede habitual desde 1895, foi destruído por bombas lançadas pelos aviões alemães em 1941. (*N. do T.*)

nome do pai. O pulsar de Charles Robert Watts se fez ouvir pela primeira vez.

Ainda faltava uma década até a parada de sucessos britânica ser formalmente instituída, mas as Andrews Sisters levantavam o moral das tropas com "Boogie Woogie Bugle Boy". Logo Glenn Miller e vários outros, incluindo Vera Lynn, estariam prevendo tempo bom sobre os penhascos brancos de Dover. Igualmente queridos nas ondas do rádio de então eram o programa cômico *It's That Man Again*, "Waltzing in the Clouds", de Deanna Durbin, os Ink Spots e Bing Crosby, enquanto Noël Coward, educadamente, perguntava: "Could You Please Oblige Us with a Bren Gun?" [Por favor, poderia nos arranjar uma metralhadora Bren?, em tradução livre]. No cinema, Abbott e Costello, que estavam entre as principais estrelas do momento, lançavam seu terceiro filme, *In the Navy*, da Universal, com Dick Powell no elenco. Joan Crawford, mais tarde incluída na colagem que compunha a capa de *Exile on Main St.*, ainda tentava se provar no recém-lançado *A cicatriz do mal*, de George Cukor.

Ainda pequeno, Charlie viveu algum tempo com cada uma das avós enquanto seu pai servia na RAF, mas pouco se lembrava dos anos da guerra. Diria, mais tarde: "Eu ouvia bombas explodindo pela vizinhança. Eu me lembro da correria para chegar aos abrigos antiaéreos. Era muito novo. A guerra era uma espécie de jogo para mim — creio jamais ter ficado verdadeiramente assustada".

Não só o pai, mas também o avô (Charles A. Watts), o tio e o primo tinham o mesmo prenome, sua mãe e seu pai costumavam chamá-lo de "Charlie Boy". O mais jovem dos Charles frequentava o jardim de infância na Fryent Way, em Kingsbury, noroeste de Londres e, quando a guerra estava chegando ao fim, conheceu Dave Green, nove meses mais novo. Tornariam-se amigos e colegas de banda em muitos dos projetos de jazz de Charlie, nos palcos e nos estúdios, pelo resto de sua vida.

Apesar de ser nove meses mais novo, Dave tem memórias mais vívidas da guerra. "Nasci em 1942 em Edgware, e morávamos em Kingsbury. Meu pai era do Real Corpo de Engenharia. Ele foi para a Alemanha no Dia D e eu me lembro — devia ter dois anos — dos Doodlebugs[2] chegando. Um caiu na nossa rua, uns sessenta prédios adiante, e destruiu nossa casa por completo. Lembro que minha mãe me alojou debaixo da escada. Era a conselho do governo, acho."

Dave se lembra de sua mãe ouvir o programa *Music While You Work* no rádio, e ela depois viria a dizer que ele cantarolava as linhas de baixo de canções populares, em um primeiro sinal da destreza que desenvolveria ao longo de sua carreira no contrabaixo acústico. Dave compartilhava suas lembranças com tanto fervor e generosidade que você logo começava a ter a sensação de que sempre foram amigos. Prestes a completar oitenta anos, quando conversamos para a escrita deste livro, ele mantinha intacta a discreta *joie de vivre* que teria conquistado Charlie.

Em 1946, tornaram-se vizinhos e, em seguida, almas gêmeas musicais.

Com o patrocínio da Força Aérea Alemã, as duas famílias logo teriam novos endereços em Pilgrims Way, Wembley, em casas pré-fabricadas (*prefabs*) do tipo em que eram acomoda-

[2] Apelido dos mísseis de cruzeiro V-1, usados pela Luftwaffe alemã em ataques aéreos. (*N. do T.*)

das tantas famílias britânicas desabrigadas pelas bombas. As casinhas modulares parecem simples em retrospecto, mas em tempos difíceis foram objeto de encanto para a família Green.

"Quando morávamos em Brampton Road, Kingsbury, as *prefabs* ficavam perto e eu me lembro de ir até lá para observá-las", conta Dave. "A rua nem era bem uma rua, o lamaçal era generalizado. Mas minha mãe adorava as *prefabs*. A cozinha era fantástica, muito moderna, compacta, com geladeira e tudo. Ela se inscreveu para conseguir uma dessas casas e, logo que ficou pronta, nos mudamos." Charlie e seus pais moravam no nº 23 e os Green no 22.

Em 1944, Lillian deu à luz a irmã de Charlie, Linda, de quem ele sempre foi próximo, em especial quando ainda morava com os pais. A entrevista que ela e o marido, Roy Rootes, me concederam para este livro foi a primeira que deu a respeito do irmão. Linda, aliás, sempre foi tão discreta que muita gente sequer se dava conta de que Charlie tinha uma irmã.

"As pessoas não sabem, porque eu nunca fui de me expor muito", diz ela delicadamente, sentada comigo e com Roy em sua casa em Buckinghamshire. "Não é minha natureza, e sei que ele não gostaria. Mas acontecia de eu estar no show, lá na frente, e vir alguém dizer: 'Ah, você é a irmã do Charlie. Deve estar tão orgulhosa'. E eu dizia: 'Sim, estou'. Charlie nunca foi muito de gostar de aparecer. Conversar a dois era o ideal para ele, pois era um homem muito reservado. Ficava no canto dele, sem dizer uma palavra. Ele era como minha mãe, já eu sou mais parecida com meu pai."

Ela fala com um carinho nostálgico daqueles anos em que viveu com o irmão e os pais, e do sentimento de comunidade que os unia naquele lar compacto. "Papai resolveu que, como eles gostavam de esportes e de bilhar, iriam comprar uma mesa de sinuca com metade do tamanho normal", conta Linda. "Para dar uma tacada, só abrindo a janela", diz Ron, secamente. "Assim, a vizinhança toda vinha também. Meu pai adorava", acrescenta Linda. "Minha mãe era um pouco mais reservada, mas não se importava porque ficava na cozinha." Roy, um ano mais velho que Charlie, se casaria com Linda em 1965.

"Acho que eu e Charlie nos conhecemos quando eu tinha quatro anos de idade e nos mudamos pra lá. Nossas mães se tornaram grandes amigas, esse é que foi o negócio, e ao ficarmos mais velhos nos tornamos muito próximos", diz Dave. "O mais extraordinário, na verdade, foi termos o mesmo interesse em jazz e o termos desenvolvido juntos."

"Até termos uns dez anos de idade, ficávamos brincando no jardim", contou Charlie. "Era uma área só com uma pequena cerca ao fundo, e tinha um buraco na cerca por onde passávamos. Nossas mães e nossos pais eram amigos. Ele começou a tocar em grupos de skiffle[3] e eu também. Formamos a nossa primeira banda de jazz juntos, tocamos juntos nos nossos primeiros discos e eu sempre o chamo quando faço qualquer coisa fora dos Rolling Stones." Na sequência, vem o arremate irônico impassível. "Não vou obrigá-lo a aguentar eles."

"Meu pai tocava um pouco de piano, mas não jazz", explicou Dave. "Tocava Les Paul e Mary Ford, esse tipo de coisa, e nós tínhamos um toca-discos com rádio. A coisa começou assim pro Charlie e pra mim, quando tínhamos uns nove ou dez anos. E a gente era da mesma escola, a Fryent Junior, mas de séries diferentes.

[3] Skiffle é um subgênero do folk com influência do jazz e do blues. (*N. da E.*)

E ainda morando lá, mudamos de escola juntos, fomos para o ensino técnico na Tyler's Croft, em Kingsbury." A atriz Shirley Eaton, *Bond girl* em *007 contra Goldfinger*, é quase contemporânea dos dois no colégio, bem como William Woollard, apresentador de longa data do programa de TV *Tomorrow's World*.

"O mais engraçado", comenta Dave, "é que eu não me lembro dele na escola. Não nos víamos muito por lá. Mas começamos a colecionar [discos de] 78 rotações e íamos juntos à lojas de discos, aí passamos a comprar LPs, discos de Charlie Parker e Jelly Roll Morton, que eu jamais tinha escutado. Ouvíamos no quarto dele, às vezes no meu."

No esplendidamente detalhado livro *Rolling with the Stones*, de Bill Wyman,[4] um Charlie de apenas sete anos de idade é descrito usando terno de cetim no casamento de seu tio Albert, em Holloway. "Meu pai comprava ternos para mim e eu os usava com o máximo de elegância que conseguisse", disse Charlie. "Um tipo meio *O pequeno lorde*, acho. Lembro que não gostava de jeans e suéteres na época. Achava um visual muito largado e, por alguma razão, não me sentia tão bem quanto me sentia com meus terninhos e minhas calças larguinhas." Algumas coisas nunca mudam.

Quando os pais de Dave se separaram, seu pai foi morar com familiares em Yeovil mas voltou a Londres após dois anos de êxtase bucólico e reatou o contato com Charlie em 1953.

"Ofereceram à minha mãe uma moradia social quando ela ainda estava na *prefab*, um lugar de construção recente em

---

[4] O trocadilho do título, "Rolando com as pedras" em português, se justifica pois Bill Wyman foi o baixista dos Rolling Stones desde os primórdios da banda até o início dos anos 1990, quando preferiu se desligar. (*N. do T.*)

Kingsbury, e nos mudamos para lá. Eu me lembro da neblina. Mais parecia sopa de ervilha. Lembro do motorista do ônibus caminhando na frente do ônibus. Não dava para ver nada, a neblina era inacreditável. Muita gente morria.

"Passamos um ano naquele lugar e minha mãe entrou com uma solicitação para que a gente voltasse à *prefab*", lembra Dave, rindo. "Ela sentiu muita falta do lugar, de Lil Watts, de tudo. O conceito das *prefabs* era maravilhoso. As casas eram iguais e os jardins quase que exatamente do mesmo tamanho. Era uma utopia. Era como se fosse uma comunidade. Minha mãe sentia falta disso. Como não havia condição de voltarmos para a casa vizinha de Charlie, fomos morar um pouco mais adiante."

O menino Watts virou adolescente em junho de 1954, época em que ressoavam os brados de Doris Day de cima dos mais altos montes a contar aos narcisos dourados sobre seu amor secreto.[5] Em Tyler's Croft, em uma turma de quarenta alunos, Charlie começou a desenvolver seu interesse por arte, que era maior do que tocar e estudar música, aptidão que fora prejudicada por um professor que ninguém conseguia entender. Mostrava talento também para o futebol, sendo um ponta-direita veloz, e para o críquete, tendo chegado a fazer um teste no Middlesex. "Era um garotão de pernas fortes", disse Lil. "Achávamos que iria se tornar jogador de futebol."

"Minhas lembranças mais antigas são dele jogando críquete", diz a irmã Linda. "Era muito bom mesmo, nós temos em casa as medalhas que ele ganhou. Sempre teve uma boa constituição

---

[5] Referência à canção "Secret Love", de Sammy Fain e Paul Francis Webster, cantada por Day no faroeste cômico *Ardida como pimenta*, de 1953. (*N. do T.*)

física, e mamãe e papai sempre o ajudaram com tudo de que precisava. Como nossa *prefab* só tinha dois quartos, meu irmão ficava com o maior, que deveria ser o da minha mãe e do meu pai. Eu ficava com o pequeno, e mamãe e papai em uma cama dobrável na sala. Foi assim por alguns anos."

Pouco tempo depois, Charlie daria seus primeiros vacilantes passos como músico, tocando banjo. Ele dizia que em toda a sua família, mesmo para além do núcleo central, ninguém tocava nada além do gramofone, mas não era bem o caso. Um ramo improvável de sua árvore genealógica fez nascer o Migil Five, combo de jazz britânico em que Charlie viria a tocar algumas vezes para cobrir eventuais ausências, e que posteriormente seguiria o caminho dos Stones rumo ao pop inclinado para o R&B, chegando às dez mais da parada do Reino Unido em maio de 1964 com "Mockin' Bird Hill".

Aquele grupo tinha como vocalista original Lennie Peters, tio de Charlie e Linda, com quem Charlie tocou quando recém-começava a se aventurar na bateria. "Era a única pessoa cega que já conheci capaz de aplicar papel de parede", diz Linda, com a maior desfaçatez. "E trocar lâmpadas."

Após anos de labuta solo no circuito de pubs londrinos e singles lançados pelos selos Oriole e Pye que não tiveram muito destaque, tio Lennie tornou-se parte da dupla Peters & Lee, lembrada por quem viveu os anos 1970 como arquétipo bem-sucedido do pop de cachimbo e chinelos[6]. Em um ato de gloriosa incongruência, seu maior hit, "Welcome

---

[6] O termo (*pipe-and-slippers* no original), que não é exclusivo da indústria musical, denota domesticidade, inclinação caseira. No contexto musical, portanto, uma música leve, inofensiva. (*N. do T.*)

Home", chegou ao topo das paradas britânicas em setembro de 1973 dividindo espaço entre as vinte mais com "Angie", dos Stones.

De volta ao tal do banjo, Charlie não gostava das marcações de escala no braço do instrumento e arrancou tudo. "Ao mesmo tempo", diz ele, "ouvi um baterista chamado Chico Hamilton, que tocava com Gerry Mulligan. Era daquele jeito que eu queria tocar, com as vassourinhas." Como sua primeira bateria caseira não tinha tarol, ele pôs o corpo do banjo em um suporte de madeira que construiu, virou de ponta-cabeça e passou a tocar com as vassourinhas de aço contra a pele do instrumento.

Charlie se virou assim até o Natal de 1955, quando seu pai e sua avó, em um ato de compaixão, lhe deram de presente sua primeira bateria de verdade, um kit Olympic de segunda mão comprado de um sujeito que tocava no pub local. Com direito a manchas de cerveja nas peles e queimaduras de cigarro no bumbo. "Lembro de descobri-la no quarto da minha tia", disse Charlie Boy. "Não me lembro de nada que tenha me dado mais prazer, e devo dizer que os vizinhos foram muito legais apesar de todo o barulho que eu fazia."

Linda se lembra de como o irmão estava determinado a aprender a tocar. "Ele se sentava na cozinha apertando duas bolas de borracha. Foi como fortaleceu os punhos", conta. "A gente ficava olhando para ele e minha mãe dizia: 'Pelo amor de Deus, largue esses troços!'. Mas ele sentia orgulho. Quando a bateria chegou, eu pensei: *Deus do céu, o que os vizinhos vão falar?* Por sorte, reagiram bem. Ele e Roy costumavam ir a Londres junto com outro amigo, Andrew Wren. Acho que foi lá que ele ficou vidrado."

Àquela altura, o *know-how* técnico de engenheiro televisivo do amigo Roy Rootes vinha bem a calhar. "Fui eu que fiz Charlie começar a tocar no quarto", relata Roy. "Saía puxando fios do toca-discos da sala até o quarto dele. Instalei uma caixa de som para que ele pudesse ouvir a música no quarto enquanto tocava bateria."

E os discos, ah, os discos. As primeiras paixões de Charlie como ouvinte incluíam "Flamingo", de Earl Bostic, n.º 1 na parada estadunidense de R&B em 1951, que seu tio havia comprado e era tocada nas festas na casa de seus pais. Tratava-se de uma versão tremendamente suingada do sax alto de Tulsa para uma canção lançada uma década antes por Duke Ellington e sua orquestra. Foi a iniciação perfeita ao jazz sofisticado com um pouco de R&B. "Out of Nowhere", de Charlie Parker, gravada em 1947, deu início à duradoura paixão de Charlie pelo saxofonista magistral e pela batida diáfana de Max Roach. O trompete naquela gravação é cortesia de um rapaz de 21 anos chamado Miles Davis.

"Sou o que sou graças a este homem", dizia Charlie sobre Parker. "Qualquer baterista dotado de ouvidos iria querer ser o baterista de Charlie Parker." De fato, o "Bird" ("Pássaro") voou para dentro da imaginação dos futuros Rolling Stones mais de uma vez. Em Cheltenham, foi depois de ouvir um disco de Parker que Brian Jones pediu aos pais para lhe comprarem um saxofone. Como veremos mais à frente, um Charlie se tornaria a inspiração para o livro de outro.

A conversão de Charlie à bateria foi influenciada também pelas mãos de Chico Hamilton, natural de Los Angeles, cuja habilidade nas vassourinhas emergiu ao entrar para o quarteto de Gerry Mulligan, o feiticeiro do saxofone barítono. O LP *Volume 1*, lançado pelo grupo em 1952, que contava ainda com Chet Baker no trompete, continha "Walkin' Shoes", de autoria de Mulligan, um prodígio de elegância contida por Hamilton e por todo o grupo. Os discos fascinavam o jovem Charlie. Ele precisava tocar como Chico Hamilton. Mais do que nunca, sabia que era à bateria que queria se sentar.

Charlie e Dave (que o amigo sempre chamava de "David") enchiam a *prefab* com o som contemporâneo do skiffle, o resoluto Dave no acompanhamento usando seu baixo caseiro feito de caixa de chá[7]. Mas Charlie basicamente aprendeu a tocar sozinho, ouvindo aqueles primeiros heróis do jazz, enquanto tirava notas bem medíocres na escola. Ao terminar o curso, aos dezesseis anos, o único exame em que fora aprovado tinha sido de Arte e seus únicos outros prêmios eram dois troféus de corrida. Seu dom para o design gráfico o levou a se matricular na Faculdade de Arte de Harrow.

"Quando era mais novo, eu tinha muita dificuldade para dormir e por isso desenhava", refletiria ele mais tarde. "Era uma terapia e provavelmente uma forma de evitar me meter em encrencas." Dave complementa: "Ele levava muito jeito para as artes. Sei que queria se tornar ilustrador gráfico, mas não passou em um exame ou algo assim. Como, não sei, pois ele era realmente muito bom. Mas creio que aquilo representou

---

7 Instrumento improvisado a partir de caixotes produzidos especificamente para o transporte de chá no Reino Unido, Austrália e Nova Zelândia. O recipiente em si era utilizado como caixa de ressonância; a um cabo — geralmente de vassoura — espetado nele, acoplava-se uma ou duas cordas. Na década de 1950, o uso de tais baixos acústicos improvisados por grupos de skiffle era bastante comum. (*N. do T.*)

um momento de mudanças. Foi quando ele começou a tocar com mais afinco".

Enquanto isso os amigos davam continuidade à educação musical em Pilgrims Way, Wembley, e mais para oeste. "Aprendíamos ouvindo discos e costumávamos ir a clubes", relata Dave. "Íamos ao 100 Club ver a banda de Humphrey Lyttelton — isso por volta de 1958. Depois eu passaria a tocar com o Humph, em 1965, com quem trabalhei por dezoito anos. Charlie amava a batida do Eddie Taylor na banda, e Brian Brocklehurst era quem tocava o baixo. Nós nos sentávamos na maior expectativa. Era ouvir, observar a relação do baixo com a bateria, tocar discos e copiar. Charlie tocava acompanhando o disco, assim como eu."

"Aprendi dessa forma, observando algumas pessoas tocarem", explicava Charlie. "Quando ia a salões de dança locais, eu nunca dançava; ficava perto do baterista e observava ele tocar. E meus favoritos eram invariavelmente negros norte-americanos, e eles tocavam uma música chamada jazz. Era daquele jeito que eu queria tocar."

A insegurança intrínseca a Charlie transpareceu quando ele falou daquela época ao programa de rádio *Desert Island Discs* em 2001. "Sou uma pessoa meio-lá-meio-cá", disse ele. "Quando era mais novo, deveria ter tido aulas, deveria ter aprendido a ler de verdade, mas preferia a agitação."

Em 1958, já tinham shows a fazer. O Joe Jones Seven, um grupo de jazz do norte de Londres, estava recrutando novos músicos pois seu baixista e seu baterista haviam sido convocados para o serviço militar. Jones morava na Meadowbank Road, em Kingsbury, que não era longe da Pilgrims Way de Charlie e Dave. Seu nome era Brian, na verdade — não confundir com o cofundador dos Stones e seu líder original e nem o baterista americano Jo Jones —, cujo trabalho definitivo com a orquestra de Count Basie Charlie tanto admirava.

"Eu só sabia uma escala de si bemol", lembra Dave, que já vinha tocando então em um grupo de skiffle. "Consegui um baixo de verdade, comecei a aprender a tocar e foi quando ouvimos falar daquela banda que estava testando músicos. Era uma banda de jazz ao estilo Dixieland tradicional, e a gente já vinha mesmo escutando aquele tipo de música. Resolvemos tentar. Nunca imaginamos que fôssemos passar. Mas, como Brian me contou recentemente, não havia aparecido mais ninguém. Fomos aceitos porque ou era a gente ou ninguém."

"Nenhum de nós tinha muito interesse em tocar solos", acrescenta ele. "A gente só queria era subir ao palco e sustentar o ritmo da banda. Essa atitude nunca mudou no Charlie e, basicamente, nem em mim. Ambos jogamos pelo time. Em qualquer banda que eu toque, toco para a banda, pela música, procurando me encaixar. Era o que o Charlie fazia."

Em 2022, um Jones de 83 anos de idade me diz: "Colocamos um anúncio no *Melody Maker* dizendo que tínhamos um show marcado em um pub chamado Upper West Harp, na zona oeste de Hendon. Eles leram e apareceram, e foram os únicos que apareceram. Mas como nós éramos uma banda semiprofissional, estava mais do que bom para o que queríamos, pois estávamos todos aprendendo. E assim eles entraram para a banda. Acho que aquele foi o primeiro trabalho do Charlie.

"Ele era um jovem elegante, sempre muito inteligente e estiloso. Segurava bem o tempo, o que é o principal para a banda, mas naquele estágio inicial era basicamente o que sabia fazer. Não era um garoto prodígio. Ele costumava tocar na batida exata, o que um baterista nunca deve fazer, na verdade.[8] Mas isso não durou muito. Ele se curou."

Jones, que tinha a mesma admiração de Charlie por Louis Armstrong, acrescenta: "A mãe e o pai de Charlie eram gente muito boa e nós costumávamos ensaiar muito na casa deles, na *prefab*. Tínhamos um pianista na banda, mas eles não tinham um piano na casa, evidentemente, e pianos elétricos ainda não haviam sido inventados. Então éramos só bateria e baixo, às vezes um guitarrista e a linha de frente de sax, trompete e trombone.

"Acho que os pais dele estavam aliviados por ele estar fazendo alguma coisa e não ficando só de bobeira", continua Jones. "Muitos pais eram assim — preferiam ter de aturar a barulheira do que o filho ficar zanzando pela rua. Foi um período bom. A gente ficava umas duas horas por lá aos domingos e a banda também ia ensaiar na minha casa."

"Todos eles costumavam ir à *prefab*", confirma Linda, "e o barulho que se ouvia era sempre jazz. Nunca rock n' roll ou pop. Charlie gostava de Billy Eckstine, que minha mãe e meu pai ouviam. Mas fora isso, era jazz." Johnnie Ray e Nat King Cole também frequentavam o fonógrafo. "Eles curtiam muito

---

[8] A ideia é que, quando se adianta ou atrasa a batida alguns décimos ou milésimos de segundo, a música ganha em tensão e, portanto, em ritmo. Seguir o compasso com exatidão milimétrica tornaria a batida da música dura, mecânica, sem sal. (*N. do T.*)

Perry Como, essas coisas", dizia o irmão dela, que viu um show de Eckstine no London Palladium. O estiloso músico de Pittsburgh combinava todas as paixões musicais de Charlie, na condição de vocalista sofisticado de jazz e pop, líder de banda de swing e bebop e trompetista. Charlie falava maravilhas de seu grupo dos anos 1940, onde tocavam Dizzy Gillespie, Charlie Parker e Art Blakey.

Com Charlie e Dave na formação, o Joe Jones Seven conseguiu uma residência semanal no Masons Arms, em Edgware. Há uma fotografia maravilhosa do grupo tocando no local em 1959 com seus recrutados púberes. O baixista Green veste um velho suéter; já o baterista Watts usa um impecável casaco da Ivy League, cabelo repartido no meio com exatidão e um lenço no bolso superior.

"Ele tinha uma postura de que estamos saindo para tocar e temos que ter o visual apropriado", continua Dave. "Às vezes, meu pai nos levava, ou pegávamos um táxi até a estação e depois o trem, eu carregando o baixo; saltávamos em Canons Park e pegávamos um ônibus. Chegávamos ao local e era a mesma coisa no caminho de volta. Eu ia do jeito que estivesse vestido. Charlie trocava de roupa para o show. Nunca o vi tocar de calça jeans".

Uma pesquisa inestimável da esposa de Jones, Ann, desencavou uma carta para Brian, ou "Joe", em papel timbrado da Mecca Dancing ("a maior organização de salões de baile do mundo"). "Tínhamos ido até o Streatham Locarno em agosto de 1958 para competir em uma das eliminatórias do Campeonato Nacional de Bandas de Jazz Amadoras", diz Dave.

"Era algo importante para nós e eu me lembro muito bem de tocarmos no palco giratório."

Ele aponta outro exemplo precoce da preocupação do colega com o estilo. "Brian criou um uniforme da banda para o evento, e ele se lembra de que Charlie usou uma gravata de cor berrante em vez da que havia sido selecionada para o uniforme. Ann também se lembra de cruzar com um dos jurados no bar em vez de estar no lugar dele ouvindo e julgando as diversas bandas."

A banda pressupôs que sua passagem pela eliminatória não animara nem sequer os jurados que permaneceram em seus lugares. Isto até o gerente do Locarno admitir na carta que houvera um erro de julgamento, avisando Jones que seu grupo na verdade havia ficado em segundo lugar, atrás do Jack Bayle Quartet. Dave oferece um desfecho impecável à história. "Não deu em nada", diz, "porque não nos demos ao trabalho de ir até lá tocar na final."

Jones recorda: "Havia muito jazz na época. Dava para tocar em pubs por toda Londres e a gente também topava alguns shows de música para dançar — aniversários, casamentos, esse tipo de coisa, tocando algumas canções pop da época. Nenhum de nós era um *mouldy fig* [figo mofado, em tradução livre], como chamavam os puristas do jazz na época. Se havia a oportunidade de um show, eram dez xelins que se ganhava. Trinta, se fosse um show muito bom. Naquele do Masons Arms, acho que não ganhamos nada, só cerveja de graça. Charlie bebeu suco de laranja".

Em uma apresentação de agosto de 1959 no Edgware Jazz Club, com Charlie na bateria e Dave no baixo, o rebatizado Joe Jones All-Stars desfiava um repertório do qual faziam parte "Summertime", de George Gershwin, clássicos do blues como "St. James Infirmary Blues" e "St. Louis Blues", bem como "Goosey Gander", de Woody Herman. Às vezes, o pai de Charlie os levava até lá de carro, com o contrabaixo acústico e toda a bateria atrás. Em outras ocasiões, os amigos pegavam o ônibus e socavam todo o equipamento no compartimento de bagagens e na plataforma. Certa vez, parte da bateria rolou para fora do veículo e caiu na rua. O motorista, compreensivo, parou o ônibus para que os dois pudessem recuperar as peças.

Com a chegada dos anos 1960, Charlie passou a encontrar tempo entre os shows e os discos para dedicar ao sexo oposto. Ele foi ao aniversário de 21 anos de Jones. "Meu cunhado estava na festa", diz Jones, "e me contou: 'Aquele Charlie Watts me perguntou se eu estava saindo com aquela garota e disse que, caso eu não estivesse interessado, ele estava'."

A banda durou mais ou menos um ano, se separando depois que Jones se casou e se mudou com Ann para Luton. "Cada um foi pro seu lado", diz ele, "mas eles apareciam de vez em quando para me ver e tocar com músicos locais." Deslumbrado com seus músicos favoritos de então, Charlie dizia que em sua imaginação era o perfeito baterista novaiorquino Art Taylor a tocar, como Taylor fazia, com o genial pianista Thelonious Monk. Charlie havia saído da Faculdade de Arte em julho de 1960, mas não sem antes escrever e ilustrar para um projeto ("um treinamento visando uma carreira em design gráfico", explicaria ele posteriormente) um pequeno, porém significativo, livro em homenagem a Charlie Parker. Batizou-o de *Ode to a Highflying Bird* [Ode a um pássaro nas alturas, em tradução livre]. Ilustrou-o com todo o carinho em casa, com tintas e pincel. "As tintas se misturaram, e eu nunca limpava direito o pincel, de forma que as cores ficaram muito estranhas", explicou, com a costumeira atenção aos detalhes.

Uma vez que os Stones ficaram famosos, o livrinho de bolso foi publicado pela Beat Publications em janeiro de 1965, com preço de capa de sete xelins. Charlie disse secamente: "Um sujeito que publicava a *Rolling Stones Monthly* viu meu livro e pensou: 'Ah, dá pra tirar um troco com isso!'.". Dave Green, àquela altura seguindo uma trajetória própria no jazz e fora da órbita do amigo, me contou aos risos: "Eu me lembro de ver o livro no quiosque da estação de Kingsbury. Não comprei porque não tinha dinheiro".

Com 36 páginas e formato 13x18 cm, *Ode to a Highflying Bird* pode ter sido o proverbial livro fininho, e sua caligrafia e ilustrações simples e bonitas sugerem um livro infantil — só que era tão descolado quanto a música que retratava. Vale a pena apreciá-lo como sendo a primeira, e talvez a última, manifestação das duas grandes paixões de Charlie, o jazz e a arte.

O adolescente desenhou Parker como um pássaro de verdade, de óculos de sol, e descreveu com um refinamento austero sua ascensão e repentina queda. "Esta história foi compilada por um Charlie, para um grande e falecido Charlie", escreveu ele no prefácio. O livro detalhava como os pais de Bird fizeram do Kansas seu "ninho" e como Parker, ao perceber ser diferente dos demais frangos, começou a praticar seu "assovio" com afinco, mas ao se ver fora do compasso dos demais pássaros, buscou consolo em "sementes ruins e drinques de centeio".

Em Nova York ele se vê aclamado, mas nunca se livra dos maus hábitos. Ao longo de cinco páginas de ilustrações comoventes, o pássaro definha, diminuindo de tamanho a cada página, sumindo, sumindo, até sumir de vez. Parker morreu em função dos excessos em 1955 com apenas 34 anos mas, ao que consta, com o corpo de um homem de cinquenta ou sessenta. "Voou", concluía Charlie, eloquente, "mas não foi esquecido." Em 1991, o livro foi reimpresso, desta vez acompanhado pelo belo miniálbum *From One Charlie*, no qual o baterista comandava singelamente um quinteto escolhido a dedo, do qual Dave fazia parte.

Em 1960, formado e talvez com a primeira edição do livro como portfólio, Charlie arrumou um emprego servindo chá na firma de design gráfico londrina Charles Daniels Studios, ganhando duas libras por semana. Ele e os colegas de trabalho passavam noites com o ouvido grudado no rádio ouvindo o programa de humor *Hancock's Half Hour* e repetiam todas as melhores tiradas de Lad Himself no dia seguinte, no estúdio.

Andy Wickham, que posteriormente se tornaria um célebre divulgador e executivo da indústria fonográfica fundamental na expansão da Warner Brothers Records via Laurel Canyon[9], contou: "Eu trabalhava ao lado de Charlie no estúdio. Ele era o mais inteligente dos aspirantes a artista plástico do departamento. Ajudava a todos nós com os desenhos se estivéssemos

[9] Laurel Canyon, bairro de Los Angeles localizado na região de Hollywood Hills, foi epicentro de uma parte da cena musical dos anos 1960 e 1970, o movimento de cantores-compositores de inspiração hippie que teve como alguns de seus maiores expoentes Gram Parsons e Joni Mitchell. Wickham (1947-2022), ele mesmo um hippie cujo dia a dia na Warner fugia marcadamente ao trabalho usual de escritório, foi quem descobriu e contratou ambos para a gravadora. (*N. do T.*)

enfrentando dificuldades. Mas você tinha que ter ouvido ele falar sobre jazz. Era uma enciclopédia ambulante".

O duplo fascínio de Charlie por design e jazz posteriormente o faria cair nas graças de um fotógrafo em ascensão que ajudaria a formatar a dinâmica visual dos Stones: David Bailey. "Eu me dei muito bem com Charlie porque ele havia trabalhado como designer gráfico", conta Bailey. "Sabia quem era Irving Penn (célebre fotógrafo americano) e conhecia um pouco do meu trabalho. E, evidentemente, ele era mais voltado para o jazz, um tipo de música que eu ouvia muito — quando tinha catorze anos, tudo que eu queria era ser Chet Baker."

Charlie chegou ao nível de visualizador, desenhando pôsteres, e poderia ter tido uma carreira muito bem-sucedida como designer, mas a sua paixão pela música não diminuía. Largou o emprego porque simplesmente tinha de tocar bateria, e se mantinha em forma com apresentações em um café duas vezes por semana, até conseguir um espaço a partir de setembro de 1961 no Troubadour, em Earl's Court, onde sua habilidade lhe valeu uma reunião sem compromisso com Alexis Korner.

Korner, nascido em Paris, chegara a Londres antes mesmo da adolescência, em plena Segunda Guerra Mundial, e em 1949 entrara para a banda de Chris Barber, onde conhecera o eternamente subvalorizado gaitista Cyril Davies. A junção da energia dos dois como artistas e agitadores culturais foi imensamente importante para o desenvolvimento do levante londrino de R&B, em especial ao formarem o Blues Incorporated em 1961.

Charlie vivia relembrando comigo sua juventude nos clubes, como cliente e músico, e se lembrava sempre daqueles com quem tocara décadas antes. Havia trabalhado com gente como

Art Wood, irmão mais velho de Ronnie, e na banda Blues By Six, mas basicamente tocava com qualquer banda que o convidasse. “Era um jeito de pagar as contas”, dizia ele. “A gente tocava onde nos pedissem para tocar. David, por tocar baixo e ser extremamente talentoso, tocava com um certo grupo de pessoas. Eu costumava tocar na banda do Art, e o Art Themen (que depois viria a tocar com Stan Tracey) era o saxofonista tenor.”

Mais tarde ele observaria: “Lembro que quando comecei a tocar existiam o jazz moderno e o jazz tradicional, e a separação entre os dois era bem-definida. Quem frequentava os mesmos lugares que eu para ver Georgie Fame era um pessoal totalmente diferente, do corte de cabelo a todo o resto, dos que iam dançar no clube de Cy Laurie (na Great Windmill Street), que era onde minha (futura) esposa ia.

“Foi assim que Alexis começou, por meio desse cara gentil e incrível que era Chris Barber, instigado por ele”, explicou Charlie. “Harold Pendleton era dono do Marquee, e Alexis tocava lá algumas quintas-feiras. Começou a fazer mais sucesso que as noites de domingo, com Johnny Dankworth. Eu ia aos domingos para ver (o baterista escocês de jazz) Bobby Orr e gente do tipo tocar lá.” A esta altura, ele já passara a frequentar mais o Soho, indo ver Phil Seamen tanto no Ronnie’s quanto no Flamingo, e a comprar discos com Ray Smith, proprietário da meca do jazz que era a loja Collet’s, na New Oxford Street.

As tentativas de Korner de adicionar Charlie à formação do Blues Incorporated foram frustradas pela oferta de trabalho em design gráfico na Dinamarca recebida pelo baterista. Lá, ele viveu em Randers, na península de Jutland. Enquanto esteve por lá, tocou com o multi-instrumentista Holger Laumann na banda Safari Jazz e, prestigiosamente, com Don Byas, renomado saxofonista tenor de swing e bebop que havia tocado com Basie, Ellington e Gillespie.

Charlie retornou ao Reino Unido em fevereiro de 1962 ao aceitar um emprego em tempo integral como designer na agência de propaganda Charles Hobson and Grey. Mas teve uma passagem breve pelo trio de Dudley Moore, fazendo amizade com o pianista e comediante em ascensão que ressurgiria muitos anos depois. Por ora, contudo, o Blues Incorporated finalmente capturara quem queria.

"Recebi uma mensagem dizendo que Alexis Korner — ao que eu respondi: 'Quem?' — queria que eu tocasse na banda dele", relembrou Charlie. "Falei um pouco com Alexis, apareci e não fazia a menor ideia do que eles estavam tocando. Blues, para mim, era 'Parker's Mood'. Nunca havia escutado o blues de Chicago. E nunca curti rock n' roll, para ser sincero. O mais perto que chegava disso era Fats Domino e Little Richard. Achava os dois maravilhosos. Ainda acho.

"Elvis eu odiava. Keith Richards é que me converteu a Elvis Presley e à grandeza do seu período na Sun [Records]. Gosto dele até 'All Shook Up', essas coisas. Acho que, se não tivesse morrido, ele seria ainda pior agora pois detesto o último período da vida dele, a fase Vegas. Adorava quando ele tocava com [o guitarrista] Scotty Moore e [o baterista] D.J. Fontana, com aquela bandinha. Deve ter sido fantástico na época. Deve ter sido incrível vê-lo em algum daqueles salões de baile em celeiros."

Assim, ganhando uma libra por dia, Charlie entrou para um verdadeiro campo de treinamento para músicos promissores britânicos que certamente só encontraria concorrência na sucessão de talentos gerida por John Mayall que logo viria a emergir sob a alcunha de Bluesbreakers. “Um grande ímã”, era a descrição adequada que Charlie fazia de Korner. Foram treinados pelo Blues Incorporated nomes como Jack Bruce, Ginger Baker, Graham Bond, Long John Baldry, Paul Jones, o estadunidense Ronnie Jones (não há parentesco), Davy Graham e Dick Heckstall-Smith, e a banda deu algumas de suas primeiras oportunidades a outro jovem aspirante que, na época, ainda era mais conhecido como Mike Jagger.

“Às vezes, eu queria ter uma participação nos lucros de todo mundo que começou comigo”, declarou Korner ao *Melody Maker* em 1966. “Os Stones, por exemplo. Charlie Watts era da minha banda e Mick Jagger cantava comigo. Eu o teria mantido na banda, mas Cyril Davies foi contra.”

Jack Bruce me disse certa vez: “Quando cheguei a Londres, comecei a conseguir mais trabalhos e, felizmente, a vivenciar uma cena musical mais interessante, porque nunca fui grande fã do jazz tradicional — era música formulaica, de segunda categoria. Quando conheci Dick Heckstall-Smith e entrei para a banda de Alexis Korner, com todo aquele pessoal ótimo como Ginger, Graham Bond, Charlie Watts, todo aquele pessoal incrível que conheci bem no início dos anos 1960, foi aí que comecei a me desenvolver”.

“Jack é um bom músico, sempre foi desde os dezesseis anos ou até antes disso”, dizia Charlie. “Quando o conheci, era um baixista fenomenal e tocava em uma banda com Ginger e Dick.

Ele é daqueles músicos capazes de simplesmente chegar e tocar, algo que eu não consigo. Até consigo, mas tem áreas com que não sei lidar e Jack sabe. Quando comecei a tocar com Alexis, Jack tocava contrabaixo acústico, foi quando nos conhecemos. Ele logo mudaria para o baixo elétrico."

Um show local que encheu Charlie de desgosto envolveu outra atração da região, o Screaming Lord Sutch, um dos primeiros expoentes do chamado "shock rock". Ele tocou perto da casa dos Watts com sua banda, The Savages, da qual fazia parte o pianista e amigo da família Andrew Wren. Historiadores astutos saberão que o subestimado Wren havia entrado no lugar do pianista original dos Savages, Nicky Hopkins, mais tarde ingrediente essencial de tantas gravações clássicas dos Rolling Stones e de dezenas de outros artistas. Por sua vez, Wren logo seria cooptado por Brian Jones para tocar piano e cantar por um breve período nos ensaios embrionários do que viria a ser os Stones, antes de ser rapidamente substituído por um tal de Mike Jagger.

"Nós jogamos uma partida de críquete. Joguei no time da empresa de Charlie, para a qual ele trabalhava lá em Hayes", lembra-se Roy Rootes. "Estávamos no carro no caminho de volta e ele comentou: 'Andrew Wren está tocando no Centro Comunitário de Southall, vamos dar um pulo lá para dar uma olhada?'. Fomos, e Lord Sutch estava no palco, tocando 'Great Balls of Fire', esse tipo de coisa." Imaginem Sutch em seu figurino costumeiro de palco, que copiava o excêntrico americano Screamin' Jay Hawkins: chifres de búfalo colados a um capacete com uma peruca em cima, além de um casaco de pele de leopardo com as mangas cortadas, emprestado pela tia dele.

"Lord Sutch corria pelo palco e Andy Wren trazia um grande alarme de incêndio vermelho", conta Rootes. "Tinha tanta fumaça e tralha pelo palco. De repente, Wren veio correndo e acertou a cabeça de Lord Sutch. O rosto dele ficou empapado de sangue. Só quando vimos uma ambulância do lado de fora foi que percebemos que aquilo não fazia parte do show." Charlie ficou devidamente horrorizado.

Charlie estava escalado para o primeiro show do Blues Incorporated no Ealing Club, em 17 de março de 1962, com Korner na guitarra, Davies na gaita, Dave Stevens no piano, Andy Hoogenboom no baixo e Dick Heckstall-Smith no sax tenor. Korner e Davies haviam comandado seu Clube de Blues e Barrelhouse de Londres no pub Roundhouse, no cruzamento das ruas Wardour e Brewer, onde Davies antes promovera as noitadas do Clube de Skiffle de Londres.

O Ealing Jazz Club, inaugurado em 1959 no número 42A da The Broadway, bem em frente à estação de metrô Ealing Broadway, havia se tornado a primeira real sede do R&B britânico. Charlie voltaria ao local na semana seguinte e conheceria o "outro" Brian Jones (então um fã de jazz tradicional que morava em Cheltenham) que, por sua vez, seria apresentado duas semanas depois a Mick e Keith. As sementes se espalhavam.

Passados exatos sessenta anos e em plena preparação para a turnê europeia comemorativa desta efeméride, Mick e Keith repassam comigo suas mais antigas lembranças do amigo de longa data. "Sim, o Ealing Club", diz Keith. "Mick e eu dirigimos até lá porque ouvimos falar do tal clube e pensamos 'Uau, R&B em Londres! Temos que ver isso!'."

"Eu não conseguia enxergar até o fundo do palco e só ouvia o baterista. Estava tentando encontrar um espaço para olhar o palco, tinha um triangulozinho de nada entre o ombro de um e a bunda de outro e só o que eu conseguia ver era uma mão esquerda no contratempo perfeito. Assim fui apresentado à mão esquerda de Charlie Watts, ouvindo-a e tentando desesperadamente ver onde ela ia dar.

"Finalmente consegui ver o safado, Mick e eu nos olhamos e pensamos: 'Se conseguirmos dar um jeito, esse é o cara de que a gente precisa'. Alexis às vezes tocava também com Ginger Baker e Phil Seamen e alguns bateristas de jazz muito conhecidos. Mas eles não tinham aquilo que o Charlie tinha, aquele toque tão singular."

Mick se recorda: "Só fui ao Ealing Club para ver o show. Nunca tinha ouvido falar dele nem de mais ninguém ali. Não sabia quem era Alexis Korner. Só fui até lá no sábado à noite porque era um show que dava para ver. Charlie era um dos bateristas, havia outros. Foi como eu o conheci.

"Era uma ideia muito legal. Você vai, leva seu instrumento e torce para conseguir tocar três músicas. Eu tentava cantar todo sábado, pelo menos duas músicas. Tocava com ele. Ou cantava sozinho, ou Keith e eu tocávamos uma música, mas o pessoal fazia cara feia porque era rock n' roll demais. Embora fosse obviamente a apresentação mais popular da noite, por ser mais fácil para dançar. Aí eu cantava com Brian, tocando 'Dust My Broom', ou não."

Como de hábito, Charlie diminuía seu próprio cacife e o do Blues Incorporated. Ao mesmo tempo, lembrava-se do impacto imediato daquelas noites no Ealing Club, e de um grupo que descreveria como "um misto de R&B e Charles Mingus". A lotação era de duzentas pessoas e cerca de cem apareceram para aquele primeiro show, mas dali a quatro semanas as pessoas estariam voltando da porta por não caber mais ninguém. "Em cerca de um mês, Alexis já era dono do recorde de público do clube, e eu não sei por quê, pois não era uma banda assim tão coesa", dizia Charlie.

"Tocava-se coisas que ninguém na banda havia ouvido. Na verdade, eram jeitos de pensar totalmente diferentes. Só Cyril Davies e Alexis realmente conheciam as canções que nós tocávamos. O restante de nós ia sem saber de nada. Era espantoso, na verdade, mas aparecia gente para assistir." A partir de maio, então, o Blues Incorporated fechou uma residência todas as quintas-feiras no Marquee, no intervalo do show da Chris Barber Band.

Longe dos holofotes, Charlie faria 21 anos de idade em 2 de junho de 1962, com Elvis Presley ainda dominando as paradas britânicas com "Good Luck Charm". Para celebrar um aniversário tão marcante, Charlie deu uma festa no pub Green Man, em Kingsbury. Passados mais de sessenta anos, Brian "Joe" Jones ainda tinha guardada a carta que veio junto com o convite. Ela dizia (erros de pontuação e grafia por cortesia de Charlie):

> Caro Joe,
>
> Anexo este bilhete torcendo para você e Anne poderem aparecer no sábado 2 de junho todo o Pessoal vai estar lá.

Também queria que você estendesse o comvite a sua Mãe seu Pai Terry e a Garota dele, como pode ver é só no Green MAN.

Charlie.

PS — Vai ter uma banda lá mas se quiser leva os sopros e dá uma canja depois vai ser muito bem-vindo. Te vejo e aguardo notícias logo.

Jones escreveria para informar que ele e Ann (sem o "e") não poderiam ir pois ela havia dado à luz a filha do casal, Sara, apenas quatro dias antes.

Enquanto isso, no leme do Blues Incorporated, Korner e Davies se desentendiam quanto à direção exata a seguir e ao som da banda — o segundo preferia um blues mais ao estilo de Chicago —, além de dinheiro, inevitavelmente. "Eu é que não iria ficar no meio dos dois", disse Charlie. "Era só o baterista... Não dava nem para entrar na discussão pois eu não fazia ideia do que eles estavam falando.

"Eu estava tocando com Cyril Davies, que era aquele gaitista bem ao estilo Jimmy Cotton, diatônico, bem Chicago. Nunca havia tocado com um gaitista. Da primeira vez que toquei com Alexis eu lhe disse para ficar quieto, pois ele tinha um amplificador de cinco metros quadrados e pendurou em cima da minha cabeça naquele café Troubadour. Isso ainda foi em Earl's Court. Superboêmio. Eu não aguentava o barulho. Lembro que Ginger Baker estava lá naquela noite."

Algumas semanas depois, no Marquee Club, no dia 12 de julho de 1962, o Blues Incorporated, àquela altura já atração principal, teve que cancelar o show porque havia sido chamado para participar do programa de rádio *Jazz Club*, da BBC. O buraco foi coberto pelos Rolling Stones ainda em formação: Brian (na época atendendo por "Elmo Lewis"), Mick e Keith, com o reforço do robusto pianista Ian "Stu" Stewart, que logo se tornaria gerente de turnê da banda. Com Dick Taylor no baixo e Mick Avory ou, o que é mais provável, Tony Chapman na bateria (tudo depende da pessoa em cuja memória se escolhe confiar), fizeram a sua histórica estreia nos palcos.

"Eu conhecia todos", disse Charlie, "porque havia tocado com Mick algumas vezes na banda de Alexis, que nunca tivera um vocalista (fixo). Ele teve Ronnie Jones, um sujeito americano, creio que Paul Jones cantou com Alexis na época e Mick fez alguns shows. Keith tocou conosco no Ealing, eu lembro, e com Brian toquei algumas vezes."

Charlie estava lá à paisana naquela noite de julho e teve a chance de observar de fora o mundo em que logo se enredaria pelo resto da vida. Após a apresentação no *Jazz Club*, rumou para o n.º 165 da Oxford Street, endereço original do Marquee. "Nós (o Blues Incorporated) fizemos um programa de rádio e me lembro de ir para lá direto da Broadcasting House e descer a escada dos fundos, da lateral na verdade, me postar na porta do Marquee e ver Brian com o slide[10] dando uma de Elmore James."

---

10 Técnica de guitarra que consiste em tocar o instrumento com o auxílio de um pequeno tubo cilíndrico de vidro, metal ou cerâmica, inserido no dedo que sustenta as notas no braço do instrumento. O som que se obtém é característico de certos estilos de blues, como o de Elmore James (1918-1963). (*N. do T.*)

Mesmo assim, nem todos estavam tão fascinados. Harold Pendleton era o sagaz empresário do norte da Inglaterra e fã de jazz tradicional que estabelecera o Marquee. Eu o entrevistei aos tenros 89 anos, em 2014, três anos antes de sua morte. Suas lembranças: "Anos atrás, a BBC me procurou e quis saber o que eu tinha achado quando os Rolling Stones tocaram pela primeira vez no meu clube. Respondi que estava no pub. Não tínhamos licença para vender álcool. A banda de verdade, o grupo de Cyril Davies, foi toda para o pub e eu fui com eles. Os Stones eram o grupo do intervalo." Como o eixo de composição Jagger-Richards ainda estava longe de se concretizar, o repertório da noite não incluía uma única música autoral. Houve covers de inspirações como Jimmy Reed, Robert Johnson, Muddy Waters e Chuck Berry. Cavaram ainda mais fundo atrás de material, tocando Little Willie Littlefield, Jay McShann e Billy Boy Arnold. O *non sequitur* foi a versão de "Tell Me That You Love Me", lado B de 1957 do queridinho das adolescentes Paul Anka.

Aquele era um grupo ainda muito inexperiente, para o qual Stu passaria algum tempo marcando compromissos durante o horário de trabalho na ICI pois nenhum dos Stones tinha telefone. Tocavam ao vivo e ensaiavam, engordando a residência semanal no Ealing Club com datas no sul de Londres (Sutton, Cheam e Richmond) e umas poucas mais distantes. Enquanto isso, buscavam um baterista fixo e as baquetas passavam de mão em mão, do desfavorecido Tony Chapman (dos Cliftons, com quem Bill Wyman tocava na época) a Carlo Little, da banda de Screaming Lord Sutch. Alguns shows não tinham baterista algum.

Brian Jones perseguia Charlie, que resistia, atendo-se a seu status de semiprofissional e à renda de seu emprego fixo. Décadas depois, continuava a descartar a sugestão de que um dia tenha estado em alta demanda e, em última análise, tenha sido alvo específico dos Stones. "Não faço ideia disso", me respondeu certa vez, quando o mencionei. Em outra entrevista, disse que "andava procurando trabalho. [...] Estava 'entre projetos', para usar a expressão que atores usam".

"Nem pensar", rebate Keith, referindo-se àquela primeira vez em que o viu. "Depois daquele show, claro, foram meses na tentativa de persuadir Charlie a apostar suas fichas em nós", lembra. "Ele dizia: 'Olha, adoraria, mas preciso de pelo menos um show fixo a cada semana só pra cobrir as despesas'. Corremos atrás por algumas semanas até conseguir arrumar mais um show e o apresentamos orgulhosamente ao Charlie. 'Temos *dois* shows por semana!' E ele topou."

Mick explica: "Vimos Charlie tocando com Alexis e dissemos: 'Vai ser bom com ele'. Mas ele tinha um monte de showzinhos. Alexis tinha bateristas aos montes, deixava todo mundo ter uma chance, Ginger Baker, quem fosse. Mas não tínhamos tantos shows assim e não podíamos pagar ninguém. Logo que conseguimos algo fixo, como Richmond, Ealing, Ken Collier's, Charlie entrou para a banda. Ele estava só esperando termos shows suficientes. Levou um tempo, mas nem tanto. As pessoas gostam de criar mitos em cima de tudo, mas foi bem simples".

Mick e Brian se mudaram para um dos mais famosos muquifos da história do rock, seu apartamento em Edith Grove, Chelsea, onde Keith logo se estabeleceria. Nem sempre é lembrado que Charlie esteve com eles também por algum tempo, naquele "maravilhoso pardieiro", nas palavras de Keith. "Eu morava com Mick, Keith e Brian", disse Charlie, que aos fins de semana voltava para a casa dos pais. "Era em Londres, era bem-localizado, fácil de chegar e, para ser sincero, era uma tremenda farra."

Em meados de dezembro de 1962, depois de impressionar os embrionários Stones nos ensaios mais com seus amplificadores do que com sua performance, Wyman estava a bordo e Charlie abria mão de seus compromissos com o Blues Incorporated, alegando como de costume não estar no mesmo nível dos outros músicos. Com a chegada do novo ano, já havia recomendado outra futura lenda da bateria para substituí-lo e se jogado de cabeça na aventura dos Rolling Stones. Apesar do fato de seus amigos acharem que estava maluco e de não ter certeza sobre o que seu pai diria.

2

“Acha que eu deveria entrar para essa banda de intervalo?”

Peter Edward Baker apareceu na vida de Charlie Watts no fim dos anos 1950. Já conhecido pelo apelido "Ginger", era dois anos mais velho e tocava bateria desde 1954. Os dois não apenas seriam influências importantes em guinadas significativas da carreira um do outro, mas fizeram uma amizade que duraria até o fim de suas vidas.

Charlie e Ginger se conheceram no venerado clube folk Troubadour, em Earl's Court, quando o futuro Stone tocava em um quarteto lá. "Ele veio me encarando", contou Charlie anos depois ao *Melody Maker.* A ideia de Ginger ser capaz de começar uma briga em um salão vazio soará verdadeira para todos nós que tivemos de assistir ao documentário *Beware of Mr. Baker* praticamente de trás do sofá.

"Ele é muito bom, de fato", continuou Charlie. "Era o mais próximo que eu já vira de um músico totalmente norte-americano. Eles deixam evidente como acham que a coisa tem que ser, e Ginger é assim. Ele soava mais como Elvin Jones para mim do que o Elvin Jones propriamente dito." Um elogio e tanto: Charlie tinha em altíssima conta o baterista de jazz post-bop[1],

---

1 Estilo de jazz derivado do rápido, energético e virtuosístico bebop e de sua evolução, o hard bop, mas com uma característica mais experimental. (*N. do T.*)

mais conhecido como integrante do quarteto de John Coltrane. Charlie e seu amigo Jim Keltner, também músico prestigiado, chegaram a tocar uma "Elvin Suite" de doze minutos no seu álbum colaborativo de 1996, o audacioso e imaginativo *The Charlie Watts-Jim Keltner Project*. A composição é parceria dos dois com Blondie Chaplin, músico de apoio dos Rolling Stones e Beach Boy na era *Holland*.

"A relação que eles tinham vem de antes de eu nascer", diz Ginette, apelidada Nettie, filha de Ginger. "Da época em que minha mãe (Liz, que se tornaria a primeira esposa de Baker) e meu pai começaram a sair, em 1958. Charlie tinha ouvido falar do meu pai na cena de jazz. Eles frequentavam os mesmos círculos.

"Moravam perto um do outro e iam para lá e para cá na Bakerloo Line (hoje em um trecho da Jubilee Line) com a minha mãe, voltando do centro para o subúrbio. Charlie morava em Kingsbury, eles em Neasden, por isso pegavam o mesmo trem e adoravam papear. Tinham uma adoração mútua. Ninguém podia falar mal de Charlie na nossa casa."

Assim como Charlie, Baker havia negligenciado um interesse por design gráfico para seguir a sua batida. "Tinham muito em comum, portanto", diz sua filha. "Houve algo naqueles anos iniciais que certamente criou um vínculo, e isso é muito raro em se tratando do meu pai. Eu estava circulando pelos locais onde funcionaram alguns dos antigos clubes de Londres, e sabia que papai havia carregado sua bateria para o Cy Laurie's, por exemplo. É importante saber que Charlie estava lá nessa época também."

Baker entra na história de Charlie nesta junção pois, quando Charlie saiu do Blues Incorporated, recomendou Ginger como seu substituto. Como já sabemos, Charlie achava difícil acompanhar os colegas de banda. "Deixei o Alexis porque ele estava indo em uma direção diferente", explicou, "e eu sentia que não era a minha. Eu disse: 'Vocês têm que chamar o Ginger Baker', e ele assumiu o posto. Ginger era tremendamente forte naquela época. Lembro do kit com que ele tocava na banda de Alexis — ele mesmo o havia montado com plástico reciclado, supervanguarda." Charlie chegou até a ajudar Ginger a montar o kit para o primeiro ensaio.

Houve outra razão para a saída de Charlie, acrescenta Nettie. "Ele disse ao meu pai: 'Não é um futuro seguro'. Papai achou a maior graça daquilo. Mas foi quando ele lhe passou o posto na banda do Alexis." A admiração logo se revelaria mútua, pois Ginger recomendou Charlie a Brian Jones. "Meu pai gostava do Brian, dizia que ele era bom músico", explica Nettie. "Ele dizia: 'Brian, seu baterista é terrível. Por que você não chama o Charlie Watts?'. Ele certamente devolveu o elogio. Meu pai sabia que Charlie tinha uma boa base de jazz e achou que talvez pudesse trazer algo aos Stones. Ele disse, aliás: 'Dava pra saber que fariam muito sucesso logo na primeira vez que os vi'."

Nettie sempre teve consciência do contraste entre as personalidades dos amigos improváveis. "O que se pode dizer sobre alguém que é simplesmente uma pessoa muito legal?", reflete, com total sinceridade. "Meu pai é notório por *não* ser uma pessoa legal, e no entanto foram amigos incrivelmente próximos. Foi a mesma coisa com Eric Clapton. Ele dizia: 'Ginger nunca mandou eu me foder, por isso nos dávamos bem. Jamais agiu daquela forma comigo'. Eles viram um lado completamente diferente dele. E eu não acho que ser uma pessoa legal seja pré-requisito para ser um bom artista."

A formação incipiente dos Stones com Jagger, Richards, Jones, Ian "Stu" Stewart e Dick Taylor sabia quem queria. "Nós dizíamos: 'Deus do céu, adoraríamos ter aquele Charlie Watts se pudéssemos pagá-lo'", escreveu Keith em *Vida*[2]. "Pois todos achávamos Charlie Watts um baterista divino. Stu deu uma sondada. E Charlie disse: 'Adoraria fazer quantos shows for possível, mas preciso de dinheiro pra carregar esses tambores pelo metrô'. Ele disse: 'Se vocês me derem um retorno e disserem que garantem dois shows por semana, estou dentro'."

Ronnie Wood relembrou a conversa entre o irmão mais velho Art e Charlie, que tocava com ele no Marquee. "Ele disse ao Art: 'Recebi uma oferta para entrar para uma banda de intervalo chamada Rolling Stones. O que você acha que eu devo fazer?'. Charlie achava que iria durar uma semana, duas, algo assim, mas Art disse: 'Vai fundo. Se quiser entrar para essa banda, a gente dá uma mão para levar a bateria'."

E foi assim que, mesmo ciente de que sua conta bancária poderia ser impactada, Charlie, no fim das contas, não conseguiu resistir à oferta dos Stones. "Eu estava vivendo com certo conforto, e obviamente meus ganhos despencariam", diz ele, citado no livro de Bill Wyman, *Rolling with the Stones*. "Mas comecei a pensar. Gostava da energia deles e estava me envolvendo bastante com o R&B. E disse ok."

Em meio à modorra dos dias de semana na imundície do apartamento de Edith Grove, Charlie se via estranhamente

---

[2] Keith Richards. *Vida*. Rio de Janeiro: Globo Livros, 2010.

seduzido. Desistira do emprego na Charles Hobson and Grey Advertising, organização recém-fortalecida após a compra da Charles Hobson and Partners, em 1962, pela poderosa firma nova-iorquina Grey Advertising. Mas estava cada vez menos inclinado a se sustentar como designer. "Acordava pela manhã com o Brian e o Keith roncando adoidados e pensava: 'Não quero fazer entrevista de emprego hoje. A gente vai tocar logo mais, de qualquer forma'. De repente, havia me tornado parte de uma banda em que todo mundo batia palmas."

Uma eternidade depois, enquanto se aproximava o aniversário de (meros) cinquenta anos dos Stones, em 2012, Mick Jagger deixava claro que vinha fazendo uma pesquisa pessoal sobre a cronologia inicial da banda, a contar daquele ponto de partida, em julho de 1962. Ele me contou: "Perguntei ao Charlie: 'Quando foi o seu primeiro show?'. Ele me disse: 'Janeiro do ano seguinte'.". Na mosca. Tony Chapman recebeu a má notícia após o show no Ricky-Tick, em Windsor, dia 11. Apenas 24 horas depois, de volta ao Ealing Club e com a formação aumentada para seis músicos, Charlie sentava-se pela primeira vez atrás da bateria.

A menção no diário de Keith à primeira performance de Charlie expressa reservas. "Talvez seja por causa do resfriado, mas não me soou bem. Se bem que Mick, Brian e eu continuamos grogues com os calafrios e a febre!!!". Até um pensamento tão simplório era expresso em um título de canção: "Chills and Fever" era uma faixa R&B de 1960 que Jet Harris havia regravado havia pouco tempo e viria a ser a primeira gravação de Tom Jones. Keith concluía: "Charlie tem o ritmo mas o som ainda não chegou no ponto. Amanhã a gente conserta isso!". Quando o lembro de seus comentários, nove meses após a morte do baterista, ele gargalha: "Que petulância!".

O diário de Keith registra alguns dias depois: "Charlie tem um suingue muito bom mas não tem pegada rock. Mas que cara fabuloso...". Em sua autobiografia de 2010, Keith acrescenta: "Na época ele ainda não tinha pegado o espírito do rock n' roll. Eu queria que desse mais porrada. Ainda estava jazz de mais para mim".

A resposta estava nos discos de Jimmy Reed, o *bluesman* do Mississippi cujo impacto se fez sentir sobre os Stones desde cedo e nunca os deixou. Não foi só no início da carreira que fizeram *covers* de suas músicas: "The Sun Is Shining" estava no repertório do infame show em Altamont, em 1969, "Little Rain" em *Blue & Lonesome*, de 2016, que chegou ao topo da parada levando o grupo de volta às raízes, e "Shame Shame Shame" foi tocada no velório de Charlie em dezembro de 2021 no Ronnie Scott's (onde mais?).

"Keith, Brian Jones e eu costumávamos parar para ouvir Jimmy Reed o dia todo na época em que entrei para os Stones", me disse Charlie. "Aprendi todas as sutilezas do material de Reed na companhia deles." Em *According to the Rolling Stones — A banda conta sua história*, de 2003, acrescentou: "Soube que Earl Phillips tocava naqueles discos como um baterista de jazz, tocando swing, na pegada *straight-4*.

"Freddy Below, por outro lado, já tocava *shuffle*, que é o que fazem em Chicago. Em muitas das canções de Chuck Berry, que nós passamos para o ritmo de colcheias exatas, que é o que Chuck tocava, Freddy Below estava tocando 4x4, swing, e a mistura, que se dá certo, é incrível; mas se não dá, quer dizer que alguém está fora de sincronia. Aprendemos a tocar igual a Freddy Below."

Keith ficou impressionado com o apuro com que o novo colega de banda entrou instintivamente na levada dos companheiros. "É incrível como ele começou a ouvir muito blues de Chicago, necessariamente, só por andar conosco", lembra Keith. "Mas só de absorver intuitivamente o que ele ouvia, e o que tocava antes, jazz e free jazz, eu fiquei espantado de ver como, em poucas semanas, ele não só tinha descoberto todas as coisas certas a fazer mas estava curtindo. Era como se estivesse aprendendo algo ao entrar para os Stones, que eram uma escola das mais estranhas."

Após uma tentativa em outubro de 1962 em um estúdio em Highbury de propriedade do guitarrista Curly Clayton, em março de 1963 o grupo gravava demos pela segunda vez, dessa vez sob a égide de seu contemporâneo Glyn Johns. Nos primórdios de uma longa carreira musical em que se reafirmou consistentemente como um dos melhores produtores e engenheiros de gravação do Reino Unido, Johns trabalhava então no estúdio IBC, em Portland Place, e foi autorizado a levar os Stones para gravar em horários ociosos. Como ele lembrou em seu livro de memórias *Sound Man* [Homem do som, em tradução livre], a banda já estava muito bem entrosada, em grande parte graças à cozinha[3].

"Achei os resultados fenomenais", narrou ele. "Finalmente tive a oportunidade de gravar a música que tanto havia me

[3] Termo de uso corrente entre músicos para designar a base formada por baixo e bateria, também conhecido por "seção rítmica". (*N. do T.*)

inspirado ao ouvir o álbum de Jimmy Reed que meu amigo americano Pat tinha. Eles mandavam muito bem. Eu me lembro de ter ficado particularmente impressionado com a gaita de Brian Jones e a pegada e o som extraordinários que Charlie e Bill tiravam, além do piano de Stu, que nem preciso mencionar."

Nos primeiros seis meses de Charlie, os Stones tocaram ao vivo 91 vezes por toda Londres, de locais na zona central, como o Flamingo, no Soho, o Scene Club e o Marquee, a outros ao norte como o Harringay Jazz Club, no sul, como o Red Lion, em Sutton, e o hotel Wooden Bridge, em Guildford, e oeste, como o Ricky-Tick, em Windsor, e a ilha de Eel Pie, em Twickenham. Sua memória tinha um lugar especial para uma célebre residência daqueles primeiros tempos. "Uma das situações que mais me impressionou provavelmente foi quando tocamos no Crawdaddy, quando o clube se mudou do pub", contava ele. "Isso faz tempo, e posso estar totalmente errado, mas a gente saiu do pub e foi para aquele lugar atlético (quando o clube mudou de sede para o mais imponente Richmond Athletic Ground, em junho de 1963). Eu me lembro do Mick dançando por lá, a gente tocava todos os domingos.

"Nós tocávamos no clube de Ken Colyer, bem em frente à estação de metrô de Leicester Square, e dali íamos pro clube. Eram os nossos dois shows. Aquilo nos sustentou por um tempo, aliás. Mas ficava cada vez mais cheio. A gente dá esse tipo de sorte." Foi no Crawdaddy, ele se lembra, que o show dos Stones se tornaram "um culto", atiçando a plateia com apresentações que terminavam, nas palavras dele, "em um alvoroço sem fim".

Em maio de 1963, o grupo assinou com a Decca Records. Em poucos meses, o *cover* rudimentar, mas exuberante de "Come On", de Chuck Berry, sairia como single de estreia pelo selo, ainda que a representatividade da sonoridade ao vivo da banda fosse, na melhor das hipóteses, tênue. "Jamais ficou tão bom quanto Chuck Berry. Isso ninguém consegue", lembrava Charlie. "A versão dele é bem descolada, por sinal. O ritmo é ótimo. Ele toca meio ao estilo de Nova Orleans, é fantástico. A gente tocava reto, sem desvios, como um grupo beat de Liverpool. Quando éramos jovens, tocávamos tudo rápido pra cacete. Nem pensávamos a respeito na época", acrescentava com uma risada.

Antes até de o disco de 45 rotações ir para a rua, Norman Jopling escreveu nas páginas do *Record Mirror* a primeira reportagem sobre o grupo vista em um jornal musical influente e de circulação nacional, informando que lotavam o Station Hotel, em Richmond. A matéria dizia que lá "a garotada não para quieta ao som do novo 'ritmo da selva' [...] e o combo que os faz se contorcerem e girarem os quadris se chama Rollin' Stones. Talvez você nunca tenha ouvido falar deles — se mora muito longe de Londres, é provável que não tenha". O baterista, informava o semanário pop, era Charles Watts. Ainda faltavam semanas para o seu próximo salto: tornar-se profissional.

Bill Wyman, sentado na sala de casa em Chelsea, em 2022, fala sobre o amigo com uma veneração palpável. "Quando Charlie entrou na banda, era um músico de jazz e sempre falava sobre o pessoal do jazz", conta ele. "Os únicos jazzistas que eu conhecia na época eram Fats Waller, que amava e ainda amo, Dizzy Gillespie e Gerry Mulligan. Tinha escutado algumas coisas, eram ok, mas não era a minha praia. Mas ao menos tínhamos sobre o que conversar. Fomos bem mais fundo em outros músicos de jazz que eu na época não conhecia. Tinha uma espécie de vácuo. Mas musicalmente a gente se deu bem logo de cara."

Charlie não era um devoto do rock n' roll, mas isso não importava. "Não era, mas sabia tocar *shuffle*, e isso era muito importante no nosso material", diz Bill, "porque todas as outras bandas estavam tocando colcheias, semicolcheias, *papapapá*, 'Bits and Pieces', 'She Loves You', todas indo nessa linha. E a gente tocando *papumpapum*, 'Down the Road Apiece', essas coisas. Charlie era brilhante naquilo, pois era um baterista de jazz, e por isso estávamos vários quarteirões à frente de qualquer um que quisesse nos imitar. O que estávamos fazendo eles não conseguiam fazer.

"Quando a gente começou existiam os três Bs: Chris Barber, Acker Bilk e Kenny Ball. Eles eram do jazz tradicional, que estava por toda parte, todos os clubes. Fomos a primeira banda a entrar naqueles clubes e *não* tocar jazz tradicional; por isso o pessoal daquele estilo não gostava da gente. E logo que começamos a ser um pouco mais aplaudidos que eles, fomos expulsos de todos os clubes de jazz em Londres e tivemos que ir para Richmond, Twickenham, Windsor, pois em Londres já não tínhamos mais onde tocar. A Federação de Jazz nos sabotou. Mas nós éramos bons pra caramba naquela época. Éramos melhores que qualquer outra banda ao vivo e continuamos sendo."

"Ele tinha o estilo dos bateristas negros que tocavam com Sam & Dave e a turma da Motown, ou os bateristas de soul", escreveu Keith sobre Charlie em *Vida*. "É esse o toque dele.

Grande parte do tempo supercorreto, com as baquetas entre os dedos, que é como a maioria dos bateristas toca hoje em dia. Se tentar dar uma pirada, não se arranja. É um pouco como surfar: tudo bem quando você está sobre a onda. E por causa desse estilo do Charlie, eu podia tocar do mesmo jeito. Em uma banda, uma coisa leva à outra; tudo precisa se mesclar bem. Basicamente é tudo líquido."

Charlie viria a refletir sobre o contraste entre o apelo mais amplo das primeiras gravações dos Stones e o gosto pessoal dos membros da banda pelo blues mais puro e de raiz. "Em um álbum, a gente fez uma porção de coisas terrivelmente comerciais. 'Money', 'Come On', sabe como é, nada disso estava na nossa meta, se é que me entende, com relação ao que tocávamos nos clubes. Era uma coisa muito mais Bo Diddley, Muddy Waters."

Dinheiro de verdade ainda não se via no horizonte, mas a nova aquisição para o equipamento do grupo a partir de julho de 1963 foi um mapa da Inglaterra. Naquele mês eles partiram para o Outlook Club, em Middlesbrough, para dar início a três meses extenuantes, em uma sequência de 78 shows em 76 dias. Já não corriam mais só de um lado a outro de Londres, mas Reino Unido acima e abaixo, de Morecambe a Margate, de Prestatyn a Peterborough, de Wisbech a Woking. Na volta, com frequência iam todos para a casa de Charlie, que ainda passava os fins de semana com os pais.

"Quando ele vinha para cá, eu ouvia a batida na porta e a frase: 'O pessoal vai ficar aqui'. Keith, Bill, todos eles. Eram superamigáveis. Ficavam na deles comendo sanduíches de bacon e tomando chá. Na manhã seguinte, papai e eu saíamos para o trabalho e Charlie dormia até quase a hora do almoço", conta a irmã, Linda.

Em novembro, tendo recebido "I Wanna Be Your Man" de presente de Lennon e McCartney para o segundo single, os Stones ascendiam de forma tão rápida que a *Record Mirror* estava publicando uma coluna semanal chamada "Um Rolling Stone escreve", na qual eles se revezavam. Enquanto continuavam a primeira grande turnê pelo Reino Unido, tocando com Little Richard e Bo Diddley, na coluna escrita por Charlie ele descrevia a festa de aniversário de Bill Wyman, na qual todos os convidados "tiveram uma excelente sessão de audição de discos de Jimmy Reed".

Em um tempo em que muitas colunas do tipo eram na verdade escritas por terceiros, o texto de Charlie é de um tom tão banal que soa perfeitamente crível. "Não sei dizer se havia bebido além da conta ou não", escreve ele, "mas não consegui crer nos meus olhos quando vi o motorista do ônibus desatar a comer um copo na festa. Embora coisas estranhas aconteçam." Com maior solenidade, anunciava aos leitores que a placa com a marca da van havia desaparecido por completo.

Em maio de 1964, com a estrela do grupo em plena ascensão, um leitor do *Record Mirror* chamado Graham Prout escreveu de Aberdeen para compartilhar o resultado do concurso de popularidade dos Stones que ele e os amigos haviam promovido em caráter local. Mick ficara em primeiro, mas batendo Charlie por pouco. Keith fora o último.

Do nada, a singela parceria entre Charlie e Bill tornava a seção rítmica deles cada vez mais sólida, e os dois criavam um vínculo inquebrável dentro e fora dos palcos, por assim dizer. Bill foi sincero comigo ao descrever a amizade. "Eu tenho TOC", disse ele. "As coisas para mim precisam estar na ordem certa. Todos os meus discos têm que estar em ordem alfabética. Tudo que faço precisa estar em ordem numérica ou alfabética. Sabe como é, você já ouviu falar do meu arquivo. E Charlie era ainda pior." Em 1998, em entrevista à *Esquire*, Charlie dissera: "Eu sou meticuloso, mas não tão meticuloso quanto Bill Wyman".

Linda, a irmã de Charlie, se lembra de visitá-lo décadas depois em sua casa em Londres, quando a neta dele, Charlotte, também estava lá. "Ela estava comendo uma tangerina", descreve Linda. "Ela descascou a fruta e a casca ficou em cima da mesa. Em dois segundos, ele foi lá e pegou. Chamavam isso de dança de São Guido. Minha avó dizia: 'Esse menino tem alguma lombriga'. Mas era só o jeito dele." Roy, o marido de Linda, acrescenta: "Estávamos lá uma vez, em um domingo, e alguém lhe entregou um CD. A estante estava cheia e ele deve ter passado uns 25 minutos tentando achar um lugar pra guardar o CD. Passa esse para cá, passa aquele para lá, e todos nós só assistindo". Linda afirma que "ele era um pouco assim lá em casa também. Não deixava nada fora do lugar. Casaco se pendurava, não se deixava em cima de alguma cadeira".

Mick Jagger se divertia ao explicar que, ao final de uma apresentação, o colega só se dirigia à frente do palco para agradecer ao público junto a ele, Keith e Ronnie após terminar de ajeitar as baquetas, depositando-as impecavelmente lado a lado para só então se levantar do banco. Quando Charlie foi a vítima (a palavra é usada deliberadamente) no programa de rádio *Desert Island Discs*, comentou que um amigo ressaltara que a sua ilha seria a mais impecável já vista.

Charlotte ri: "A gente saía para dar uma caminhada de dez minutos pelo campo e virava meia hora porque ele ficava limpando o caminho. Retirava galhos, empurrava os pedregulhos para a beira da estrada, jogava pra dentro do matagal. E eu: 'Ah, *peraí*!'.

"Sempre acreditei que ele tinha TOC. Era muito divertido", continua ela. "A gente caçoava dele. Eu me lembro de chegar em casa, ir até o *boudoir*, pegar um par de meias e trocar de lugar com outro. Elas eram organizadas por cor. Era questão de tempo até ouvir a voz vinda lá de baixo: 'Quem mexeu nas minhas coisas?!'. 'Não sei, não fui eu.' Uma vez quebrei a máquina de expresso e escrevi um bilhete em caligrafia ruim como se fosse meu padrasto pedindo desculpas. 'Desculpe, quebrei a máquina de café, aqui é Barry.' Muito bom."

Charlie foi divertidamente franco da primeira vez que conversamos a respeito de sua relação com Bill Wyman, em 1991: "Bill tem um senso de humor maravilhoso. Mas há certas coisas que o incomodam a que eu a) não daria a menor bola e de que b) já teria esquecido. Metade das coisas de que ele reclama eu nem sei do que se tratam. Se Bill diz que, em 4 de agosto de 1963, nós não fomos pagos por um show sei lá onde, bem, então o cara ainda nos deve dinheiro e aquilo o irrita. Ele alimenta esse ressentimento por trinta anos". Com nítida afeição, acrescentou: "Garoto brabo, aquele".

"Não sei por que, mas fazíamos uma seção rítmica que todos admiravam e estávamos sempre no ritmo, sempre prontos, sempre disponíveis, sempre sóbrios e eles podiam sempre contar conosco. Éramos o alicerce que permitia aos demais enlouquecerem, basicamente. Se você assistir a qualquer um dos vídeos, vai ver eu e Charlie no fundo rindo deles quando fazem todas as loucuras que costumavam fazer, essa coisa de saltar de camas e atravessar paredes", reflete Bill.

Porém, como lembra Bill, os primeiros itinerários britânicos dos Stones, em especial fora de Londres, eram nada menos do que provações. "Sempre que fazíamos shows em Londres ou voltávamos de uma apresentação em, sei lá, Sheffield ou Nottingham, chegávamos muito tarde a Londres, os rapazes iam pro Ad Lib, algum lugar desses, mas Charlie e eu voltávamos para casa. Eu tinha um bebê, o Stephen, que tinha oito meses quando entrei para a banda, morava no sul de Londres e tinha que voltar para lá. Charlie morava na *prefab* com os pais em Wembley e depois se casou com Shirley e, lógico, passou a ter seu apartamento. Ele voltava para casa para estar com ela e a gente não ficava o tempo todo na farra.

"Sempre tivemos a cabeça no lugar e acho que isso foi muito bom para nós dois. Creio que é por isso que não nos envolvemos com drogas. Naquela época, era quase impossível conseguir ficar acordado, pois rodávamos a Inglaterra para cima e para baixo naquela porcaria de perua Volkswagen do Stu. Às vezes, nem conseguíamos comer, não conseguíamos dormir, viajávamos à noite de Lowestoft até a porra de Llandudno, ninguém conseguia dormir ou comer porque na época nenhum estabelecimento ficava aberto de madrugada.

"Você acabava chegando ao local de manhã bem cedo, não tinha nada para fazer, tinha que tocar naquela noite e seguir para Manchester depois do show, de novo dirigindo de madrugada, para aparecer no *Top of the Pops* ou alguma dessas porras e dormia no chão de uma das salas. A gente pedia para o cara nos deixar entrar, ele dizia 'está fechado, só vai abrir às nove' e a gente respondia: 'Tá, mas a gente precisa dormir, *por favor*, deixa a gente entrar e dormir em uma das salas'. A gente se deitava no chão e dormia três horas até virem nos acordar.

"Era uma doideira e, quando terminava, tínhamos de pegar a estrada de volta para Londres, deixar cada um em casa, terminando comigo em Beckenham umas seis horas da manhã. E isso um dia após o outro e assim por diante. Era um pesadelo, eu ficava todo torto, minhas feições cadavéricas, é só olhar aquelas fotos antigas. Mas nós tínhamos uma amizade muito boa, Charlie e eu."

Conhecemos o roteiro do insanamente intenso 1964 dos Stones: 206 apresentações ao todo, incluindo quatro turnês britânicas, as primeiras duas turnês norte-americanas, o LP de estreia, aparições infinitas na TV e no rádio (entre as quais a presença no primeiríssimo *Top of the Pops* com "I Wanna Be Your Man") e três singles lançados no Reino Unido, dois dos quais foram os seus primeiros a chegar ao topo das paradas, "It's All Over Now" e "Little Red Rooster". Sobre este último, disse Charlie com certo orgulho em 2013: "É o único blues a chegar ao n.º 1, algo que eu não sabia mas alguém me disse, talvez Bill Wyman. É incrível quando paramos para pensar. Sei lá quantos discos de blues ouço e amo, e eles passam longe das paradas".

Em janeiro, pela primeira vez um show exigiu que pegassem um voo, até Glasgow onde se apresentariam no Barrowlands. Mas na noite seguinte tocaram a 442 quilômetros de distância, em Mansfield; na seguinte, mais 160 quilômetros até Bedford;

na seguinte, meros 137 quilômetros até Swindon. Mas a cada show crescia a reputação dos Stones de mais famosa atração ao vivo do Reino Unido, que logo se estenderia para muito além.

"Quem viu os Beatles ao vivo alguma vez sabe que não havia da parte deles projeção de espécie alguma", disse Charlie. "Eram quatro caras lá em cima do palco... Não havia nada para se ver, você ia ao show pela banda. Mesmo quando tocamos em Richmond, o palco era tão imponente quanto o carpete, mas Mick sempre foi capaz de se projetar, e isso é algo necessário."

Bill acrescenta: "Continuo a achar que os Beatles compunham canções melhores que as nossas e cantavam melhor do que nós, mas éramos muito melhores do que eles ao vivo. E eles sempre ficavam nervosos de tocar no mesmo lugar que a gente, como na Pop Prom, no Royal Albert Hall (em setembro de 1963) ou no *NME* (o concerto dos vencedores da enquete do jornal, em abril de 1964). Eles falavam a respeito depois, e nos contavam. E nós ficávamos nervosos com eles, pois sabíamos como era enorme a veneração que havia em torno deles. Era uma sociedade de admiração mútua, e por isso éramos tão bons amigos. E a música era totalmente diferente, então não havia concorrência entre nós".

Março de 1964 traria o item de colecionador que comentaristas do futuro no geral omitem: o único show dos Rolling Stones ao qual Charlie definitivamente faltou. Aconteceu após a conclusão de uma extensa turnê britânica que, de cara, parecia o tipo de coisa que eles já teriam deixado para trás, no meio de uma programação cujo *headliner* era John Leyton, cujos maiores sucessos, "Johnny Remember Me" e "Wild Wind", já tinham mais de dois anos, e que contava ainda com "Come Outside" de Mike Sarne, cuja vida útil nas paradas de sucessos também expirava a olhos vistos.

Em 7 de março, após a última de 33 datas exaustivas, com dois shows por noite, Wyman lembra que ele e a família saíram para tirar alguns dias de folga na New Forest enquanto Mick e a namorada, Chrissie Shrimpton, viajavam para Paris. Charlie e sua namorada Shirley Shepherd saíram de férias para Gibraltar. Tudo mais do que merecido, só que o baterista continuava por lá quando chegou o dia da apresentação seguinte, no Invicta Ballroom de Kent, apenas oito implacáveis dias depois da anterior. Ao menos a versão da banda é esta. A de Charlie é mais complicada.

"Perdi um show porque anotei a data errada", disse ele em *The Rolling Stones: A Life on the Road* [Os Rolling Stones: uma vida na estrada, em tradução livre]. "Os outros dizem que não, não foi isso, eu é que quis ficar mais um dia de férias, mas não é verdade. Micky Waller (que havia tocado com Cyril Davies e Marty Wilde e depois gravaria com Rod Stewart, entre outros) tocou a bateria e, para minha infelicidade, muito bem. Eu me lembro nitidamente de chegar e alguém me perguntar onde eu estava. E eu respondi: 'Estava em Gibraltar ontem à noite'. Estávamos em Catford, sei lá onde, e todo mundo falando maravilhas do Micky."

Aparentemente, alguns meses depois Charlie também faltou à maior parte de um show arranjado de supetão em um clube quando o grupo estava em Liverpool para fazer duas apresentações no Empire e outras nos arredores. Bill Harry, editor da

Mersey Beat, escreveu sobre uma noite no Blue Angel, clube noturno local, na qual o grupo acabou tocando espontaneamente, a ausência de Charlie compensada por Brian Low, baterista do grupo escocês Blue System.

Harry relata: "Um amigo próximo (dos Stones), Denny Flynn, me contou que Charlie estava na casa de um antiquário em West Derby debatendo sobre armas antigas, das quais é colecionador". A desculpa certamente tem ares de verdade. "Ao tocar a música, todos que estavam no andar de cima desceram para assistir, e mais tarde Charlie Watts entrou no clube. Por um momento, ele se sentou perto da frente do palco para ouvir, mas o entusiasmo pela música o tomou e ele assumiu seu lugar na bateria."

O editor perguntou ainda a Low como havia sido assumir o lugar de Charlie. "É ótimo tocar com eles, obviamente, mas é difícil explicar", disse Low. "Comparativamente, o que eles fazem é simples. Não é altamente técnico. Mas a pegada é tão fantástica que você se vê tomado por ela. Não são músicos fantásticos, mas você está tocando com caras que sentem profundamente a música, acaba sentindo também. Vamos encarar: eles sabem o que estão fazendo. É ótimo. A música deles tem uma pegada muito, muito boa."

Keith Richards (ou quem sabe não era Andrew Loog Oldham assinando em seu nome?) soava quase inacreditavelmente inocente quando descrevia a coesão dos Stones no palco à *Beat Instrumental*. Na edição de novembro de 1964, com Charlie na capa, ele escrevia: "É só um grande círculo, na verdade. Mas a única pessoa que não pode errar de jeito nenhum é o velho Charlie, lá no fundo. Se ele se confundisse e nos fizesse seguir a batida errada, estaríamos enrascados!".

Ele continuava: "Veja, a gente nunca toca uma canção duas vezes exatamente da mesma forma. Mick improvisa muito bem. Canta cada música exatamente da forma como a sente. Isso significa que, se ele cantar a mesma canção sete vezes na mesma semana, vai sair de sete formas diferentes. É por isso que eu costumo me virar e encarar Charlie no meio de uma música. Ele está sempre plantado no fundo do palco e, com o *zunzunzum* fantástico que vem da plateia, precisa ler os lábios de Mick na maior parte do tempo para entender o que ele está cantando.

"Quando acho que não tem como ele saber o que o Mick está fazendo, me viro e passo a batida para ele acompanhar no próximo compasso. Como eu falei, é um grande círculo. Charlie pega a deixa do Mick; Brian, Bill e eu pegamos as nossas do Charlie e o Mick pega as dele de todos nós."

Uma de minhas favoritas entre as muitas histórias que Keith me contou em detalhes (ainda que provavelmente enfeitadas) não dizia respeito diretamente a Charlie, embora dê para imaginar muito bem sua parte nela e pensar em quanto você teria pago para tê-la testemunhado. Na loucura daquelas primeiras turnês, em 1964 e novamente em 1965, o cronograma dos Stones os levou ao ABC Cinema, em Chester. Àquela altura, seus shows já geravam nos fãs uma histeria ao mesmo tempo ensurdecedora e perigosa. Keith lembra que a gritaria abafava a música a tal ponto que a banda se divertia tocando "Popeye the Sailor Man".

Táticas cada vez mais complexas tinham de ser empregadas para que os músicos conseguissem sair inteiros do recinto, com as adolescentes em fúria forçando-os a irem embora às pressas. "Era uma loucura", disse Keith. "Em meados dos anos 1960, as perguntas eram 'Como vamos conseguir entrar no teatro?' e 'Como vamos conseguir sair?'.

"Quando pisávamos no palco, sabíamos que aquilo iria durar no máximo dez minutos até virar uma confusão, um tumulto, e aparecer a Cruz Vermelha com macas para as coitadas das meninas, todas suadas, com o vestido levantado. E a gente imaginando que merda estávamos fazendo ali. Parecia uma pintura de Hieronymus Bosch diante dos nossos olhos, e isso porque estou falando da *plateia*.

"Daquela vez em Chester veio o chefe de polícia local, todo paramentado, com as fitas, as medalhas e aquele cassetete todo cheio de onda. O show terminou mais cedo do que ele esperava. Todo o teatro cercado. Um caos. Adolescentes enlouquecidas, abençoadas sejam. 'Bom', diz ele. 'O único jeito de sair é subir as escadas e ir pelo telhado, eu sei o caminho!' De repente estávamos nas mãos dele, pois havia alguns policiais junto.

"Fomos então para os telhados de Chester e estava chovendo. A primeira coisa que aconteceu foi o chefe de polícia por pouco não escorregar lá de cima. Dois dos colegas dele conseguiram segurá-lo. Estávamos no meio de um telhado dizendo 'Não conheço bem essa área, pra onde a gente está indo?!'.

"Ele se endireitou e, lá, do jeito caótico deles, conseguiram nos fazer descer por uma claraboia, nos tiraram dela pelo basculante da lavanderia, sei lá, algo assim. E isso acontecia todo dia, e você encarava como normal. Era um Goon Show permanente. Spike Milligan e a galera do Monty Python teriam adorado estar ali[4]."

Há várias histórias divertidas como essa sobre o início mambembe do estrelato da banda. Na apresentação dos Stones no Odeon, em Cheltenham, em setembro de 1964, o "*merchandising*" se resumia a um sujeito de casaco esportivo na porta tentando empurrar fotografias em preto e branco do grupo às pessoas por dois xelins e seis centavos. Trevor Lewis era entregador de frutas e legumes na mercearia local de George Vic e dera um jeito de abordar Charlie, Brian e Bill quando estavam a caminho do Odeon. Conseguiu os autógrafos dos três, mas em uma sacola de papel da loja. Lewis voltou de bicicleta à mercearia com sua recompensa, a pôs de lado enquanto ia ao banheiro e, ao voltar, foi informado de que o empacotador a entregara a um cliente com três tomates dentro.

Bill se lembrou de outro episódio de fuga de fãs no qual as tendências obsessivas de Charlie ficaram evidentes. "Quando fugíamos do palco, tínhamos que sair durante a execução de 'God Save the Queen'. Todos deviam ficar de pé e nós tínhamos uns dois minutos para chegar à viatura da polícia, ao camburão, o que quer que fosse nos tirar dali. Todos saíamos em disparada pelos corredores, e eu ia atrás do Charlie. Os outros lá na frente, nós descendo três degraus, de repente ele para e volta e eu caio para trás porque ele quer descer os degraus de

---

[4] Todas as referências são a ícones britânicos do humor. *The Goon Show*, um programa de rádio, fez parte da programação da BBC de 1951 a 1960. Spike Milligan (1918-2002) foi um de seus criadores, seu principal roteirista e membro importante do elenco. O Monty Python, mais conhecido do público brasileiro, era formada por Eric Idle, Graham Chapman, John Cleese, Michael Palin, Terry Gilliam e Terry Jones e estrelou o programa televisivo *Monty Python's Flying Circus* (1969-1974), além de vários filmes. (*N. do T.*)

novo. Saí voando, tiveram que me carregar para fora. Houve muitos outros momentos como esse."

Ao menos em alguns momentos, era possível se esconder bem diante de todos. Na primavera de 1966, quando as brasas da fogueira da Stonesmania já se espalhavam mundo afora, sua passagem por Hollywood para sessões de gravação nos estúdios da RCA trouxe a reboque fãs inquietas procurando freneticamente os cinco membros do grupo — sem nem reparar na presença de Charlie, tal como relatado pelo *KRLA Beat*, sentado junto à grande janela de um restaurante, tomando uma Coca-Cola com seu amigo, o compositor e arranjador Jack Nitzsche.

Quase todos os aspectos da personalidade singular de Charlie o revelavam como o exato oposto do herói do rock que representava para milhões. Talvez nunca tenha existido outro músico de proporção global que tenha passado tanto tempo aturando estoicamente todas as armadilhas do sucesso global com que muitos artistas sonham. Em 1991, na ocasião em que nos conhecemos, lhe perguntei ingenuamente se ficava animado às vésperas de uma turnê. Sua resposta direta foi aquela que sem dúvida dera em todas as décadas anteriores e certamente continuaria a dar pelas seguintes.

"Não, nunca fico. Odeio. Sempre odiei", disse ele, sem rancor. "Por trinta anos, jamais gostei de acordar cedo. Minha ideia de trabalho é acordar, atravessar a rua até o Ronnie Scott's, tocar até três da manhã, voltar para casa e dormir. Isso para mim é trabalhar. Esse tipo de trabalho, duas horas no estádio de Wembley, disso jamais gostei. *Tocar* é maravilhoso. A sensação de ver tanta gente lá é maravilhosa.

"Um dos meus horrores é olhar aquela mala dois dias antes de viajar para decidir o que levar dentro dela. Aliás, não são dois dias. Levo uma semana sentado na frente dela, para decidir o que enfiar naquela porra. Mas não há como tocar bateria em casa. Não sei sentar ao piano e criar trilhas sonoras. O que quer que eu faça vai ser na frente de uma quantidade X de gente, sejam duas pessoas ou dez mil, ganhando dez xelins ou o que for. Com muitos outros instrumentos, isso ainda é possível, mas ficar ali sentado na bateria a acertar os tambores, não consigo pensar em nada mais chato na minha vida."

Aí reside o dilema de sentir-se aprisionado em uma bolha de veneração não solicitada e por tanto tempo, meses infindáveis longe de casa. "Sempre me deixa espantado que a) as pessoas queiram ir, e b) a gente se dê a esse trabalho", explicou ele para mim. "Mas vejo como um ganha-pão."

A opinião de Keith sobre tal concessão era tipicamente ponderada e eloquente. "Somos músicos. Ao mesmo tempo, temos de lidar com outras pessoas que só nos veem como astros do rock, e é preciso tentar conciliar os dois aspectos", dizia ele. "É preciso dizer: 'A gente quis, a gente meteu a cara, correu atrás e as pessoas compraram'. E agora temos que lidar com isso.

"Mas a gente não está nessa só para manter a fama, pelo amor de Deus. Já tive o suficiente de fama. Para mim, e provavelmente para o Charlie, é um preço a ser pago de bom grado para fazer o que quisermos. O fato de ainda estarmos todos aqui juntos e continuarmos curtindo, eu encaro como uma bênção."

Brian Wilson certamente não foi o único a parecer não ter sido feito para estes tempos.[5] Charlie frequentemente passava a impressão de um forasteiro confuso, porém inofensivo,

---

[5] Referência à canção "I Just Wasn't Made For These Times", composição de Brian Wilson e Tony Asher registrada no clássico álbum *Pet Sounds*, dos Beach Boys. (*N. do T.*)

aproveitando da melhor forma possível uma vida inesperada e afastando a atenção indesejada com tanta educação quanto exigiam, sempre, as suas boas maneiras.

Nos bastidores de uma apresentação em Amsterdã, em 2006, na metade dos 147 shows da turnê *A Bigger Bang*, que levaria dois anos a contar do início ao fim — ainda que com momentos de liberdade condicional por bom comportamento —, Charlie descrevia a rotina diária de tentar manter a sanidade. "Normalmente, tento dar uma circulada, mas quando não dá nem para sair pela porta da frente fica difícil.

"Dias de show são os piores. Os outros não são tão ruins. Antes eram autógrafos, agora é isso de 'Posso tirar uma foto com o celular?'. Não acaba nunca, e sou o tipo que sai pela porta da frente e vai andando pelas ruas, sabe? E ficam todos atrás de você, em bando. É mais fácil não sair. Mas geralmente acordo cedo e depois saio."

Àquela altura, Charlie já contabilizava mais de quatro décadas inteiras na estrada. Tantos anos trabalhando com o que há de mais puro na música. Como ele explicava: "Muito tempo atrás, naquele que eu chamo de momento Beatle, quando as pessoas gritavam ao ver você... eu odiava aquilo. Para mim, nada era pior que isso. Eu me escondia em padarias enquanto garotas saíam correndo pela rua. Aquilo me deixava louco. Mas não há nada como entrar em um palco e ver o lugar cheio de garotas aos gritos pulando com ânimo".

CONTRATEMPO

Shirley é minha querida

Shirley Ann Shepherd, nascida em Londres em 11 de setembro de 1938, era estudante de escultura no Hornsey College of Art quando conheceu Charlie Watts, que havia acabado de voltar da Dinamarca, no início de 1962. Ele tinha aceitado a oferta de Alexis Korner para ensaiar com o Blues Incorporated. Shirley, quase três anos mais velha, apareceu com Andy Hoogenboom, baixista da banda, e sua esposa, Jeanette. Hoogenboom e o pianista Keith Scott estudavam com ela na Hornsey. Ela se tornaria a fiel parceira de Charlie e, em resumo, o amor de sua vida.

Nettie Baker, filha do grande amigo Ginger, diz que sua mãe lembrava como o jovem Charlie lhe confessava seus medos. "Ele dizia assim: 'Ah, ninguém nunca vai sair comigo por *minha* causa. Será que encontro a garota certa?'. E minha mãe dizia: 'Charlie, vai dar tudo certo'." Ela tinha razão.

Shirley estava presente nos shows e ensaios dos Rolling Stones desde o início, na lembrança do grande compadre de estúdio Glyn Johns. "Minha lembrança mais antiga de Charlie é de quando os Stones foram a um programa de rádio na BBC e, sei lá por que razão, eu fui junto", conta ele, rindo. "Ocorrera algum estresse entre Shirley e Charlie. Lembro muito bem de me sentar com ele e tentar acalmá-lo, e de fazer a mesma coisa com Shirley, tentando apaziguar a situação. Nem sei por que me lembro disso em particular, mas me lembro. Gostava muito dos dois, devo dizer."

Como John Lennon também sabia devido a seu próprio relacionamento com uma namorada que conhecera na faculdade de Belas Artes, Cynthia Powell, naquela época os astros do rock eram sempre orientados a estar, ou parecer estar, solteiros e disponíveis para as fãs. Talvez Charlie temesse a fúria do "fado-padrinho" dos Stones, Andrew Loog Oldham, mas ele e Shirley estavam apaixonados e determinados.

Em 14 de outubro de 1964, três dias após a conclusão de mais uma turnê britânica dos Stones na casa de shows Brighton Hippodrome (quando "It's All Over Now" chegava ao fim de sua estada de três meses nas paradas), eles se casaram no cartório de Bradford. Andy e Jeanette Hoogenboom foram as testemunhas e, depois de um almoço regado a champanhe em um pub rural perto de Ripon, os recém-casados voltaram a Londres de trem.

"Ele não queria que a banda soubesse porque tinha medo do Andrew, essas coisas. Guardaram segredo por cerca de três semanas, mas depois a imprensa publicou", lembra Bill Wyman. "Ele ainda negou por alguns dias, e então assumiu e ficou tudo bem."

Jimmy Phelge, ligado aos Stones no início, é citado no livro *2Stoned*, de Oldham, dizendo ter dado problema quando a notícia vazou. "Quando Mick, Keith e Andrew foram confrontados com a notícia, ficaram chocados, meio sem acreditar. A banda estava indo bem e a notícia do casamento poderia pôr em risco o sucesso de todos.

"Ainda havia um estigma considerável no que se referia a astros do rock casados — para muita gente, era um prenúncio do fim. Keith enxergou o casamento de Charlie, ao menos no início, como um ato de traição. Após o choque inicial, o veredito foi que agora já estava feito e o único caminho sensato seria aceitar. Andrew torcia para que ter dois Stones casados (Bill já havia trocado alianças antes) não prejudicasse a sorte do grupo." A bela ironia da situação era que, apenas um mês antes, Oldham sumira por alguns dias, indo até a Escócia, de onde voltara casado.

Bill se lembra que foi um repórter do *Daily Express* quem fez a pergunta direta a Charlie se ele e Shirley eram casados. "Nego enfaticamente estar casado", respondeu ele. "Causaria enormes prejuízos à minha carreira caso alguém soubesse." Mas quando foi a vez de a nova sra. Watts falar, ela não foi capaz de mentir. "Já fazia um ano que a gente queria se casar e só não tinha a coragem", admitiu ela. "Os meses foram passando e decidimos que não tínhamos mais como viver separados."

"Estou imensamente feliz sendo esposa de Charlie. É maravilhoso", continuou. "Realmente ainda não sei o que é ser casada com um Stone. Só passamos cinco dias juntos ao todo e sem poder ser vistos em público. Meus pais gostam demais dele. Pretendo me formar na faculdade e, em um ano e meio, talvez lecionar. No momento está tudo meio indefinido."

Felizmente, se algum dia houve qualquer dano mensurável à viabilidade comercial de um grupo graças ao conceito chocante do casamento, a ideia na época já se tornava antiquada. Foi assim que Shirley concluiu seu curso mas continuou a esculpir, e o casal se mudou para um apartamento em Ivor Court, muito próximo ao lado sudoeste do Regent's Park. Logo o decorariam ao estilo de um estúdio de artista plástico, um reflexo de seus gostos.

Quando o fotógrafo Bent Rej esteve no apartamento para tirar fotos, em maio de 1965, encontrou um cenário de felicidade, muito embora o casal mal tivesse tido tempo um para o outro em meio às recentes turnês dos Stones pelos Estados Unidos e pelo Reino Unido. Rej escreveu: "Shirley e Charlie estão muito apaixonados, os dois admitem. Tanto que ela o segue mundo afora a maior parte do tempo. É por isso que em um dos quartos se vê quatro malas já feitas de antemão.

"'Estão sempre prontas para nós', explica Charlie. 'Quando estamos em casa, não dá para perder tempo fazendo e desfazendo malas. Queremos relaxar e curtir nossa casa. Estamos sempre sentindo falta de Londres e aquilo de que mais sinto falta durante turnês é a comida de Shirley.'" O fotógrafo acrescentou: "Os pratos favoritos dele são orientais e, ainda que não seja lá um grande cozinheiro, sempre é possível vê-lo com o nariz próximo às panelas quando Shirley faz o jantar. A única coisa que ele mesmo prepara, seja em casa ou na estrada, é o chá".

Shirley fez parte da comitiva em algumas das primeiras turnês dos Stones, como os shows na Escandinávia em março e abril de 1965, durante o primeiro giro europeu da banda, quando o casal saiu para explorar por conta própria entre apresentações. Sozinho em uma loja de Copenhague, Charlie comprou para Shirley estatuetas de cavalo, um primeiro sinal da paixão por equinos que a tornaria uma criadora de garanhões para reprodução anos depois na sua fazenda de 240 hectares em Devon, a Halsdon Arabians.

Foi Charlie, aliás, quem deu início a tudo. "Ele me mostrou uma foto de um corcel árabe e me apaixonei", disse ela em 2002 à *Horse & Hound*. "Charlie me deu de presente meu primeiro cavalo árabe, mestiço, e desde então fiquei obcecada." Em dado momento, o plantel chegou a quase trezentos. "Minha intenção original era ter vinte", disse ela ao *Arabian Horse Times*. "Matemática não é meu forte." Charlie tocou no assunto com o tecladista dos Stones, Chuck Leavell, que observou: "Cara, haja feno".

Em muitas ocasiões, como seria inevitável, Shirley não foi para a estrada com o marido. Ele saía assim mesmo para fazer compras. Em Paris, em 1964, ao buscar refúgio em uma loja de objetos de arte, começou a procurar gravuras de Picasso e Buffet para levar. Mas, como relembra seu igualmente bem-comportado colega Bill Wyman, a tristeza do baterista sem a esposa era tangível.

"Naquelas primeiras turnês nos anos 1960, em que a gente não ganhava quase nada, ele gastava todo o dinheiro em ligações para casa", conta Bill. "As contas de telefone dele eram altíssimas. Telefonar da Austrália, três horas toda noite, era um absurdo naquela época. Cada um de nós voltava pra casa com uns 7 mil ou algo assim ao final da turnê e ele tinha gastado dez em telefonemas."

"Ela é uma mulher incrível", disse Charlie certa vez sobre a esposa. "Se tenho um arrependimento nessa vida é o de não ter ficado mais tempo em casa. Mas ela sempre me diz quando a turnê acaba que eu sou um pesadelo e devia viajar de novo." Em 1966, uma matéria da revista *Rave* dizia: "Suas três obsessões na vida são a bateria, a coleção de antiguidades (basicamente composta de velhas armas) e a esposa Shirley. Não há esposa cujo marido seja mais dedicado."

A antiga declaração sobre amar a vida de esposa de Charlie sugeria uma docilidade que Shirley não demoraria a refutar. Era dona do próprio nariz e de um atrevimento que, no início dos anos 1970, lhe custou uma prisão no aeroporto de Nice, supostamente por agredir funcionários da alfândega. Um juiz acabou determinando a suspensão do processo.

Em entrevista à *Melody Maker* no início de 1967, Charlie se mostrava visivelmente satisfeito em revelar o caráter destemido da esposa. "Sabe, acho que minha esposa Shirley foi a primeira mulher a responder de forma inteligente ao Mick. A situação foi engraçada. Mick tem pontos de vista muito ferrenhos sobre política e filosofia e nunca havia levado muito em consideração a opinião das garotas. Foi bem engraçado ver a cara dele quando Shirley rebateu seu ponto de vista. Uma das convicções dele caiu por terra."

Tony King teve uma vida extremamente agitada, do tipo que a indústria musical já não é mais capaz de criar. Quando nasceu Seraphina, filha de Charlie e Shirley, em 1968, King já era uma engrenagem significativa na máquina da indústria musical britânica e amigo tão próximo da família que foi escolhido como padrinho da menina. Tendo começado na Decca Records em 1958, era gerente de promoções já na adolescência e viria a trabalhar com visitantes notáveis como Roy Orbison e Phil Spector. King fazia parte do ambiente dos Rolling Stones por meio de sua amizade com Oldham, que o designou gerente de promoções quando lançou o selo independente Immediate Records.

Mais tarde, ele se tornaria gerente geral da Apple Records, dos Beatles, e executivo da Rocket, de Elton John, para a qual retornaria mais à frente. Através de outros postos importantes, e tendo conhecido todos os Stones há mais de vinte anos, chegou à órbita de Mick Jagger durante a empreitada solo do cantor nos anos 1980. Este caminho o levou de volta aos Stones, para quem seria um facilitador vital na estrada e fora dela pelo quarto de século seguinte, a face pública da banda a guiar o entrevistador até o estúdio de ensaios ou o quarto de hotel.

Logo após seu aniversário de oitenta anos em 2022 e de dar o ponto final no imperdível livro de memórias que se chamará *The Tastemaker*, King falou sobre sua longa história pessoal com o casal Watts. "Toda a família foi uma parte enorme da minha vida, desde o começo, quando os conheci em Ivor Court, na ponta oposta do corredor de Andrew", diz ele. "Aí se mudaram para Lewes, para a Old Brewery House, e eu ia visitá-los nos fins de semana. Estávamos começando a ficar amigos, e Shirley e eu nos dávamos muito bem. Acho que no início éramos mais Shirley e eu. Charlie posteriormente me contou que, a princípio, me achava o homem mais gay que já havia conhecido."

Charlie e Shirley se mudariam de novo para Peckhams — em Halland, logo adiante de Lewes —, casa que fora de John

Peckham, arcebispo de Canterbury, no fim do século XIII. Mas a amizade continuou. "Eles viviam dando festas à fantasia. Lembro de uma em que Chrissie Shrimpton estava, na época em que ela saía com Mick. Em outra ocasião, Mick apareceu com Marianne (Faithfull). Trouxe a guitarra, sentou na grama para tocar. Charlie ficou tocando bateria e Marianne, conversando com Shirley. Foi uma delícia.

"Durante um fim de semana em que eu estava lá, teve uma festa chique a caráter, ao estilo elisabetano. Mick foi, Mick Taylor foi, e estavam com roupas iguais. A gente se divertiu muito. Charlie ficou tão bêbado que acabou abraçado à privada."

King se lembra de um exemplo bem específico do humor brilhantemente seco de Charlie. "No dia seguinte, ele teria de ir a Londres para gravar com os Stones no Olympic Studios, em Barnes. O carro foi pegá-lo e eu estava do lado de fora da casa. Quando o veículo passou por mim, ele baixou a janela e disse: 'Eu vou, eu vou...'. Só isso. E nem precisava dizer mais nada. Ele sabia do impacto."

O próximo movimento de Charlie e Shirley, em 1971, com uma Seraphina de três anos de idade a tiracolo, foi rumo a La Bourie, uma fazenda em Massiès, nas cercanias de Thoiras, pequeno povoado entre Anduze e Saint-Jean-du-Gard na região de Cevenas, sul da França. Talvez tenha sido uma mudança imposta à família pela temerária situação fiscal da banda, mas se tornaria um recanto querido, que mantiveram e ao qual retornaram várias vezes pelo resto da vida de Charlie.

Nas palavras do prefeito de Saint-Jean-du-Gard, Michel Ruas, "Charlie e a esposa eram muito acessíveis. Conseguíamos falar facilmente com eles. Seraphina, a filha dele, chegou mesmo a ir à escola em Saint-Jean-du-Gard. O povo daqui todo sabia que eles tinham uma casa no coração de Cevenas".

"Era uma casa de fazenda adaptada, originalmente dedicada à criação de cabras — produziam queijo de cabra lá", conta King. "Era lindo, um paraíso idílico. Eu costumava ir para lá nas férias e viver momentos maravilhosos. Depois, obviamente, eles voltaram para a Inglaterra e se estabeleceram em Dolton, Devon. Viajei com eles através das diferentes casas e dos anos. Veio Seraphina, que significava tudo para eles. E, é claro, mais tarde, veio Charlotte. Todos a amavam."

Na era pós-*Steel Wheels*, com estádios gigantescos e plateias na casa dos milhares, as turnês dos Stones inflaram, viraram épicos de dois anos de duração, o que para Charlie foi traumático. "Afastaram ele de casa, e ele não gostou", conta Bill. "Dizia que não iria excursionar mais e eles respondiam que iria, sim. Levou um tempo para lhe convencerem, e ele acabou embarcando. Mas não gostava."

Em 2002, logo antes da turnê *Licks*, que marcava o aniversário de quarenta anos da banda e consistiu em mais de cem shows no decorrer de mais de um ano, Charlie me contou como o processo costumava ter início e qual era o papel de Shirley nele. "Geralmente, Mick ou Keith me apresentam o plano, eu debato com minha esposa, temos uma reunião, dizemos que vamos e isso costuma significar um ano fora de casa", disse, ressaltando seu profundo envolvimento com toda a parte visual da turnê. "O trabalho tem início nove meses antes, com a concepção do palco e do *merchandising*, e daí para a frente só se intensifica. Agora há até livros cheios de coisas que você precisa aprovar."

Lisa Fischer representou uma fabulosa adição à família Stones ao assumir o posto de vocalista de apoio em álbuns e turnês a partir da fase *Steel Wheels*, por volta de 1989, e estabelecer uma parceria visual e vocal eletrizante com Mick. Precisou ainda se armar de muita força de caráter como única mulher da banda. Quando lhe conto sobre a fortuna que Charlie gastava em telefonemas para casa nos velhos tempos, ela se identifica.

"Faz muito sentido para mim", admite, "pois ele não era de socializar. Ninguém jamais o via no bar do hotel. Não era a dele. Ia para o quarto, desaparecia e a gente só o via no dia seguinte. E sempre que Shirley estava em um show, parecia muito feliz. Eram como duas crianças. Ele a tomava pela mão, ela sempre linda e reservada com seus olhos azuis. Era muito bonito.

"Eu ficava olhando o anel que ele usava. Era de prata, com a imagem de um homem e uma mulher entrelaçados, mas só dava para perceber se você olhasse com muita atenção. Creio que se tratava da aliança, e me parecia tão romântica. Tão sutil e ao mesmo tempo sensual. Como se fossem duas pessoas fluindo juntas como água."

King concorda que, quando a família Watts estava na turnê, todo o comportamento dele mudava. "Shirley aparecia, Seraphina também e, muitos anos depois, Charlotte (sua neta). O clima sempre mudava quando Shirley chegava. Charlie ficava sempre relaxado. Ele tinha o hábito de fazer ilustrações, tinha cadernos com desenhos de tudo, maçanetas de portas, telefones. Quando Shirley chegava, ele a desenhava na cama lendo o *Sunday Times* ou algo assim.

"Se Shirley aparecia, ele estava sempre feliz de vê-la. E se Seraphina aparecia, às vezes com Shirley, era sempre uma ocasião feliz. Geralmente, ocorria em lugares como Nova York ou Los Angeles. Eu morava em L.A. nos anos 1970 e lembro que, quando eles tocavam no Forum, havia uma fila de dançarinos de mariachi percorrendo as fileiras do teatro. Shirley me perguntava o que era aquilo e eu dizia: 'É para levar a Bianca[1] até o assento dela'.

"Às vezes, Seraphina aparecia sozinha e Shirley ficava muito zangada, pois Charlie gastava demais com ela. Shirley dizia: 'Não pode gastar esse dinheiro todo, está mimando a menina'. Mas ele era assim."

Em 1982, prontos para se mudar de Gloucestershire, onde haviam vivido por seis anos, e em busca de uma propriedade de bom tamanho na Inglaterra, Charlie e Shirley estavam explorando as estradas rurais de Devon quando viram uma placa com o nome de Halsdon. "Na época parecia o fim do mundo", disse ela. "A mata, o rio, o vale — era totalmente encantador." No povoado de Dolton, encontraram a Halsdon House, também conhecida como Halsdon Manor, uma propriedade do século XVI que havia pertencido aos lordes de Devonshire por centenas de anos.

"Nós nos apaixonamos pelo lugar de imediato", explicou Shirley. "Claro, na época não havia celeiros ou padoques, mas sentimos que o lugar era perfeito. Devon virou nosso paraíso e nunca mais consideramos viver em outro lugar." Um texto no registro digital de documentos de Bideford, nos arredores, dizia então: "O sr. Charles Watts, ao que fiquei sabendo, comprou

---

1 A atriz e modelo nicaraguense Bianca Pérez-Mora Macias, então Bianca Jagger, esposa de Mick entre 1971 e 1978. (*N. do T.*)

Halsdon House, em Dolton. A propriedade, com seis quartos, é uma edificação classificada em Grau II, situada em um parque adorável, com aproximadamente seis hectares de floresta. A imobiliária Michelmore Hughes declarou que não foi feito qualquer anúncio oficial referente ao comprador."

Shirley tornou-se especialista em equinocultura, criadora dos seus amados cavalos árabes e proprietária da fazenda cujo nome inspiraria sua classificação: Halsdon Arabians. Sob o comando dela e de sua equipe, o pequeno número inicial de animais de montaria se transformaria na "universalmente reconhecida potência reprodutora de mais de 250", de acordo com a do site Tom Arabians.

Shirley jamais concedeu entrevistas na condição de esposa rock n' roll, mas falou longa e detalhadamente ao site sobre seu cotidiano nos estábulos de Halsdon. A respeito de sua filosofia, ela disse: "Não é nenhum grande mistério. É tão-somente estar atenta às necessidades de cada cavalo, tanto fisiológicas quanto psicológicas. Este entendimento exige um tipo de consciência que só se obtém por meio de contato diário com os animais e da valorização íntima da natureza singular de cada um."

Shirley também expôs do que gostava mais em seus nobres árabes, com uma resposta reveladora a respeito da paz que ela e o marido haviam encontrado longe da massacrante indústria musical. "Gosto de simplesmente estar com eles", disse. "Adoro sentir o calor de seu corpo, escutar a cadência rítmica de sua respiração, saborear a satisfação silenciosa do pertencimento.

"Cavalos sempre nos passam com clareza o que sentem por nós. Adoro essas interações, pois cada cavalo tem uma personalidade só sua, singular, e uma forma única de reagir à interação com humanos. Encontrar essa aceitação da parte deles é o que há de mais satisfatório. Eles nos passam a sensação de pertencimento.

"Os cavalos árabes me ensinaram muito na vida. Humildade acima de tudo", foi como ela concluiu. "Vivemos todo o espectro de emoções em uma vida com cavalos, desde as maiores alegrias e a euforia mais incrível à tristeza mais profunda e a tragédia da perda. Eu me sinto mais viva por ter sabido como é viver com os cavalos. Há tanto prazer a ser obtido todos os dias. É o grande círculo da vida. É uma ligação sem igual."

Tal paixão gerou manchetes em 1995, quando foi amplamente divulgada a notícia de que Charlie pagara 740 mil dólares por um corcel árabe vindo da Austrália. Marion Atkinson, do haras Simeon, em Sydney, declarou que se tratava de um recorde para aquela raça no país e que o casal comprara o cavalo, Simeon Sadik, tendo-o visto em um vídeo.

Enquanto isso, em casa, Charlie sempre dizia que jamais escutava os discos dos Rolling Stones, mas que a esposa certamente o fazia. "Ela é a maior fã dos Stones. Eu não; é o meu trabalho. Mick, Keith e Ronnie são meus amigos e a banda é muito boa, mas não passa disso. Mas Shirley de fato ouve os nossos discos."

Por ocasião do lançamento de *Forty Licks*, coletânea de 2002 que trazia de volta os velhos sucessos dos tempos da ABKCO mais uma vez, juntando-os aos mais recentes, derivados de contratos mais lucrativos, Charlie disse: "Quando você se ouve em registros de quarenta anos atrás, vê que não é nenhum Louis Armstrong. [...] Mas eu nunca ouço os nossos discos. Nem sabia que essas canções não estavam disponíveis em um álbum só, alguém me disse isso. Eu não saberia, pois não tenho tanto interesse em saber.

"Quando vou a uma loja de discos, sempre vejo pilhas dos nossos álbuns. Mas eu nunca os ponho para tocar, a não ser quando os recebo recém-saídos do forno e me pedem para comentar o que achei. Minha esposa ouve, e eu os ouço de vez em quando no rádio. É uma sensação interessante."

Tony King diz: "Ele e Shirley amavam soul e Motown. Quando eu morava nos Estados Unidos, fazia fitas e mandava para eles em La Bourie, na França. Eles amavam. Shirley dizia que adoravam 'Do It Again', do Steely Dan, e 'Love Train', dos O'Jays. Eu mandava ótimas canções para eles".

Em uma conversa com a *Esquire* em 1998, Charlie disse a Robin Eggar: "Minha esposa foi quem manteve minha sanidade. Se tivesse ficado solteiro esse tempo todo, provavelmente teria virado um maluco viciado em drogas no Soho. É muito difícil manter um romance vivo por 35 anos. O único lado bom das turnês é que a ausência faz você se dar conta do quanto sente falta de alguém".

Cinco anos depois, Charlie refletiria sobre a chegada iminente dos quarenta anos de casamento com Shirley. "Sempre tive a sorte de contar com um lar sólido", disse ele. "A gente se conheceu no dia em que comecei a tocar com a banda de Alexis Korner, antes mesmo de eu me tornar membro dos Stones. Minha esposa conhece Mick e Keith há tanto tempo quanto eu. É uma mulher sensata. Sempre se manteve bem distante dos Stones."

O casal também conhecia outro dos grandes amigos de Tony King que tinham nele um confidente: Elton John. Certa vez, ele mencionou Shirley em uma entrevista. Foi em 1974: "Bette Midler disse que meu novo álbum deveria se chamar *Fat Reg From Pinner.* Eu queria batizá-lo de *Ol' Pink Eyes Is Back*, mas fui alvo de protestos, a banda não gostou. A melhor ideia foi da esposa de Charlie Watts. Ela sugeriu *Ol' Four Eyes Is Back*[2]".

Os Watts eram muito respeitados entre os vizinhos em Devon; quando souberam da morte de Charlie, um membro do conselho paroquial civil revelou que, em 2011, o casal havia feito uma generosa contribuição à reforma do centro comunitário. Shirley foi convidada para a cerimônia de reinauguração e, para surpresa geral, levou o marido junto. Como precaução para o caso de Charlie não se sentir à vontade, e também por haver uma partida de críquete passando na TV naquele dia, um carro ficou de prontidão do lado de fora. Os dois foram os últimos a ir embora.

A filha de Charlie e Shirley, Seraphina, criada na França até os oito anos de idade, depois se mudaria por muitos anos, indo morar nos Estados Unidos e em outros lugares. Mas no início dos anos 2000, assistindo à TV, viu algo que lhe fez traçar um hilariante paralelo. "Meus pais eram meio que a Sharon e o

---

[2] Os três jocosos títulos alternativos significam *Reg Gordo de Pinner* (o nome de batismo de Elton John é Reginald Dwight, e ele nasceu no subúrbio londrino de Pinner), *A velha conjuntivite está de volta* e *O velho quatro-olhos está de volta*, em uma referência ao fato de Elton usar óculos. Sendo a declaração de 1974, presume-se que o disco em questão seja *Caribou*. (*N. do T.*)

Ozzy de Devon. Eu via o programa e pensava 'Caramba!'. Ele andava pela casa gritando 'Shirleyyy'.

"Perguntei ao meu padrinho, Tony King, se já tinha visto o programa. A resposta dele foi: 'Já entendi'. Eu falei pros dois: 'É igual a vocês'. E eu era estouradinha como a Kelly. E os cachorros, todo o resto. 'São vocês!' Eles ficaram horrorizados, mas eu disse: 'É igual!'. Eles formavam uma dupla incrível."

"Shirley tinha ótimo gosto, sabia tanto sobre tantas coisas", diz King. "Era uma dama totalmente brilhante. Era quem definia tudo. Mas se você visitasse a casa, Charlie estava sempre lavando a louça, fazendo chá, esbravejando com os cachorros, limpando o cocô e o xixi que porventura fizessem dentro de casa, sempre fazendo todo o serviço sujo. Era totalmente domesticado.

"Shirley sempre o mantinha na linha. Ele não se criava quando ela estava perto. Se tentasse, ela dava logo um corte. Não titubeava em dizer algo que lhe tirasse o prumo. Eu me lembro de uma vez, lá no início, em que ela me escreveu uma carta brilhante. A banda estava em turnê pelos Estados Unidos. Foi na época de Altamont. Ela dizia: 'Charlie esteve em casa no fim de semana, todo cheio de si por ser um membro dos Rolling Stones. Pois o fiz limpar o forno'."

Don McAulay, técnico responsável pela bateria de Charlie na última década, tem uma lembrança bem mais recente do casal para compartilhar. "Que eu me lembre, a última vez em que Shirley viu Charlie tocar bateria foi no show do Hyde Park em 2013. Ela se sentou bem ao lado do meu canto de trabalho e estava tão feliz em vê-lo novamente no palco. E ele não tirava os olhos dela. Senti que aquele era um momento especial para ambos, pois haviam se conhecido daquela forma, quando ela ia aos shows vê-lo tocar."

"Faço questão de enfatizar o quanto o casamento, a filha e a neta eram os alicerces da vida de Charlie", conclui King. "Ele amava os Rolling Stones e tudo que ser membro da banda envolvia. Mas, no fim das contas, amava mesmo era a família."

3

Lá longe, com a cabeça em casa

A conquista do país e do mundo por parte dos Rolling Stones teve tudo a ver com a gestão perspicaz de Andrew Loog Oldham. Outro filho da guerra, um mês mais novo que Keith Richards, ele conduzia os assuntos comerciais e artísticos da banda como um maestro, em um período único durante o qual empresários de rock aprendiam seu ofício a partir do método de tentativa e erro.

Foi dele a decisão impiedosa de dizer a Ian Stewart que seu rosto não se encaixava na linha de frente do grupo, levando Stu a assumir o nada glamouroso papel de descascador de pepinos, cuja modesta alcunha era "gerente de turnê". Com o grupo sendo precurssor da imagem de *bad boys*, foi criação de Oldham a brilhante e agressiva pergunta "Você deixaria sua filha sair com um Rolling Stone?". Foi ele quem a soprou para Ray Coleman, do *Melody Maker*, que trocou "filha" por "irmã" na matéria publicada em março de 1964 sobre a vida da banda na estrada. De qualquer forma, a ironia era que, no caso de alguém discreto como Charlie, a resposta certamente teria sido um inequívoco "sim".

"Andrew era o máximo, eu gostava dele", disse Charlie. O empresário e o baterista se tornaram vizinhos quando Charlie, no auge do sucesso, aos 23 anos, finalmente saiu da casa dos pais, no verão de 1964. Seu novo apartamento de quatro quartos ficava em Ivor Court, Gloucester Place, e Wyman e sua memória infalível nos relatam que o aluguel não passava muito de 54 libras por mês. Tendo saído da casa dos pais direto para lá, Charlie nunca morou sozinho. “Minha mãe nos tratava como membros da realeza”, diz sua irmã Linda. “Mesmo depois de sair de casa, ele levava a roupa suja e minha mãe lavava e passava.”

Após se casarem, em outubro de 1964, ele e Shirley logo fizeram o apartamento refletir seu gosto conjunto pelas artes; o breve período em que trabalhara na Dinamarca tornara Charlie grande fã dos móveis de pinho locais, e a casa era cheia deles. Um sofá Chesterfield também a adornava, assim como outros móveis adquiridos com o olhar atento que passara a manter mesmo na estrada.

“Quando Andrew passou a ter um escritório em Regent’s Park, nós estávamos a um corredor de distância — meu apartamento era em uma ponta e o escritório dele na outra”, lembrou Charlie. “Andrew era muito elegante. Usava uns ternos com paletós mínimos, curtos. Todos nós nos demos bem com ele e gostávamos do que ele dizia. Era muito bom em compreender os nossos sentimentos. E ele enxergava as possibilidades. Se não enxergasse, a gente ainda estaria batendo na porta dos clubes, tocando em Bournemouth para sempre e jamais teria evoluído.”

Sua administração da imagem dos Stones foi hábil, capitalizando cabelos longos e atitudes supostamente vulgares para levar jovens fãs a adotarem a banda de bate-pronto como um ousado antídoto aos certinhos Beatles. Enquanto a imprensa nacional e a maioria moralista se enfurecia com aqueles trogloditas desmazelados, uma professora de Wrexham denunciava pais que deixavam os filhos usarem calças imorais de veludo cotelê inspiradas em seus heróis. Charlie, enquanto isso, emplacava sua primeira capa de revista solo, em uma inapropriada edição de junho de 1964 da *Mersey Beat*.

No Natal daquele ano, Oldham publicou um anúncio no *New Musical Express* com votos de um ótimo fim de ano aos cabeleireiros famintos e suas famílias. A publicação especializada em alfaiataria masculina *Tailor & Cutter* implorou ao grupo para passar a usar gravatas e salvar da falência os fabricantes de tais peças. Mas eles não estavam prestando muita atenção: Charlie sempre vestia o alinhado figurino *mod*[1] e, caso se importasse o mínimo que fosse, teria todas as razões para se sentir ofendido quando a mesma revista, anos depois, incluiu Mick e o deixou de fora de sua lista de homens mais bem-vestidos. Por sinal, em certa ocasião quando o restaurante do hotel em que estavam hospedados se recusou a servi-los por estarem maltrapilhos demais, Charlie usava paletó e gravata. "Creio que a mim eles serviriam, mas não vou comer lá sozinho", declarou.

Mas houve ocasiões em que Charlie aderiu por diversão ao mau comportamento coletivo da banda. Um caso notório foi a participação em um episódio do programa pop semanal *Juke Box Jury*, em julho de 1964, no qual os convidados julgavam novos lançamentos ao estilo "vingou/não vingou". Talvez não

---

[1] O termo, derivado de "modernista", designa um movimento expressivo da cultura jovem masculina do Reino Unido nos anos 1960, cujas características mais fortes eram a paixão por jazz moderno, lambretas e ternos bem cortados. Um típico *mod*, embora rebelde ou mesmo agressivo, vestia-se sempre de forma estilosa. (*N. do T.*)

tenha sido no mesmo nível da batalha Bill Grundy *versus* Sex Pistols doze anos depois, mas deram trabalho ao solene apresentador David Jacobs, da BBC. Escreveu Oldham em *2Stoned*, segundo volume de sua respeitável autobiografia: "Sem que eu tivesse incentivado, começaram a agir como uns completos broncos e, em 25 minutos, confirmaram de uma vez por todas as piores opiniões da nação sobre eles.

"Grunhiam, riam entre si, foram implacáveis com as baboseiras que o programa tocava e hostis com o sr. Jacobs, geralmente imperturbável. Não foi um golpe publicitário planejado. Brian e Bill fizeram algum esforço para serem educados, mas Mick, Keith e Charlie não queriam nem saber. Os dois Bs acabaram por se juntar aos outros, encarando a brincadeira e entrando na onda." O *Daily Mail* os acusou de "escandalizar milhões de pais"; Oldham disse que foi "uma ótima divulgação". Uma semana depois, lá estava "It's All Over Now" no topo das paradas.

Tal comportamento, como se nota, era tremendamente incomum em se tratando de Charlie. De maneira geral, ele e Bill mantinham um ar de indiferença estudada, zombeteira, sempre que possível. Um perfil do grupo na revista *Rave*, que saiu no mesmo mês da confusão no *Juke Box Jury*, não conseguiu levantar nada mais polêmico do que a noite em que o grupo pegou no pé de Charlie porque ele esqueceu o número do próprio telefone. Mas sua personalidade dentro da banda já era bem definida.

"Charlie Watts é o estudioso", observava o perfil. "Lê livros sobre a Guerra Civil Americana. Tem muitos álbuns clássicos na coleção de LPs. O Stone bem-vestido, gasta com frequência cinquenta libras de uma vez em roupas. É calado. Dos cinco Stones, Charlie é o que menos fala."

"Bateristas têm isso", escrevia Coleman com frustração palpável naquela matéria de 1964 do *Melody Maker*. "Ficam irritados com perguntas e não se mostram muito dispostos a se envolver. Charlie, um apaixonado por jazz, quis saber quando começava a temporada de Stan Getz em Londres, depois se esgueirou para fora da sala." Charlie tocava jazz para os demais, sem grandes esperanças de converter alguém, embora Mick tenha chegado a demonstrar admiração por Charles Mingus e Jimmy Smith na época.

"Sem sombra de dúvida, um dilema dos mais estranhos mesmo", disse Glyn Johns, o respeitado colaborador dos Stones no estúdio ao longo dos anos 1960 e além. "Ele se via reconhecido como um dos melhores bateristas de rock n' roll e sua paixão, na verdade, era o jazz. Se tivesse — e, francamente, uma vez ou outra teve — a oportunidade, teria escolhido fácil o jazz em detrimento do rock n' roll. É bem estranho."

Poucos são mais bem qualificados para julgar a musicalidade de Charlie do que Johns, engenheiro e confidente do grupo em seus primeiros treze anos de existência. "Há muitos músicos que são únicos, e Charlie certamente foi único. Ele e Bill, para mim, são tão responsáveis pelo sucesso dos Rolling Stones quanto qualquer outro integrante da banda", diz ele. "Só que é algo mais sutil, menos óbvio do que ser autor das canções e saracotear pelo palco se fazendo de gostoso. A combinação de Bill Wyman e Charlie Watts é algo formidável. Um sem o outro ainda é um grande músico, mas nada se compara aos dois juntos.

"Cheguei a passar muito tempo só com Charlie, porque ele sempre aparecia para as gravações bem mais cedo do que qualquer um dos outros", diz Johns. "E eu já estava por lá montando o equipamento ou fazendo sei lá o quê. Portanto, eu e ele passamos vários inícios de noite sozinhos conversando sobre o tempo ou o que quer que fosse. Falávamos das famílias, não necessariamente sobre música.

"Era um homem simples em todos os aspectos, na verdade. Nunca tivemos uma conversa em que debatêssemos sua habilidade como baterista. Não era necessário, para ser honesto. Não creio que Charlie tivesse qualquer insegurança, só que também não tinha o ego inflado. Fazia o que lhe era exigido, invariavelmente sem ninguém fazer sugestão alguma. Não me lembro de qualquer ocasião em que alguém — Mick, Keith ou quem quer que fosse, aliás — tenha sugerido a ele tocar de outra forma. Eu certamente não o fiz. Nem sonharia."

Às primeiras duas viagens dos Stones aos Estados Unidos, no início do verão e no outono de 1964, seguiram-se mais duas em 1965, ano em que também foram à Austrália e à Nova Zelândia, fizeram duas turnês pelo Reino Unido e mais duas pela Irlanda, outras duas na Escandinávia e novas incursões França e Alemanha Ocidental adentro, sem falar em outros shows. Uma obrigação inevitável da conquista do globo nessa escala eram as temidas entrevistas coletivas, durante as quais os cinco infames se reuniam contra a vontade para o confronto com as trivialidades da mídia local. As lembranças de Bill Wyman capturam todo o grau de absurdo.

"Nós nos sentávamos em fileira, na Dinamarca, na Alemanha, na Austrália, onde quer que fosse, e obviamente todas as perguntas eram direcionadas a Mick. Depois de já ter respondido quatro, ele pedia: 'Perguntem a mais alguém'. Aí se voltavam para o Brian, depois para o Keith. Charlie e eu ficávamos no final da fileira, tomando chá e conversando sobre críquete ou debatendo onde iríamos passar as férias, esse tipo de coisa.

"Aí uma das pessoas que presidiam o fã-clube, uma daquelas garotas em Adelaide ou sei lá onde, se dirigiu ao Charlie no final, quando já estavam desmontando tudo e nós nos levantávamos das cadeiras para irmos embora. Ela disse: 'Sr. Watts, pode me dar algo para eu levar para casa de lembrança?'. Ele perguntou 'Como assim?". E ela respondeu: 'Qualquer coisa, qualquer coisa mesmo, só para eu me lembrar de hoje'. Ele se levantou, entregou a ela a cadeira e foi embora."

Sua memória pula para a cerimônia do Grammy de 1986, em que Eric Clapton, velho amigo da banda, lhes entregou um prêmio pelo conjunto da obra. "O troço passava ao vivo na TV a cabo para os Estados Unidos. Vem o Eric, nos entrega os troféus, nos dá os parabéns. Ele fala, o Mick fala, aí o Eric se aproxima do Charlie para entregar o troféu dele e Charlie diz: 'Cadê as rodinhas? Não tem rodinhas!'. E caímos todos na gargalhada de tão bizarra que era aquela observação. De vez em quando ele era engraçadíssimo sem nem mesmo ter a intenção."

Os traços de TOC que aproximaram Bill e Charlie podiam se manifestar até nas circunstâncias mais triviais, em especial durante as primeiras turnês britânicas. "Ele tinha uns hábitos esquisitos", conta Bill, afetuosamente. "A gente parava em um café para comer alguma coisa a caminho do norte, Glasgow, sei lá onde. Parávamos em uma estrada secundária em algum canto. Quando saíamos e voltávamos para o carro, dizíamos: 'Melhor ir todo mundo ao banheiro agora porque nas próximas duas horas estaremos dentro do carro'.

"'A gente ia a um banheiro do lado de fora. Eu entrava, saía, aí o Charlie entrava e depois saía.' Bill se levanta e vai até a porta para encenar a situação. 'Essa é a porta do banheiro. Ele saía, batia a porta, verificava o trinco, começava a andar na nossa direção. E todos nós esperando. Parava, voltava, verificava o trinco de novo, dez passos. E a gente: 'Charlie, pelo amor de Deus!'. Fazia aquilo três, quatro vezes."

Um marco de como os Stones não tardaram a abraçar a cultura norte-americana, um que os acompanharia para sempre, foi terem integrado um line-up fabuloso (Chuck Berry, Marvin Gaye, os Beach Boys, e todos em quem se possa pensar) no *T.A.M.I. Show*, no fim de 1964. O especial entrou para a história por incluir a performance de James Brown que apresentou sua absoluta genialidade como cantor e dançarino à plateia pop. A lembrança ficaria para sempre na memória de Mick, que admitiu para mim quarenta anos depois ainda ouvir *Live at the Apollo Vol. 1* para entrar no clima antes de subir ao palco, vez por outra. Charlie também falava a respeito décadas depois.

"Ele foi inacreditável naquele dia. As pessoas o chamavam de O Homem Mais Trabalhador do Show Business, e era mesmo. E a banda dele! Não havia melhor. Quando eu era novo e via músicos negros tocarem, não que seja algo racial para mim, eu só percebia de cara que meus momentos de maior prazer auditivo eram com Ben Webster, Bobby Womack e com os grandes bateristas que vi. Phil Seamen e Ginger Baker, se você fechar os olhos acha que são negros pelo jeito que tocam. Digo isso de forma carinhosa."

Após mais de dois anos e meio de turnês pelo Reino Unido, cumprindo agendas quase sadicamente impiedosas, o grupo chegou à Dinamarca em março de 1965 para seus primeiros shows na Europa continental. O primeiro deles, em Odense, foi precedido por um encontro com a imprensa no Hotel Royal em Copenhague, sobre o qual o fotógrafo dinamarquês Bent Rej escreveu em sua coleção de impressionantes imagens da época, *In the Beginning*: "Saquei logo quem eram os piadistas da banda — Charlie e Brian — e me aproximei deles". Segundo acrescentou, quando perguntaram a Charlie quem escrevia as respostas deles, ele disse: "Ringo".

A recompensa de Charlie por ter que aturar tanto aborrecimento foi a possibilidade de visitar clubes de jazz em qualquer parte do mundo que o grupo visitasse e ver alguns de seus heróis, em especial nos Estados Unidos. "Quando estive lá pela primeira vez queria ir a Nova York e ao Birdland, e só", disse ele. "Não dava bola para o resto do país. Nova York era o lar do que eu imaginava querer ser, ou seja, um baterista negro tocando na rua 52. Obviamente não sou negro, a cena já não existia mais quando estive lá, mas Nova York ainda era o cerne do jazz moderno.

"Uma das primeiras bandas que vi ao chegar foi a de Charles Mingus, com Danny Richmond na bateria, e (o saxofonista) Sonny Rollins, que havia acabado de sair da hibernação[2] e tinha o seu trio. Era a época em que Sonny começava a tocar

---

2 Charlie chama de hibernação o primeiro de alguns períodos sabáticos tirados por Rollins. Por cerca de dois anos, do verão de 1959 ao outono de 1961, o saxofonista se afastou do cenário musical, tocando apenas sozinho em lugares como a passarela da ponte de Williamsburg. (*N. do T.*)

ainda no camarim e depois tocava para as paredes ao redor do palco. Era fantástico."

Haveria uma colaboração memorável com Rollins bem mais tarde; ele contribuiu com o inspirado solo de sax tenor da formidável "Waiting on a Friend", do álbum de 1981 dos Rolling Stones, *Tattoo You*. "Fiquei muito apreensivo ao trabalhar com Sonny Rollins", diria Mick mais tarde. "O cara é um gigante do saxofone. Charlie dizia: 'Ele nunca vai querer tocar em um disco dos Rolling Stones!'. Eu respondia: 'Vai querer, sim'. E ele aceitou, e foi maravilhoso."

"Mick disse: 'Que tal a gente chamar um saxofonista para tocar em "Waiting on a Friend"? Quem é um bom saxofonista?'. Eu respondi: 'Sonny Rollins', achando que não iriam nem conseguir o contato dele, e ele apareceu no estúdio. Ele cogitou um trompete e eu disse 'Miles Davis', mas essa proposta não sei que fim levou. (Sonny) foi maravilhoso. Tivemos saxofonistas maravilhosos tocando com nossa banda: Trevor Lawrence, Ernie Watts... o melhor é um homem do Texas chamado Bobby Keys[3], sem dúvida."

Charlie não apenas fez valer a sua primeira paixão musical em gravações e shows dos Stones sempre que pôde como admitiu que, se alguma introdução permitisse, sentava à bateria e imaginava ser um de seus ídolos, tais como Kenny Clarke ou Ray Lucas. Corria atrás das oportunidades de ver os seus favoritos ao vivo, quer isso envolvesse noitadas em

---

3 Keys começou a tocar ao vivo com os Stones na turnê norte-americana de 1972 e, após idas e vindas durante o restante da década, reassumiu o posto em definitivo na turnê europeia de 1982 até morrer, aos setenta anos, em 2 de dezembro de 2014. (*N. do T.*)

Copenhague naquela primeira turnê europeia para ver o Oscar Peterson Trio, Ella Fitzgerald e o pianista Erroll Garner, indo ao backstage para conhecer este último e seu baixista Ray Brown, quer significasse voltar correndo para casa na noite seguinte a um show em Viena, no fim daquele mesmo ano, para assistir a uma apresentação de Count Basie e sua orquestra.

Às vezes, algum colega de banda o acompanhava. "Grande parte dos nossos papos eram sobre jazz", revela Mick. "Eu gosto bastante, e Brian também gostava. Keith nunca curtiu muito porque, para ele, o jazz representa aquelas bandas de Dixieland, como a de Chris Barber. Charlie e eu íamos muito a clubes de jazz. Nos primeiros anos, ele saía muito mais à noite e, se fulano ou sicrano estivessem tocando na Europa — porque uma porção de músicos americanos morava por lá —, nós íamos à Dinamarca, digamos, para conhecê-los, tomar um café ou um drinque com eles. Íamos ver Miles Davis também. Charlie era fascinado por ele. Miles era muito difícil — ou não, às vezes acontecia de ser a versão boazinha."

Outra das artimanhas ambiciosas de Oldham foi contratar uma equipe de filmagem para registrar a segunda visita dos Stones à Irlanda, em 1965, em uma última tentativa malsucedida de fomentar financiamento para um filme dos Rolling Stones. Segundo escreveu o empresário, o documentário "se pretendia uma espécie de ensaio para aquecer-as-pernas-de-celuloide para qualquer longa-metragem que viesse a surgir no horizonte, e um esforço da minha parte em manter os Stones interessados na ideia de um filme. Seu nome seria *Charlie Is*

My Darling [Charlie é meu querido, em tradução livre] porque ele era mesmo."

Sob a direção de Peter Whitehead, o resultado, restaurado em 2012, é uma peça instigante de sociorrealismo que mostra cinco rapazes vivendo o dia a dia em uma espécie de *Harder Day's Night*: tocando um som em um quarto de hotel em Dublin, pegando um trem para Belfast e voando de volta para Londres, enquanto isso falando do sucesso e do estilo de vida que, àquela altura, já nem esperavam que continuasse.

Em uma entrevista com jovens fãs irlandeses do lado de fora do show, uma moça diz: "Gosto do cara que toca bateria". Charlie, quase que certamente coagido a encarar a câmera, diz: "Eu só assumi a bateria. Não sei ler partituras, não sou um músico desse calibre. Vai ver só estou me ligando em padrões. Vai ver é complexo de inferioridade. Vai ver sou ótimo, no fim das contas". E consegue dar um sorriso.

Mais de meio século depois de ser feito, o filme evoca tristeza na forma como, em meio a níveis industriais de fumaça de cigarro, capta um momento quase final de relativa inocência e união no grupo, incluindo a viagem de trem durante a qual todos cantam "Maybe It's Because I'm a Londoner" e falam sobre o comediante Max Bygraves. Charlie, com seus descolados óculos escuros, lê uma revista. No backstage, Mick e Keith trabalham em uma nova canção, "Sittin' on a Fence" (que logo seria gravada, nas sessões de *Aftermath*, mas repassada ao duo pop Twice As Much), e arranham "From Me to You" e "I've Just Seen a Face", dos Beatles. Charlie senta ao lado deles, sério e inescrutável.

O documentário era ainda mais eletrizante por capturar um tumulto no show de Dublin, registrado em temerário estilo *verité*, sem nada do verniz aconchegante que passamos a associar a filmagens antigas de rock. Também aqui, Charlie está aparentemente imperturbável. "Bill Wyman foi forçado a se esconder atrás de Ian Stewart e do piano de cauda que havia no palco", escreveu Oldham. "Keith conseguiu escapar e Charlie Watts simplesmente continuou tocando."

Uma matéria de jornal da época confirmava: "Mick Jagger foi arrastado para o chão, Brian Jones brigou com três adolescentes que o socavam e Bill Wyman foi forçado a se espremer contra um piano na lateral do palco. Keith Richard (na época, ele não usava o "s" ao final do sobrenome) conseguiu escapar pelo palco. E o implacável Charlie Watts continuou a tocar com expressão impassível enquanto o tumulto escalonava ao seu redor."

Mais à frente no filme, Charlie devaneia: "Tenho condições de fazer exatamente o que eu quero [...] mas, por outro lado, não tenho muito tempo para fazer o que eu quero". Oldham concluía: "Charlie, e apenas Charlie, foi o único membro do grupo que conseguiu agir de maneira natural diante da câmera e, naquele formato reality-*verité*, razoavelmente desembaraçado e verdadeiro".

Em 2012, Oldham declarou ao *Los Angeles Times*: "Depois que vi as entrevistas e as editei com Peter Whitehead, tive um sonho em que um cineasta me ligava e dizia: 'Tem um filme a ser rodado na França, Charles Bronson não vai poder fazer, será que Charlie (Watts) poderia?'. Eu o achei maravilhoso. Ele tinha tanta presença". O comentário ecoava uma matéria de 1964 do *Evening Standard* segundo a qual Charlie "era visto pelo seu empresário como alguém com a estrutura óssea de Steve McQueen e, portanto, uma grande promessa no cinema".

É mais lamentável ainda, portanto, que os Stones nunca tenham conseguido fazer o longa-metragem prometido por Oldham naquela época, *Only Lovers Left Alive*. Mesmo tendo sido noticiado pela imprensa musical britânica que as filmagens teriam início dentro de poucas semanas, no outono de 1966, os investidores deram para trás. Charlie poderia ter sido um astro improvável.

Em casa, no pouco tempo livre que tinham entre turnês, a vida pública do baterista e do grupo tornava-se igualmente difícil, ainda que um pouco menos perigosa. Na primavera de 1965, Keith declarou a um jornal de música que, de maneira geral, ele, Charlie e Bill conseguiam frequentar o Ad Lib Club, que fora inaugurado no ano anterior em cima do Prince Charles Cinema, bem perto de Leicester Square, sem serem abordados por fãs.

"As pessoas se enganam quando acham que nós vivemos em uma farra constante", disse ele, "sempre de rosto coberto, óculos escuros e chapéu na cabeça. Se a gente quer sair, sai, só que muitas vezes preferimos ficar em casa dormindo, ouvindo discos ou, no meu caso, passeando com o cachorro. Nem sou muito de caminhar, mas o cachorro pelo jeito gosta." O nome do cão, a propósito, era Ratbag. Charlie e Shirley, no entanto, optavam mais pela vida tranquila. Bent Rej os fotografou em seu recanto em Ivor Court e escreveu em maio de 1965 sobre o tão desejado tempo que passavam juntos ali. "Quando Charlie vai curtir seus discos, Shirley vai curtir sua arte", escreveu na época o fotógrafo dinamarquês. "Ela vai para o estúdio trabalhar em sua escultura. Por ora, não tenta ganhar a vida como escultora; todas as suas peças de arte moderna vão para amigos e família — ou ficam em casa mesmo. Isto é porque, além de amarem um ao outro, os dois amam a arte."

Uma olhada no cronograma de turnê dos Stones do ano de 1965 faz tais momentos idílicos parecerem ainda mais preciosos. Ainda fazendo dois shows por cidade no início do ano, fizeram bem mais de duzentas apresentações naquele período de doze meses, isso sem contar as sessões de gravação no Reino Unido e no exterior para os álbuns *Out of Our Heads* e *Aftermath*, e os singles históricos como "The Last Time", "(I Can't Get No) Satisfaction" e "Get Off of My Cloud".

Em junho daquele ano, como Rej lembrou, ele acompanhou Charlie e Shirley na visita a uma propriedade que estavam pensando em comprar, a seiscentista Old Brewery House em Southover Street, Lewes. O solar sobrevivera à demolição do prédio da cervejaria Verrall & Sons, em 1905. Exatamente o que o casal desejava, em uma cidade de East Sussex bem distante do atribulado West End (e de todo o agito) de Londres.

Fizeram uma oferta de imediato e em outubro haviam se mudado. O pai de Charlie não levava muita fé: "Não entendemos por que ele prefere um lugar velho como esse e não algo moderno". Mas o casal estava muito feliz com o novo endereço, onde Shirley poderia investir em outra de suas paixões antigas, criar cavalos. Charlie passava grande parte do tempo garimpando lojas de antiguidades em Lewes e Brighton. A única contrariedade que expressava dizia respeito às funcionárias da fábrica de perfumes vizinha que subiam ao telhado na hora do almoço, na esperança de avistar seu herói reticente.

Em uma entrevista filmada em 1966, Charlie aparece sentado em um banco do lado de fora da casa a responder uma série de perguntas rebuscadas feitas em um muito mal-recebido sotaque inglês da BBC. Sua ansiedade para que tudo aquilo acabasse logo é palpável, mas reage a cada pergunta com educação e a costumeira modéstia. "Estamos vendendo nossa música para garotos americanos que provavelmente nunca nem ouviram falar das pessoas de quem copiamos metade delas", diz ele. "Isto está no começo. Estamos revendendo as nossas influências, nossa forma de executá-las. Talvez seja mais aceitável da forma como a gente faz. Embora eu não possa responder muito bem quanto a isso porque só faço parte dessa coisa toda, não crio as canções nem nada disso."

Enquanto o cachorro espera pacientemente com sua bola e vemos Shirley a cavalo usando um lenço na cabeça e um casaco chique, Charlie devaneia sobre como o sucesso pode tê-lo mudado. "Eu já não penso mais, infelizmente, antes de gastar cinco libras", responde. "Se forem cem libras, aí, sim, penso. Essa é de fato a única diferença que fez. Se algo custa cinco libras e eu gosto, eu compro. Provavelmente nem vale cinco libras, embora valha para mim." Questionado se a sua atitude em relação às pessoas mudou, retruca sabiamente: "Não, acho que a atitude das pessoas em relação a mim mudou".

Sua maneira ultraidiossincrática de olhar para o mundo se revelava ao continuar: "Antes, quando eu tinha um emprego, me sentava em um café [...] com um vale-refeição e um xelim para gastar. Hoje, se eu tivesse em mãos um vale-refeição e um xelim, as pessoas achariam ridículo eu entrar em um lugar e pedir três sanduíches de queijo com mostarda e picles. Pensariam: 'Pra que isso? Deve estar fazendo isso só pra conhecer gente'. Sei lá, fico com essa impressão. Talvez seja bobagem. Mas, de fato, a atitude das pessoas em relação a mim mudou. Quando falo em sucesso nesses termos, é de dinheiro que estou falando. Não de veneração, porque isso eu nem considero".

Enquanto o álbum como formato alcançava a maturidade, levando muitas bandas a começar a questionar a validade do compacto como meio de expressão, os Stones atingiam a autossuficiência com *Aftermath*, de 1966. Era o primeiro LP composto inteiramente por composições de Jagger e Richards, que encontravam novos níveis de imaginação em canções como "Lady Jane" e "Mother's Little Helper". Charlie marcava presença com a batida firme e criativa e logo conseguiria aumentar a sua contribuição essencial com vários trechos inspirados em sua vocação de adolescência.

Em algum ponto do sufocante dia a dia na estrada em 1966, como Mick lembraria décadas mais tarde com bom humor e leve enfado, ele testemunharia a primeira ocorrência daquela que se tornaria talvez a mais clichê de todas as perguntas preguiçosas da mídia: "*Será que esta pode ser a última turnê?*". "Sim, sério", disse ele. "Me lembro muito bem disso. Nunca esqueci a data."

Em junho e julho, o quinteto se lançou em uma tipicamente exaustiva turnê pela América do Norte, 32 datas que incluíam shows no Washington Coliseum e no Hollywood Bowl. O programa do concerto produzido para a ocasião incluía uma tira em quadrinhos de Charlie que lembrava o estilo narrativo ligeiramente abstrato de *Ode to a Highflying Bird*. Merece ser amplamente visto como um sumário fascinante de sua perspectiva sobre a ascensão do grupo.

Com o nome de *Uma biografia, por Charlie Watts*, a tirinha — hoje abrigada na coleção do museu do Rock and Roll Hall of Fame, em Cleveland — tinha o subtítulo *It's the Same Old Story (If Not the Song)* [É a mesma história de sempre (se não a mesma canção), em tradução livre][4], com a imagem de Jagger cantando em um palco que vai ficando mais alto a cada quadrado.

No primeiro quadrinho ele está no Crawdaddy e um homem de chapéu comenta: "Ele é muito bom. [...] Podia só cortar esse cabelo". À medida que palcos e multidões se expandem, Charlie o desenha cantando os Stones ao longo dos anos, "Walking the Dog", "Time Is on My Side", "Satisfaction" e "Lady Jane" ("mas o colete dele continua cheio de furos"). Na hilariante ilustração final, Mick está no topo de um arranha-céu cantando "Have You Seen Your Mother, Baby, Standing in the Shadow?". Lá embaixo, o mesmo homenzinho, no meio de uma plateia agora grande, continua a dizer: "Ele é muito bom. [...] Podia só cortar esse cabelo".

O cartão de Natal dos Stones para 1966 também era criação de Watts, com cartuns desejando boas festas, "Como quer que você as passe, de pé, de joelhos, deitado de barriga para cima ou apenas flutuando". Em janeiro de 1967, o álbum *Between the Buttons* exibiria de novo sua inspiração de forma semelhante. No refrão de "Please Go Home", com sua batida à la Bo Diddley e o teremim tocado por Brian Jones, uma harmonia

---

[4] É uma brincadeira com o título da canção *It's the Same Old Song*, dos Four Tops, lançada no ano anterior. (*N. do T.*)

vocal discreta, porém perceptível, está a cargo de ninguém menos que Shirley Watts.

A capa do disco, um retrato definitivo do grupo naquele período, registrado por Gered Mankowitz em Primrose Hill, era complementada por um cartum de Charlie em seis quadrinhos baseado em um título que ele havia entendido mal. Andrew Loog Oldham, produzindo os Stones pelo que viria a ser a última vez, instruiu Charlie a fazer as ilustrações e, quando este quis saber o título, Oldham respondeu com uma gíria que queria dizer "em aberto". Charlie levou ao pé da letra. "Ele me disse que o título estava 'between the buttons'[5]", explicou o baterista ao *Melody Maker*. "Eu achei que ele queria dizer que o título era *Between the Buttons*, e ficou assim. Foi minha culpa, eu entendi errado." Mas a linha cruzada foi a fagulha para ilustrações inspiradas.

Ele se mostrava totalmente conectado à imagem pública da banda e à grande divisão de opiniões que ela causava. Acima dos croquis, havia um aviso: "Para entender esta pequena rima, é preciso antes bater o pé no ritmo. Então, os botões ficam bem mais próximos. E com muito mais clareza os Stones você verá."[6]

Na primeira legenda, está escrito "*Between the Buttons* começou como uma comédia mas logo virou uma farsa", enquanto a plateia grita "Queremos os Stones!". Na segunda, os bonequinhos reclamam da popularidade do grupo com co-

---

[5] Em tradução livre, "entre os botões" ou "entre um botão e outro". (*N. do T.*)

[6] No original, em que os versos de fato rimam: "To understand this little rhyme, you must first tap your foot in time. Then the buttons come much nearer. And the Stones you see much clearer." (*N. do T.*)

mentários como "Em todos estes anos no show business..." e "Quero só ver quando eu contar pra minha esposa..."; um dos bonecos no terceiro quadrinho diz "Mas isso é um homem ou uma mulher?". Mas depois surgem "Sabe, até que não são tão ruins assim...", "É, até que gostei...", "É, sei lá..." e finalmente "O que eles estão pensando em fazer agora...".

Da parte de Charlie, tudo parecia na mesma calma de sempre a julgar pelo texto de Mike Grant para a *Rave* de dezembro de 1966: "Charlie Watts representa uma clássica exceção: a pessoa distanciada de seu trabalho. A histeria, a gritaria exagerada e o frenesi da vida no universo pop nem sequer abalam o relaxado Charlie.

"Ele raramente fala porque acha que assim evita atenção indesejada — odeia alvoroço e prefere não ser tratado como uma personalidade. Se alguém me perguntasse quem eu acho que seria o primeiro a sair do grupo, diria que Charlie, simplesmente por ter muito pouco a perder. 'É só um trabalho que paga bem!', diz ele."

Após uma turnê pela Europa na primavera que incluiu 27 shows, 1967 trouxe o alívio dos quase quatro anos de vida semelhante à do personagem vivido por Richard Bradford em *Man in a Suitcase*, então a mais nova série de TV de detetive particular. Charlie, longe de ter aderido de imediato ao Verão do Amor, mais tarde admitiria que odiava a cena Flower Power apesar de ter dito à imprensa na época que gostava. Mas ficou feliz de ter tempo para se inteirar de um novo guitarrista, na época a sensação da cidade. Ao relembrar aquela, ria das limitações técnicas.

"Eu me lembro do show de Jimi Hendrix que vi no Saville Theatre. Foi na semana do lançamento do *Sgt. Pepper's*, e ele tocou a música." Sua memória é admiravelmente afiada: o show foi em 4 de junho, apenas três dias depois do lançamento do álbum dos Beatles, e Hendrix de fato iniciou a apresentação com a faixa-título, em uma *cover* posteriormente descrita por Paul McCartney como uma das maiores honras de sua carreira. Outros que tocaram naquela noite foram o Procol Harum e, em outra performance muito elogiada por Charlie, a Electric String Band de Denny Laine, ex-Moody Blues e futuro integrante dos Wings.

"O som que Hendrix fazia era fantástico", continuou Charlie. "É algo que eu nunca tinha visto, eles microfonaram a bateria do Mitch [Mitchell] pelo alto — em outras palavras, puseram um microfone acima dos tambores. O som naquele teatro pequeno ficou incrível, com aquele equipamento foda. Jimi tocou metade de uma música, 'Sgt. Pepper's', *pooou*, caiu tudo e ele passou o resto do... A gente sempre o via de costas ajustando as coisas, foi isso, acabou o show, fecharam as cortinas.

"Isso foi na época em que o sistema não comportava a eletrônica dele. Estourou. Hoje, é tudo potente — Jimi poderia tocar com um volume dez vezes mais alto. Na época, não havia nada. Se você tocasse em teatros havia os holofotes e a ribalta mas, se não era um teatro, podia esquecer, não tinha nada."

Por falar em teatros, os Stones arranjaram problemas ao aparecerem em um, em janeiro de 1967. A banda se apresentou no programa de variedades *Sunday Night at the London Palladium*, tão festejado quanto geriatricamente antiquado, e tocou quatro canções, incluindo "Let's Spend the Night Together" que já gerava olhares ressabiados. A recusa dos Stones em voltar ao palco para o encerramento, onde se esperava que seguissem a tradição de acenar para o público de cima do famoso palco giratório, como concorrentes eliminados do Concurso de Canções da Eurovision, escandalizou a nação.

O que aconteceu no programa da semana seguinte teve, para Charlie, uma conexão com um comparsa no jazz do início dos anos 1960, Dudley Moore, que àquela altura já havia se tornado um superastro da comédia. Ele e Peter Cook apareceram no programa e, ao *fazerem* o aceno de despedida de praxe, levaram para o palco bonecos de papel machê em tamanho natural do grupo, de aparência ligeiramente sinistra.

"Eu não queria ir ao programa e não sei por que aceitamos ir", confidenciou Charlie ao *Melody Maker*. Dizer que não queria ter ido a eventos de que o grupo participou, do Hyde Park ao Glastonbury, viraria um hábito para ele. "Achávamos ter deixado claro antes de irmos ao ar que não iríamos subir ao palco giratório." E o arremate final, uma de suas estocadas certeiras. "Vocês estão reclamando de quê? Era só ficar girando em cima de um piso laminado por dez segundos. Agora os jornais só falam disso há dias."

Com a desnecessária celeuma gerada pela infame prisão de Mick e Keith por porte de drogas e posterior redenção, os Stones lutaram por quase todo o ano de 1967 para pôr um ponto final no tão massacrado *Their Satanic Majesties Request*, um trabalho pioneiro do acid-rock. A boa notícia para Charlie foi passar mais tempo em casa e, antes do fim do ano, ter um novo endereço para ele e Shirley.

Permaneceram próximos à sua residência dos dois anos anteriores, mudando-se para o povoado de Halland, onze quilômetros a nordeste de Lewes, e estabelecendo-se no solar centenário de Peckhams que, segundo Keith Altham, da *NME*, fora utilizado como alojamento de caça pelo primeiro arcebispo de Canterbury. "É uma propriedade extensa, não que queira me tornar fazendeiro", disse Charlie ao *Melody Maker*.

Os Watts compraram a propriedade do ex-procurador-geral da Inglaterra e do País de Gales, lorde Shawcross, e ali tinham espaço para que Charlie se dedicasse a suas tendências quase compulsivas de colecionador, que vamos explorar em detalhes mais à frente. Como descobriu Altham ao visitá-la, também mantiveram com eles três gatos, três collies (Jake, Trim e Jess), um jumento e um cavalo de corrida de dezoito anos de idade chamado Energy.

"É uma cidade bem antiga", disse Charlie sobre Lewes, "é a sede do condado de Sussex, e está ficando superlotada. Não gosto das casas nos subúrbios[7]. Não moraria nem de graça em uma delas. Subúrbios são um estado de espírito, mas ninguém é suburbano de fato. Cada um tem uma mente só sua. Conheço pessoas que pegam o trem para o trabalho todos os dias e são tão loucas quanto qualquer um."

Pegando gosto pelo microfone uma vez na vida, ele continuou: "O mais incrível é as pessoas falarem de subúrbios como se fossem um ideal de vida, e não são — são? Ainda bem que

---

7 No Reino Unido, bem como nos Estados Unidos, os tranquilos subúrbios residenciais são redutos da alta classe média ou da classe alta. A palavra, portanto, tem conotação bem diferente daquela que se atribui no Brasil, onde é mais associada a regiões pouco valorizadas e condições mais precarizadas de moradia. (*N. do T.*)

não vivo em um. O triste é que a maioria das pessoas que mora neles foi tirada de uma vida livre em Londres e assentada em uma casa que fica em um canteiro de obras. Quando os pais dessas pessoas eram jovens, a porta da frente da casa deles vivia aberta e a garotada que morava quatro ruas adiante aparecia o tempo todo. Não há nada disso nos subúrbios".

Em 1966, Keith Richard, ainda sem o "s", havia tomado posse de Redlands, sua propriedade de longa data em West Wittering, West Sussex. Charlie e Shirley fizeram o movimento seguinte e Mick Jagger logo compraria Stargroves, também conhecida como Stargrove Hall, em Hampshire. Bill lembra que Mick assumiu a identidade de lorde com certo entusiasmo, entrando para a Country Gentleman's Association.

O próprio Bill estava em processo de compra de Gedding Hall, um palacete com fosso do século XV, perto de Bury St. Edmunds, em Suffolk, e Jones compraria, no final de 1968, a fazenda Cotchford, no Alto Bosque de Hartford, East Sussex, onde A. A. Milne, autor de *Ursinho Pooh*, morara nos anos 1920, e que inevitavelmente ficaria conhecida como "Pooh Country"[8]. Os Rolling Stones haviam se tornado forasteiros.

Livre, afinal, da agitação constante das turnês, Charlie agora podia curtir aquilo por que sempre ansiara: um longo e tranquilo tempo longe da indústria musical. "Dois anos atrás era um pesadelo", admitiu ele. "As viagens, o ritmo frenético de tudo. Não tinha tempo para viver. As turnês inglesas eram as piores enquanto viagens, e repórteres e fotógrafos praticamente viviam conosco o tempo todo."

---

[8] Um trocadilho jocoso. Literalmente, significa "Terra de Pooh". Mas a palavra soa exatamente igual a "poo" (cocô, em inglês). (*N. do T.*)

Àquela altura, sua desconfiança para com a maior parte da mídia já estava mais do que estabelecida. "Quem mais me assusta são os colunistas poderosos de alguns dos jornais de circulação nacional", comentava. "É assustador pensar que, com umas poucas declarações escolhidas a dedo ou uma perspectiva hábil, sejam capazes de destruir alguém como John Lennon."

Dotado da sábia percepção de que quem vinha depois dos Stones seria o novo alvo destes temidos picaretas para preencher suas colunas, ele continuava: "Agora está tudo bem mais fácil, mas é curioso me sentar para ler sobre alguém como Peter Frampton, que a imprensa está incensando como fez com Mick. É estranho pensar que ele só tem dezoito anos e provavelmente vai passar por tudo aquilo que nós tivemos de encarar".

Na época membro da banda de pop-rock The Herd, Frampton — agraciado com a imortal alcunha "O rosto de 1968" — de fato estava sendo "triturado" pelo moedor de carne que era a mídia. Como Charlie sabiamente previu, a dúbia denominação por ele recebida teria grandes consequências. Em sua autobiografia *Do You Feel Like I Do?* [Você se sente como eu?, em tradução livre], de 2020, Frampton descreve como o apelido midiático e o foco da imprensa nele levaram ao limite e à ciumeira dentro da banda. "Sabia que a nau estava à deriva", escreve ele.

Enquanto morava em East Sussex, sempre cortês com aqueles que respeitavam seus limites, Charlie ficou amigo de Norman Ashdown, que promovia shows na área. Michael, filho de Ashdown, disse ao *Lewes Musical Express*: "Não sei como começou, mas eram superamigos, certamente eram íntimos. Sei que meu pai o consultava bastante e Charlie lhe dava informações a respeito de produtores, empresários e agentes — quem evitar, com quem trabalhar, sugeria gente que considerava confiável. Ele tem muitas coisas positivas a dizer sobre Charlie Watts".

Em dezembro de 1967, Charlie estava no Lewes Town Hall quando Ashdown promoveu um show de Alan Price Set. O baterista foi avistado a caminho do camarim carregando uma garrafa de uísque.

"Agora tenho tempo para fazer coisas que não conseguia fazer antes", disse ele à *NME*. "Antes, com os Rolling Stones, só o que eu fazia era entrar e sair de camarins. Agora consigo falar com gente como Alan e ouvir a banda. Ele tocou muito bem. Gostei muito daquela noite."

Uma apuração retrospectiva da publicação de Lewes revela outro exemplo da natureza afável de Charlie. Na cidade, seu chofer constante, e outro apaixonado por cavalos, era o pai de Doug Sanders, guitarrista e vocalista dos Lambrettas, banda do fim dos anos 1970 que revivia a estética *mod*. "Quando era garoto", lembra Doug, "me levavam a uma das casas deles, fosse aquela próxima ao pub The Swan Inn ou a maior, no fim da rua Broyle, em Halland. Eu sabia que ele era muito famoso e achava esquisito ser um cara tão comum e fazer chá para a gente. Tenho uma camisa que o Charlie ganhou do Mick Jagger e que, por alguma razão, deu para o meu pai."

O Verão do Amor se aproximava do fim e Charlie desfiava sua verve na entrevista ao *Melody Maker* sobre sua presença na vizinhança. "Quando o Flower Power começou, deve ter sido fantástico", conjeturava. "Mas agora virou uma palavra engraçada, tipo rock n' roll. Tem até uma peixaria em Lewes onde escreveram 'Arenques são Flower Power' na vitrine, com aquela tinta branca. Daqui a pouco vão escrever 'Espadilhas são LSD'."

A caminho de Halland, o celebrado jornalista Keith Altham, que posteriormente seria divulgador dos Stones, puxou papo com o taxista que costumava transportar Charlie. "O rapaz é gente boa", disse o taxista sobre seu passageiro de 26 anos. "Nunca está de mau humor, bom companheiro de copo. Ele não dirige, manda nos chamar sempre. Quando o carro chega ainda está na cama, mas se já estivesse acordado, aí também não seria o Charlie, não é?"

Em março de 1968, os Stones voltaram ao batente no Olympic Studios com seu novo produtor, Jimmy Miller, um nova-iorquino já com muito crédito na praça graças ao trabalho em estúdio com o Spencer Davis Group, o Traffic e outros. "Foi um dos melhores produtores com quem trabalhei", me disse Keith em 2020. "Os produtores antes dele não eram músicos, e acho que o fato de Jimmy ser um nos tornou mais afiados e extraiu o melhor de nós. Eu o amava profundamente."

Bill Wyman relataria em sua autobiografia *Stone Alone* [Um Stone sozinho, em tradução livre] ter criado o famoso riff de "Jumpin' Jack Flash" brincando com um teclado eletrônico, em um improviso ao qual Brian e Charlie se juntaram, isso apesar de o crédito de composição ser, como de hábito, Jagger-Richards. Ao aparecerem no estúdio, Mick e Keith os teriam encorajado a continuar naquela levada, como faz a canção há mais de meio século. Seguiu-se a rodagem de clipes promocionais no próprio Olympic Studios para este futuro clássico e seu lado B "Child of the Moon". Ao sair de uma sala totalmente atulhada de equipamentos de filmagem,

Charlie disparara outra de suas tiradas impagáveis. “Parece mais a Paramount aí dentro.”

Logo começariam a trabalhar em outra futura peça-chave de seu repertório, então com o título provisório “Primo Grande”. Keith havia levado a tiracolo um ultramoderno *tape deck* Philips, no qual Charlie reproduziu um padrão que havia gravado com um “London Jazz Kit Set”, um kit de bateria em miniatura da década de 1930 concebido basicamente para uso de músicos de rua. Fiel à mentalidade de colecionador, o havia comprado em uma loja de antiguidades e, décadas depois, ainda o possuía. O conjunto vinha em uma pequena mala, dentro da qual os tambores eram organizados em uma caixa, um dentro do outro. O tarol era um pandeiro com metade do tamanho. Ainda que nunca o tivesse tocado, Charlie jamais teria resistido à compra.

Keith tocou a gravação para os demais e Mick acrescentou uma letra com um olhar antenado às ruas, inspirado pela agitação civil que acontecia mundo afora. Os rudimentares efeitos do *tape deck* sobre os tambores de brinquedo de Charlie foram transferidos para a fita master, à espera da adição de complementos, na criação daquela que se tornaria uma das mais penetrantes e agudas canções de rock dos Stones: “Street Fighting Man”.

“Foi feita com um equipamento chulé”, disse Keith no livro de memórias *Vida*. “Feita em quartos de hotel com nossos brinquedinhos.” Peter Frampton, “o rosto de 1968”, em sua autobiografia *Do You Feel Like I Do?*, comenta: “A introdução daquela canção é tão bacana, e aí entra Charlie Watts tocando na primeira batida do compasso, em vez de na segunda, onde normalmente se faz a síncope na caixa. Ímpar".

Foi durante aquelas sessões, em março, que Shirley Watts entrou em trabalho de parto em Hove e deu à luz a única filha do casal, Seraphina. Com uma nova perspectiva da vida e mantendo o equilíbrio em meio ao caos crescente da situação financeira e dos problemas legais dos Stones, o novo papai estava perto de sua casa de infância em maio, quando o grupo fez sua primeira apresentação ao vivo em mais de um ano, no Concerto dos Vencedores da Enquete da *NME*, no Empire Pool, em Wembley.

Em junho, enquanto se aventuravam em meio ao fogo cruzado do turbilhão[9] de problemas pessoais e financeiros, voltavam ao topo das paradas britânicas com "Jumpin' Jack Flash", produzida por seu novo confidente Jimmy Miller, e terminariam o ano, para citar a canção mais uma vez, com outro golpe duplo[10]: o excêntrico especial de TV *Rock and Roll Circus* e o álbum adiado que atualmente costuma ser visto como o primeiro da mais brilhante sequência de discos da banda, *Beggars Banquet*. Charlie estava encantado com o resultado, apesar de revelar que, durante as gravações, o disco que mais escutou foi *Sorcerer*, de Miles Davis.

No processo de gravação de *Beggars Banquet*, era palpável como a saúde física e mental de Brian Jones definhava, no processo que levaria — quase em câmera lenta, olhando em

---

9 Referência ao primeiro verso de "Jumpin' Jack Flash", "I was born in a crossfire hurricane". (*N. do T.*)

10 Referência ao "one-two" que Mick Jagger diz imediatamente antes de Keith Richards disparar o riff de guitarra que conduz a canção. (*N. do T.*)

retrospecto — à sua dispensa do grupo em junho de 1969 e à sua morte um mês depois, aos 27 anos de idade (pois é)[11]. Na noite de quarta-feira, 2 de julho, em que Bill saíra de uma sessão de gravação no Olympic Studios um pouco mais cedo, foi Charlie quem ligou para ele às três da manhã para dar a notícia.

"Não foi inesperado, para ser sincero", me contou Charlie a respeito do amigo, cujo frágil temperamento já teria degringolado muito tempo antes, na visão do grupo. "Não que esperássemos sua morte, mas ele já não estava bem fazia muito tempo, uns dois anos, e há um ano já não estava nada bem *mesmo*. Não foi um choque tão grande como teria sido se fosse Bill, por exemplo, em que teríamos pensado 'Caramba!' ou Stu; quando ele morreu, foi um choque." Pensar que Charlie poderia ter recebido a notícia de uma morte no grupo com um mero "Caramba!" é o cúmulo de sua célebre e insuperável serenidade.

"Brian, era possível imaginá-lo morrendo ou não chegando a morrer, mas ficando em estado muito precário", continua. "Ele era muito jovem, não se morre nessa idade. Ele foi ficando cada vez mais doente, essa é a verdade. Foi aquela coisa, 'cair, se estatelar, se levantar de novo', e a gente estava fora da estrada havia um tempo. Acho que foi isso que aconteceu."

A chegada de Mick Taylor, de 21 anos, no dia seguinte à partida de Brian, sinalizaria o início de um período de cinco anos que Charlie relembraria como o auge da banda nos estúdios e

---

11 Há um mito recorrente no universo da música de que esta é uma idade cabalística que frequentemente leva à morte roqueiros e afins, havendo até mesmo a alcunha "Clube dos 27", em uma referência aos nomes célebres de diferentes gerações, como Jimi Hendrix, Kurt Cobain e Amy Winehouse, que faleceram com esta idade. (*N. do T.*)

nos palcos. Taylor "foi uma boa escolha", disse ele. "Levantou tremendamente a banda. Não acredito que ele sequer tenha percebido isso na época, mas levantou.

"Mick e Keith lhe ofereceram um material primoroso em cima do qual tocar — a safra deles como compositores foi ótima naquele período. E demos sorte, sempre acho, porque foi o nosso período mais musical, o que creio se dever ao Mick (Taylor), à maneira como ele tocava. Era um músico bastante lírico. Keith e Ronnie adoram dizer que tocam em estilo entrelaçado. Mick já é um virtuose de fato, um belíssimo guitarrista, como Jeff Beck. Jeff, você só o acompanha, a bola está sempre com ele, enquanto Ronnie pode vir por trás de Keith e sair na frente e tudo o mais."

No meio de tudo isso, ainda houve a fenomenal "Honky Tonk Women". Não está em álbum nenhum, mas é um resumo esplêndido e picante de tudo o que os Stones eram naquele momento, e o consenso geral é de que Charlie raramente esteve melhor. "Ali se ouve todo o blues e a música negra que partiram de Dartford", escreveu Keith, "e Charlie está inacreditável naquela faixa. Era puro suingue, sem dúvida, e é daquelas faixas que a gente nem havia terminado ainda e já sabia que aquela porra chegaria ao n.º 1."

Dizer que Mick Taylor passou por um batismo de fogo parece subestimar como as chamas da expectativa e da exposição cercavam seu primeiro show. É de conhecimento geral que a estreia ocorreu no show gratuito dos Stones no Hyde Park meros dois dias após a morte de Brian Jones, que ainda era oficialmente um membro da banda quando a apresentação foi anunciada, algumas semanas antes.

Charlie deu uma resposta típica sua quando Mick o questionou sobre o local do show. Semanas depois, diria à *Record Mirror*: "Mick me procurou e perguntou o que eu achava. Respondi: 'Ridículo, mas por que não?'.".

Ronnie Wood havia conhecido Charlie alguns anos antes. O guitarrista na época era membro dos Birds, e os Stones eram sua banda favorita. "Eu estava atravessando a Oxford Street, um pequeno Mini parou no sinal e lá estava Charlie", lembra ele. "Com um motorista, obviamente, porque ele não dirigia. Vi seu rosto, me aproximei da janela e ele perguntou: 'E aí, tudo bem?', 'Sim, bom te ver, cara'. Foi afinidade instantânea."

Pois desta vez Woody caminhava margeando o Hyde Park observando o conclave dos discípulos. "Um carro parou e dele saltaram Mick e Charlie, me dando oi", relembra Woody. "Charlie perguntou como eu estava e a sensação era de que a gente já se conhecia bem. Eles disseram: 'A gente se vê, então'. E eu respondi: 'Sim, mais cedo do que vocês pensam'. Minha famosa frase." Repeti a história para Charlie, que mandou outra tirada demolidora. "Não lembro disso, não", disse ele.

Em uma conversa sobre o show de 1969 logo antes de os Stones retornarem ao Hyde Park em 2013, Charlie tinha lembranças tipicamente prosaicas. "Eu me lembro de ter passado para pegar minha calça antes de ir para o Dorchester." Segundo os registros históricos, o hotel em questão não era o Dorchester e sim o Londonderry House, do outro lado da Park Lane e de onde o grupo seria banido em 1973 após Keith atear fogo a si próprio. "E lembro de que, no hotel, Allen Klein circulava como se fosse um Napoleãozinho. A gente também tinha levado o grupo de percussão de Ginger Johnson para lá. Uma zoeira, mas muito divertido." O nigeriano George Folunsho "Ginger" Johnson era líder dos African Messengers, que haviam se tornado parte da cena da Swinging London em seu momento mais vibrante.

Ali estavam ainda para testemunhar a ocasião, abrigados em uma área supostamente restrita a convidados, Paul McCartney e Linda, que haviam se casado quatro meses antes, Donovan, Mama Cass, figuras improváveis como Chris Barber e Kenny Lynch, e um trio de membros do Blind Faith, Eric Clapton, Steve Winwood e Ginger Baker, este último sem dúvida presente para servir de apoio moral a Charlie.

A calça de Charlie também figura em uma história que Tony King conta a respeito daquele dia de otimismo primitivo no parque em 1969. "Shirley veio me pegar com uns amigos deles de Sussex", lembra Tony. "Ela veio com Charlie ao meu apartamento em Fulham. Desci até o carro e, quando ia entrar, Charlie perguntou: 'Tem um ferro de passar aí em cima?'. Eu tinha, e ele pediu: 'Posso passar minha calça?'. Ele subiu com uma calça prateada que iria usar no Hyde Park e passou-a a ferro no meu apartamento."

E devidamente preservada na cápsula temporal do documentário sobre aquele dia, lá está a imagem do homem das baquetas e da calça prateada naquele palco rudimentar, com seu cabelo comprido, sua camisa e paletó verdes e seu ar característico de dedicação alheia a todo o resto. Ele esmurra os tambores em "Satisfaction" e se permite a mais leve sugestão de um sorriso enquanto a banda encerra a apresentação com "Sympathy for the Devil" e Mick declara "Me diverti muito" e "Temos que ir embora".

Hoje em dia, o símbolo recorrente do evento é Mick Jagger de vestido branco por cima da calça a recitar um poema de Shelley em homenagem a Brian e lançando centenas de borboletas brancas ao céu — supostamente. Na lembrança de Tony King, "elas saíram se arrastando do cesto". Charlie disse: "A coisa das borboletas foi lamentável. Da plateia parecia bonito, mas vendo de perto um monte delas morreu. Parecia a Batalha de Somme[12] antes mesmo de chegarem a levantar voo".

Sobre a música, acrescentou: "Foi o primeiro show do Mick Taylor, obviamente, e de certa forma deve ter sido assustador. Ele é sempre ótimo, independentemente do que esteja tocando, mas o primeiro show ser na frente de uma plateia gigantesca... normalmente, um primeiro show seria em um teatro, em um clube, até em um estádio grande, para cinquenta mil. Aquilo ali tinha, sei lá, quinhentas mil pessoas ou algo assim. Os números vivem mudando".

Os shows de rock gratuitos no Hyde Park haviam começado um ano antes com o Pink Floyd, Roy Harper e o Jethro Tull. Um mês antes do evento dos Stones, Eric Clapton, Steve Winwood e Ginger Baker escolheram o local para sua primeira performance como Blind Faith. "Denny Laine estava com eles?", me perguntou um distraído Charlie, não deixando de fazer um elogio ao velho amigo Baker. "Mas eu não iria a um show a céu aberto. Iria ver Ginger tocar, mas não gostaria de vê-lo em um lugar assim.

---

12 Uma das batalhas mais sanguinolentas da Primeira Guerra Mundial, na qual soldados de Reino Unido e França enfrentaram os alemães entre 1º de julho e 18 de novembro de 1916. De um contingente de mais de três milhões de lado a lado, houve cerca de um milhão de baixas entre mortos e feridos. (*N. do T.*)

"Quando o Blind Faith tocou lá, eles armaram a parafernália no meio do gramado, montaram a bateria e os amplificadores, e todo mundo que apareceu se colocou ao redor. Como era de graça, foi ficando cada vez maior. Quando nós tocamos, era um palquinho de brinquedo, um negócio ridículo com estrutura de metal, a bateria e o resto, mais um paninho de fundo para Mick com o vestidinho branco dele. Era a primeira infância dos shows de rock."

O tempestuoso ano teve um fim magistral em disco com *Let It Bleed*, uma mistura a todo vapor de ingredientes de que eles haviam lançado mão até ali: vibrações pastorais em "Love in Vain" e "Country Honk", o rock espalhafatoso de "Live with Me" e "Monkey Man", comentário social sombrio em "Gimme Shelter", o blues em distintos segmentos de "Midnight Rambler", o coral dramático de "You Can't Always Get What You Want". Várias linguagens, e em todas a fluência era impressionante. Longe do olhar do público, Mick e Charlie formavam outra espécie de time.

"Fizemos a maior parte do projeto gráfico, de pôsteres às capas dos discos", diz Mick. "A capa de *Let It Bleed*, por exemplo (o bolo em camadas com bonecos dos Stones em cima, para quem lembra, concebido por Robert Brownjohn). Não foi uma ideia do Charlie, mas nós debatíamos sobre quem iria fazer o design. Ele e eu sempre falávamos disso, e de quais seriam as nossas ideias. 'Outra foto, não. Vamos fazer algo diferente.' Era algo bem importante para apresentar um disco."

Se, ao menos metaforicamente, o sol se pôs no Hyde Park como havia feito em Woodstock naquele verão de 1969, até o fim do ano o céu cairia em prantos. Para os Stones, a morte do adolescente Meredith Hunter em seu show no autódromo de Altamont nas últimas semanas de 1969[13] — "um evento que estava pedindo para dar errado", na definição de Charlie — sinalizaria o momento mais triste de uma época frequentemente impiedosa. Para Charlie, a nova década traria orgulho profissional por meio da independência que o grupo logo alcançaria e felicidade pessoal com Shirley e a pequena Seraphina em um novo lar do outro lado do Canal da Mancha.

---

[13] Meredith Curly Hunter Jr. foi um jovem negro de dezoito anos assassinado no show dos Rolling Stones no Altamont Free Concert por Alan Passaro, um motociclista branco do grupo Hells Angels, que fazia a segurança do local. (*N. do T.*)

4

Homem de família, feliz no exílio

A aurora dos anos 1970 se deu em um cenário incerto para os Rolling Stones. Seu primeiro verão foi marcado por um mal-estar considerável devido ao duplo rompimento com o empresário Allen Klein e com a Decca Records. Charlie era o Stone solitário na memorável capa do único LP lançado naquele ano pelo grupo, *Get Yer Ya-Ya's Out!*, retratado em improvável júbilo pelo fotógrafo David Bailey no Aeródromo de Hendon, a menos de cinco quilômetros da casa onde passara a infância em Wembley. Saltitante, ele brande duas guitarras enquanto um jumento porta mais uma, além de um bumbo pendurado em cada lado do corpo. Charlie usa o chapéu listrado e a "indumentária de palco" de Mick, como a chamava: calça branca e uma camiseta com a foto dos seios de uma mulher. Como diria Frank Zappa, "já não se pode mais fazer isto no palco".

Segundo LP ao vivo dos Stones depois de *Got Live If You Want It!*, o disco era o registro de uma banda em transição, ainda reverente às inclinações R&B de sua formação. Os senhores Watts e Wyman sustentavam o ritmo em dois números de Chuck Berry, "Carol" e "Little Queenie", e nos robustos rocks recentes "Live with Me" e "Street Fighting Man". E como bem dissera Mick, o Charlie *estava* bem naquela noite.

Com as finanças da banda em péssimas condições e a carga tributária definida por George Harrison como "um para você, dezenove para mim" a recair sobre o quinteto, tomou-se a drástica decisão da emigração em bloco. O show de retorno ao Marquee Club, em março de 1971, foi encarado como a despedida do Reino Unido; alguns observadores julgavam que para sempre.

Charlie, então às vésperas de completar trinta anos de idade, me contaria mais tarde: "Tínhamos um novo gestor de negócios, graças aos céus. Rupert Loewenstein. Foi Mick que o achou. E ele tinha esse plano óbvio, que não foi muito popular na época. Era meio radical mas, olhando para trás, era o único caminho e o melhor também, e foi algo dramático. Ter que vender de repente a casa em que você vive e sair do país. 'Tchau, mãe; tchau, pai.' E você pensa: 'Não vou fazer isso'. Levou uns seis meses, e foi o único caminho possível. Como é que chamam isso mesmo? Uma interrupção nos ganhos? Deu certo, ainda bem. Minha família foi muito feliz lá, eu também e, financeiramente, era assim que se fazia esse tipo de coisa".

A princípio, a operação também incomodou Keith. "A gente se ressentia muito de ter que deixar nosso próprio país, mas acabou sendo o jeito", disse ele. "Ah, é claro, dava para ter ficado embolsando um tostão de cada libra ganha. Que bom, hein?"

"Foi um período difícil para a banda", contou Mick. "A troca de empresário, a reestruturação financeira. E, àquela altura, foi preciso sair da Inglaterra, porque a carga tributária estava altíssima. Devíamos muito dinheiro à Receita."

Em mais de uma de nossas conversas, Charlie apontou o dedo diretamente para Allen Klein no tocante às más decisões administrativas. "Estupidamente, nós havíamos assinado contrato com Allen", disse ele em 2009. "Ele ficava balançando cifrões para nos atrair a todos, em especial Mick e Keith. Tinha uma perspectiva muito durona, americana, que não se encaixava com a nossa. Era um escroto. Mas aprendemos muito com aquela situação."

Andrew Loog Oldham definia o chefão beligerante como "um matador", mas com sentido positivo. Mick, por outro lado, dizia: "Klein e seus vários comparsas se diziam os donos de muita coisa nossa. Por isso, queríamos nos livrar daquele contrato. E estávamos totalmente sem dinheiro. [...] Por isso tínhamos que nos colocar em uma posição que nos fosse possível sustentar".

Keith, que então se voltava contra o sistema até durante o sono, relembra: "Na época, queriam nos mandar para a cadeia. Como não dava, a opção seguinte era apertar o cerco financeiro. Para ir embora, você tinha de botar todos os imóveis que tivesse para alugar e prometer jamais passar pela porta da própria casa. Senão teria instantaneamente quebrado as regras. Eu imaginava uma horda de fiscais da Receita pendurados em cima das árvores. 'Ele está abrindo o portão!', 'Entrou?' Seriam capazes disso".

Como presente de despedida do Reino Unido, os Stones deixaram o brilhante *Sticky Fingers*, um n.º 1 imediato, com o audacioso single "Brown Sugar" a acompanhá-lo. Foi o primeiro lançamento do selo Rolling Stones Records, cuja distribuição no Reino Unido ficou a cargo da WEA, e nos

Estados Unidos a cargo da Atlantic Records, comandada por um dos pouquíssimos executivos da indústria fonográfica em quem a banda confiava, Ahmet Ertegun. Comentava-se que 21 companhias haviam entrado no leilão pelos direitos e que os termos otimistas do contrato previam seis álbuns em quatro anos, com projetos solo como um possível bônus. “Queremos manter nosso custo operacional baixo”, disse Mick na época. “Queremos poder lançar um disco de blues de vez em quando, e Charlie quer tocar um pouco de jazz.”

Sticky Fingers lançou também o imortal logotipo com a língua e os lábios, criado pelo diretor de arte inglês John Pasche. Uma magnífica e perene síntese visual cujo efeito sobre Charlie foi visceral, sobre a qual ele continuava a se derramar décadas depois. “Eu achei brilhante”, disse. “Venho da publicidade, e o logo é o que eu teria sugerido. É o que se espera conseguir, e tivemos sorte por John ter sido capaz de criá-lo. É um dos símbolos mais icônicos do mundo. O nosso e o do banco Chase Manhattan. E um grande amigo meu de Nova York, que é também um excelente designer, o considera um dos três maiores logos já feitos, sendo o primeiro o da Coca-Cola. É bem flexível e, ao longo dos anos, já pudemos adaptá-lo a várias tendências.”

Charlie não teve um envolvimento direto na capa marcadamente inovadora com o zíper que Andy Warhol fez para o álbum mas, nas palavras de Mick, esteve envolvido de maneira geral com o produto. “Era preciso ter fotos no encarte, havia a questão de onde encaixar o logo… São muitos componentes. Foi legal ter alguém com quem compartilhar tudo isso. Não tenho a base acadêmica que Charlie tem, mas tinha muita confiança na minha capacidade de reconhecer algo bom quando vejo. Ele ajudou muito, porque entendia mais do que eu sobre aspectos como tipografia. Ele me contava a história da tipografia, me dava livros sobre o assunto."

A escolha de local de gravação dos recém-exilados para o que viria a ser *Exile on Main St.*, a *villa* Nellcôte, de Keith, na Côte d'Azur, sul da França, foi uma clássica decisão stoniana: significativamente inconveniente para o restante do grupo e, do ponto de vista técnico, não fazia sentido algum. Charlie tinha que se deslocar da nova casa de sua família em Cevenas, subir a costa da França por três ou quatro horas até quase a Itália e nos fins de semana voltar para o oeste. Bill estava a "apenas" uma hora de distância. "Felizmente, minha esposa falava francês", dizia Charlie, "porque fui morar no meio do nada. Nossa filha foi para o colégio lá, e nossa mudança veio toda em um transporte de cavalos, junto com os próprios."

Sobre a gravação, ele disse: "Um dia virava uma semana, ou fazíamos o trabalho de uma semana em um dia só. Por isso, só funcionava se você estivesse lá direto. Bill ficava louco. Ele ia de carro às dez da manhã e ninguém, nem mesmo eu, acordava antes de três da tarde porque todo mundo só tinha ido dormir às nove da manhã, uma hora antes de ele chegar. Ele subia pelas paredes. Bill voltava para casa às seis da tarde e o Keith estava acordando", diverte-se. "O cronograma era mais ou menos assim. Naquela época, o nosso método de trabalho era bem esse. Era como a banda funcionava.

"Era bem mediterrâneo, uma *villa* eduardiana, muito linda, em lugar alto, tinha o próprio barco", contava Charlie. "Quando Keith a alugou, o jardim estava sem poda. Era mágico.

Incrivelmente exótico, com palmeiras. Tivemos que cortar algumas delas para que o caminhão do nosso estúdio móvel passasse. Conectamos cabos por vários quartos cuja acústica experimentamos. Havia quartos de tamanhos variados, o que era ótimo para a bateria e o piano. No andar de cima, havia um piano de cauda.

"Lembro de quando gravamos 'I Just Want to See His Face'. Um som de bateria com muito eco, usei baquetas mallet. Bem acústico, muito do disco é. A maior parte foi gravada ao vivo.[1] A gente ainda grava assim. Mick Taylor é um caso clássico de alguém que precisa ser registrado assim. Ele poderia tocar o dia inteiro, mas seus melhores *takes* geralmente são os dois primeiros. Ele é esse tipo de músico."

Keith acrescenta: "O porão era muito esquisito. Grande, mas compartimentado em cubículos, meio que parecia o *bunker* de Hitler. Você chegava lá e ouvia o Charlie tocando bateria, mas até achar o cubículo onde ele estava levava um tempo".

As sessões se arrastaram, em parte por questões técnicas e em parte porque muitos dos rumores que se lê desde sempre sobre a devassidão incomparável que corria solta no local são verdadeiros. "Todo mundo vivia cheio de agregados", conta Mick. "Algumas das companhias eram ótimas, tudo vale a pena por um tempo, mas na hora de começar a trabalhar você não as quer por perto porque *atrasam* tudo.

---

1 Neste contexto, a expressão "gravar ao vivo" se refere a casos em que todos os músicos tocam uma canção juntos no estúdio, abrindo mão do registro separado dos instrumentos que costuma resultar em um som mais polido, em nome da espontaneidade e de dar margem ao improviso conjunto. Não se entenda "gravar ao vivo" neste caso como "gravar durante um show", portanto. (*N. do T.*)

"Mas o estilo de vida na época era esse. Era uma outra forma de viver. Tem gente hoje em dia com muito mais agregados do que nós jamais tivemos. Houve muita droga, muita bebida, a coisa rolava solta. Mas, sabe, não era uma fábrica. Não era uma usina no norte da Inglaterra. Era um ambiente rock n' roll."

O que saiu dali, milagrosamente, foi um álbum duplo que para muitos, entre eles Charlie, a banda nunca superou. Apesar de sempre reiterar que nunca ouvia os álbuns dos Rolling Stones, ele disse: "Há canções ali que são fantásticas, como 'Ventilator Blues'. É Bobby Keys quem conduz o ritmo. Quando toquei aquela canção, ele estava bem ao meu lado batendo palmas".

Charlie julgava que algo na sua forma de tocar em *Exile* refletia a música que ele ouvia na época: artistas como Carlos Santana, John McLaughlin e o saxofonista de jazz de vanguarda Albert Ayler. "Se eu gosto da forma como toquei no disco? Gosto do disco como um todo, de mim também. Mas nunca gosto de mim. Sempre penso: 'Hmm, eu devia ter tocado de outra maneira, não ficou legal'. Gosto de parte da sonoridade de bateria que [o engenheiro de som] Andy Johns conseguia tirar.

"Uma sorte para mim nesta banda é que Mick e Keith sempre têm como prioridade o som da bateria. Se a batida soar bem, eles conseguem trabalhar a partir dela. Isso desde os tempos da Decca. Sempre o som da bateria. Os ingleses na época nunca conseguiam tirar um som como o de Eddie Cochran, Chuck Berry ou o dos estúdios da Chess. A base desse som é a bateria."

Charlie acrescenta, refletindo mais um pouco sobre *Exile*: "Acho que aquela época foi o auge da nossa banda. Bandas têm dessas coisas, períodos em que tudo o que se faz dá certo e você não sabe nem o porquê. Aí você faz algo que acha maravilhoso e ninguém dá a mínima. Olhando para trás, estávamos muito bem-parados. Tínhamos um produtor maravilhoso, Jimmy Miller, e estávamos tocando com Nicky Hopkins, que era tão bom no blues quanto em tirar os sons mais delicados do piano. Tínhamos Mick Taylor, para mim o músico mais versado que já tivemos, e Mick e Keith compondo".

Uma vez, produzi um documentário de nome *Jagger's Jukebox* para a BBC Radio 2, onde tocávamos e debatíamos parte das canções que Mick ouvira durante a produção de *Exile*. A lista era fascinante e incluía "Rock and Roll", do Led Zeppelin, "Respect Yourself", dos Staple Singers, "Is That All There Is?", de Peggy Lee, e "She Even Woke Me Up to Say Goodbye", de Jerry Lee Lewis. Havia também preciosidades jamaicanas: "Soul Shakedown Party", de Bob Marley and the Wailers, e "Pressure Drop", de Toots and the Maytals. E, de fato, foi nesta época que Mick e Charlie compartilharam um amor pelo reggae, um gênero raramente associado ao baterista.

"Chris Blackwell (fundador da Island Records) me mandava caixas de compactos quando gravávamos o *Exile*", lembra Mick. "Só Charlie e eu nos interessávamos e botávamos para tocar aqueles compactos, no geral da Trojan e de alguns outros selos. Alguns eram coisas muito obscuras, com umas batidas estranhas e remixes dub[2] nos lados B. Charlie e eu gostávamos

---

[2] O dub é uma vertente experimental do reggae, calcada inteiramente no ritmo, lançando mão de efeitos para "esticar" sons de baixo e bateria. Remixes dub de canções convencionais não raro retiram totalmente os vocais da faixa ou retêm somente versos isolados, aos quais se adiciona efeitos de eco. (*N. do T.*)

muito daquilo. Já os outros continuavam a ouvir o velho rock dos anos 1950.

"A batida era tão diferente. Charlie ficava muito intrigado. Depois, quando saiu o filme *Balada Sangrenta*, todo mundo já estava mais antenado, 'Ah, sim, reggae', só que aquele som era bem mais convencional do que o material que tínhamos ouvido. Dub da Bamboo Man, uns troços bem incomuns. Hoje, dá para encontrar nessas playlists de dub, mas em 1971, 1972, era meio obscuro. Charlie amava porque era mais um tipo de batida, e então ele aprendeu a tocá-la."

Os Stones ficaram um ano e três meses longe da estrada até darem início à turnê norte-americana do verão de 1972, célebre como o apogeu definitivo da era do rock n' roll libertino. O resto do ano foi marcado por toda sorte de prisões, cada uma delas a caráter: Mick e Keith por um entrevero com um fotógrafo, Keith e Anita Pallenberg por violarem as leis francesas referentes a drogas, e Bill por excesso de velocidade.

Quanto a Charlie e Shirley, tão logo fosse possível já se recolhiam à vida pastoral em Cevenas, dando a Seraphina o que ela, em retrospecto, vê como uma criação perfeita. "Tive uma infância adorável, totalmente normal", ela me conta. "Fui criada em um pequeno povoado na França. Literalmente no meio do nada. Uma região bem rural, escondida. De ingleses, só havíamos nós. Isso foi antes de o sul da França e a Provença se tornarem populares. Meu pai estava gravando *Exile on Main St.* e era o irmão da minha mãe quem o levava de carro e trazia de volta daquela casa [em Nellcôte]. A gente morava a três horas de distância, nas montanhas."

Pergunto a Seraphina com que idade ela notou que o pai ganhava a vida de uma forma pouco comum. “Creio que foi bem tarde”, responde ela. “E não é uma lembrança boa, colegas de escola ficavam zombando. Eu provavelmente notava que era diferente porque nosso carro era maior. Mas não em termos de que profissão ele tinha.”

Isso mudou quando a família retornou à Inglaterra, em 1976. “Foi quando percebi, pelas outras crianças, que existia algum tipo de diferença”, revela Seraphina. “Ouvi pela primeira vez a palavra ‘rica’ de uma forma pejorativa e voltei para casa chateada. Realmente não me lembro de nada que fosse assim tão diferente. Conheci Olivia Newton-John como presente de aniversário. Minha mãe era bem rígida quanto a garantir que eu me mantivesse afastada daquilo tudo. Meus pais não se misturavam, não me deixavam ir aos shows e não tínhamos babá. Meu pai não tinha interesse no estilo de vida de celebridade.”

O encontro com uma das estrelas de *Grease* foi um dos primeiros sinais do amor de Seraphina pelo pop. Um dos primeiros discos comprados por ela, em vinil cor-de-rosa ainda por cima, foi o single de “Cool for Cats”, do Squeeze, lançado quando ela tinha acabado de completar onze anos de idade. Já mais velha, ficaria um pouco deslumbrada ao atender telefonemas de Jools Holland, tecladista daquela gravação e de todos os primeiros êxitos do Squeeze, na condição de amigo de seu pai.

Quando Seraphina enfim teve a permissão para ir a um show dos Stones, cuidados foram tomados. “Minha mãe era muito sensata, meu pai também. Devem ter conversado a respeito mas nunca perguntei nada. Era muito protegida. Quando vi meu primeiro show, nada era semelhante ao que se tornaria depois. Não havia crianças. Não era um ambiente para crianças. Aquela era uma oportunidade rara, crianças não iam a shows. Quando foi a vez da minha filha Charlotte, o lugar parecia uma creche. Ela foi com a babá. Foi mantida na rédea curta."

Uma geração depois, Charlotte sairia em turnê com o grupo, muito ciente do que a havia precedido e muito feliz de tê-lo perdido. Inteligentemente, ela comenta comigo: "As pessoas vivem interessadas naquela época de devassidão e loucura e me perguntam: 'Você gostaria de ter vivido aquilo tudo?'. De jeito nenhum. Por que iria querer ver gente que eu amo naquela situação?".

Charlie era sempre requisitado para trabalhos extracurriculares; ao longo de muitos anos, fez algumas célebres participações especiais. Em 1970, por exemplo, ele e Bill Wyman tocaram no brilhante LP de estreia de Leon Russell, que levava tão somente seu nome e cujo engenheiro de gravação havia sido o favorito dos Stones, Glyn Johns. O álbum, bem como suas faixas "Delta Lady" e "A Song for You", iniciaram a transição de Russell de celebrado compositor e músico de estúdio para bem-sucedido artista de palco. Era um LP cheio de astros. Mick Jagger contribuía com vocais em "Get a Line on You" e ainda havia aparições dos senhores Clapton, Harrison, Winwood e Cocker, entre muitos outros.

"Glyn Johns me pediu", lembrou Charlie. "Ele me arrumava trabalhos de estúdio bem bons no Olympic. Houve uma época em que eu morei ali e ele me disse: 'Venha tocar com esse cara'. Sempre me lembro de ter dito: 'Quem mais vai? O Bill vai?'.

Preciso conhecer o baixista, precisa ser o David Green, o Darryl (Jones) ou o Bill. Ele disse 'Ok, então'. Eu nunca tinha ouvido falar do Leon. E lembro que ele se sentou e tocou 'Roll Away the Stone' e eu pensei: 'Que porra é essa que ele tá tocando?!'. Só depois de passar a música algumas vezes é que me dei conta de como ele era bom."

"As pessoas viviam nos pedindo para tocar com elas, eu e o Charlie", lembra Bill. "Gostavam da nossa seção, pelo jeito." Ele tem vívidas lembranças da gravação com Russell. "Leon disse: 'Vamos tocar uma música chamada "Roll Away the Stone". Vou botar a demo para vocês ouvirem'. Ele começa a tocá-la e é *da-da-da*, mudam os acordes, *da-da-da*, mudam os acordes, vai pra lá, sobe, dois tons acima, volta, mudam os acordes...

"Olho em volta, Stevie Winwood me encara e eu digo: 'Tá ouvindo isso?'. Charlie vira para mim: 'Bill, você vai ter que me ajudar nisso'. E eu respondo: 'A sua parte é só a bateria, vem você aqui tentar tocar esse monte de mudanças de acordes'. Gravamos, foi ótimo, e ele fez a mesma coisa quando tocamos com Howlin' Wolf, me pediu para ajudá-lo. Eu não tinha nem como ajudá-lo mas, sei lá, acho que ele precisava ter a sensação de que alguém estava ali com ele. Sempre me pareceu que Charlie precisava de mim para se escorar um pouco. Ele não precisava de fato daquilo, mas vivia achando que talvez precisasse."

Quando Charlie falava de seus colegas músicos, era com a reverência de um fã, e isso não só com os jazzistas mas também favoritos da soul music, de Bobby Womack a Stevie Wonder e Prince, além de outros na fraternidade do rock.

Leon foi aprovado por ele, e eis o ponto em que há de se admirar o círculo seleto de músicos de estúdio em que Charlie circulava. "Eu já tinha visto Leon tocar antes daquilo", disse ele. "Era um de dois pianistas na gravação em que fui ver Hal Blaine tocar, a convite de Jack Nitzsche (outro colaborador de estúdio dos Stones a partir de 1964). Phil Spector, que eu conhecia, estava lá, e eu só de bobeira. Glen Campbell era um dos quatro guitarristas.

"Então, e deve ter sido logo depois, Glyn me perguntou se eu faria aquelas sessões com Leon. Só me lembro de estar lá sentado, pensando: 'Mas onde diabos vai dar essa introdução?'. Ele tocou de novo e aí eu entendi. Leon tinha uma voz ótima, canções muito boas e tocava tudo no piano." Charlie então me perguntou se eu já havia escutado o álbum no qual tocara. Ele nunca o escutara. Típico.

Pouco depois, em maio de 1970, Glyn Johns ligou de novo. Dessa vez, pedia a Charlie e Bill para se juntarem a um elenco inacreditavelmente estelar do qual faziam parte ainda Ringo Starr, Eric Clapton, Steve Winwood, Hubert Sumlin, Klaus Voorman e Ian "Stu" Stewart e tocarem com um genuíno pioneiro americano do R&B. O resultado foi *The London Howlin' Wolf Sessions*. "Charlie e Bill estavam totalmente à vontade", diz Johns, "e completamente desprovidos de ego. Nenhuma arrogância, felizes de estar ali, os dois."

A surpreendente insegurança de Charlie não era mais novidade àquela altura para Bill, que diz: "Ele não era convencido, nem um pouco. Às vezes, aparecia na cidade algum baterista americano amigo nosso, ia nos visitar, perguntava se podia tocar um pouco de percussão. Se estivéssemos ensaiando alguma canção e Charlie estivesse na bateria e o cara estivesse atrás, ele ficava apavorado. Ficava tão assustado e nervoso por haver outro baterista atrás dele, e ele não se achava bom o bastante.

"Eu também já fui assim, porque não éramos músicos tecnicamente brilhantes. Não sabíamos ler partitura, nada disso, tocávamos do nosso jeito, improvisado, de ouvido, e, lógico, dava certo porque sabíamos o que estávamos fazendo. Mas se estivéssemos com alguém mais, alguém como Leon, alguém bom de verdade, nós nos sentíamos bem tensos pela sensação de não sermos bons o bastante."

Outra colaboração do tipo colcha de retalhos veio a público no início de 1972. O resultado de uma madrugada de improvisos a esmo durante a gravação de *Let It Bleed* foi lançado — sem muita razão de ser — com o título *Jamming with Edward*. A Bill, Charlie e Mick, juntaram-se Ry Cooder e Nicky Hopkins. Keith não estava. O disco seria definido por Mick como "um vinil que gravamos certa noite em Londres enquanto esperávamos nosso guitarrista sair da cama".

Embora o cartum da capa fosse obra de Hopkins, era bem assemelhado à escola ligeiramente surrealista de Charlie. Na frase final do texto do encarte, Mick basicamente chuta para escanteio as gravações sem foco. "Espero que passem mais tempo ouvindo este disco do que nós passamos gravando-o." O álbum, porém, valeria a Charlie alguns raros créditos de autoria de canções — se é que dá para chamá-las assim; com os Stones, isto só ocorria como parte do agregado Nanker Phelge. Este era o nome coletivo dado (ao menos originalmente) a números compostos por Jagger-Richards-Jones-Wyman-Watts, em uma sugestão de Brian Jones aplicada a umas dez ou doze canções do início da carreira da banda, entre elas “Play with Fire” e “The Spider and the Fly”. Jimmy Phelge era um colega de apartamento dos tempos de Edith Grove; *nanker* era uma careta que Brian e os outros faziam enfiando os dedos nas narinas, quando o tempo estava do lado deles[3].

Ainda exilados, Charlie e cia. saíram em fuga novamente a partir do fim de 1972, quando se transferiram para Kingston, na Jamaica. O resultado, *Goats Head Soup*, foi descrito por Mick por ocasião do relançamento, em 2020, como “uma coleção de canções muito ecléticas”, da musicalidade sofisticada da balada “Angie” a rocks desavergonhados como “Silver Train” e “Star” (ou, não sejamos acanhados, “Starfucker”), passando pela elegância desolada de “Coming Down Again” e “Winter”. O eixo rítmico Watts-Wyman girava suavemente, azeitado pelo toque inspirado de Stu, Billy Preston, Nicky Hopkins e outros.

Charlie providenciou alívio cômico involuntário quando chegou a hora de a banda fazer um videoclipe para “It’s Only Rock n’ Roll”, em 1974. Dirigido por Michael Lindsay-Hogg, o mesmo do filme *Let It Be* original, dos Beatles, exigiu dos Stones que se vestissem de marinheiros e tocassem em uma tenda que aos poucos era tomada por bolhas de detergente. É tão divertido de ver o quanto foi desagradável de filmar, de acordo com Mick e Charlie — que, sentado atrás da bateria, estava em um plano mais baixo que os outros, o que ninguém havia reparado — quase acabou afogado.

---

[3] Referência à canção “Time Is on My Side”, lançada em single pelos Stones em 1964 e incluída no álbum *The Rolling Stones Nº 2*. Composta pelo americano Jerry Ragovoy, sob o pseudônimo Norman Meade, foi um dos últimos *covers* lançados no formato compacto pela banda naquele período, antes de começarem a investir fortemente nas composições de Mick Jagger e Keith Richards. (*N. do T.*)

A ironia é que ele nem sequer toca na faixa. A versão finalizada tem por base *takes* iniciais registrados na casa de Ronnie Wood, dos quais participam ainda David Bowie e o baterista Kenney Jones, ex-companheiro de Ron nos Faces. Jones se explicaria em 2015: "Liguei para Charlie e disse: 'Não pretendia tocar bateria no seu álbum'. A resposta foi: 'Tudo bem. Soa como eu, de qualquer forma'. É um cara adorável, o Charlie. Um perfeito cavalheiro".

Um estranho e precioso registro em áudio sobrevivente daquela época estabelece mais uma conexão com Dudley Moore, então estrelando o espetáculo *Good Evening* na Broadway, mais uma vez ao lado de Peter Cook. Ouve-se a dupla apresentar um evento promocional sobre o recém-lançado álbum *It's Only Rock n' Roll* com Mick e Charlie, e os resultados normalmente são muito engraçados.

Pete e Dud por vezes evocam seu auge nos anos 1960, Mick embarca na onda e Charlie... está lá, de vez em quando dando uma risadinha mas de resto em silêncio quase total. "Para de interromper, Charlie", alerta Cook. Ele diz que ouve a faixa um acelerar por saber que a faixa dois está chegando. "É culpa do baterista", brinca Mick. "O que?", reage Charlie.

Naquele verão, com *It's Only Rock n' Roll* recém-lançado, Charlie, sempre fiel a seus princípios, se decidiu por um corte de cabelo à máquina. Antes do fim do ano, já era óbvio que o álbum seria o canto do cisne de Mick Taylor. O fato de ele não ter mais do que 25 anos quando a ausência de reconhecimento intensificou seu desejo de explorar novas oportunidades mostra com exatidão como era um talento precoce. "O período com Mick Taylor foi uma era de ouro para os Rolling Stones de fato", disse Charlie. "Ele ao vivo é maravilhoso e teve boas canções para tocar."

O álbum de 1976, *Black and Blue*, com a elegante e comovente "Fool to Cry" como estandarte, foi marcado por testes com guitarristas. Isto incluiu experiências com Wayne Perkins e Harvey Mandel, que tocaram no disco, e houve ainda *jam sessions* em Roterdã com Jeff Beck e Rory Gallagher. Não é preciso dizer que o candidato vencedor foi Ronnie Wood, inicialmente uma medida temporária visando o término do álbum e as turnês de 1975 pelas Américas do Norte e do Sul[4]. Ele se tornaria o aliado de Keith e, juntamente com ele, expoente do estilo aponte a emenda de tocar guitarra, que ambos chamam "a milenar arte do entrelace". Ele se encaixaria em seu novo papel também do ponto de vista recreativo, o que não foi tão positivo: enquanto estava em Munique participando das sessões de gravação do álbum, a polícia fez uma batida em sua casa em Richmond, em busca de drogas.

Na *Tour of the Americas*, tocaram para mais de um milhão de pessoas, poucas mais especiais para a banda do que Howlin' Wolf e sua esposa, que lhes fizeram uma visita em Chicago. Rendimentos brutos de dez milhões de dólares prenunciavam a gigantesca máquina itinerante que se estabeleceria no fim dos anos 1980, apesar de a imprensa norte-americana ter dito que a banda começava a parecer abatida, uma observação hilariante em retrospecto. Alguns foram mais elogiosos. "O sr. Watts é da elite dos bateristas de rock", disse John Rockwell ao *New*

---

[4] A etapa sul-americana da turnê nunca aconteceu, cancelada por um misto de questões de segurança e instabilidade econômica. Os Stones só viriam pela primeira vez ao continente em 1995, durante a turnê do álbum *Voodoo Lounge*. (*N. do T.*)

York Times durante a passagem da turnê por San Antonio, Texas, "tecendo uma teia percussiva constante, perpassada por repentinos floreios ornamentais, e habilidosamente ampliando a precisão rítmica do sr. Richard."

Aquela foi a turnê que ampliou todas as dimensões de um show dos Stones e dos espetáculos de rock como um todo, com seu palco em forma de flor de lótus, concepção de Charlie em pessoa, cujas pétalas triangulares se abriam lentamente durante "Honky Tonk Women", o número de abertura. Ninguém que tenha visto os shows se esqueceria do uso de um gigantesco boneco inflável específico. Apresente-se o "Vovô Cansado", o apelido ganho pelo enorme falo que se erguia acima do palco mas volta e meia sofria de disfunção erétil nada discreta. E quem mais teria comparecido à turnê, em uma de suas primeiríssimas visitas ao backstage stoniano, senão Seraphina Watts, aos sete anos de idade?

"Fui a um show, e lembro de alguns balões no palco", diz ela. "Quando vejo nos livros, percebo que era o tal show com o pênis inflável. Só me lembro de correr atrás dos balões pelo palco. Tinha muito confete. O objeto inflável era bem grosseiro, mas não cheguei a vê-lo."

Após a turnê, Charlie voltou para casa em La Bourie, a fazenda em Massiès onde ele e a família ainda moravam, ou ao menos onde podia ser encontrado entre uma turnê e outra ou entre gravações. A família mantivera a residência anterior, Peckhams, a casa em Halland perto de Lewes, onde sua presença logo seria solicitada pois um arrombamento resultara na perda de armas antigas e relíquias da Guerra Civil Americana que faziam parte de sua coleção. Algumas posteriormente seriam recuperadas. Mas os Watts logo voltariam à Inglaterra, de qualquer forma, e em um novo condado.

Em 1976, o casal comprou a Foscombe House, no povoado de Ashleworth, em Gloucestershire, uma imponente casa em estilo gótico vitoriano, de doze hectares, construída nos anos 1860 por Thomas Fulljames, célebre arquiteto de várias igrejas do condado. Ele projetara a casa para servir-lhe de residência nos anos após sua aposentadoria; o local contava com torre fortificada, torreões, uma estufa esculpida e janelões góticos. Shirley agora contaria com espaço para explorar e poderia começar a criar cavalos, começando o que seria o Halsdon Arabians.

Depois de *Black and Blue* passar um mês no topo das paradas estadunidenses, os Stones tiveram um grande momento como atração principal do Festival de Knebworth, diante de um público que algumas estimativas apontam como de duzentos mil. Rumores infundados se espalharam de que poderia ser a última vez (o que não seria o caso nem mesmo para os rumores em si). Os ingressos custavam 4,25 libras e admiradores presentes no backstage incluíam Paul e Linda McCartney e Jack Nicholson, em uma programação da qual constavam também Lynyrd Skynyrd, Hot Tuna, Utopia de Todd Rundgren e 10cc. Os Stones iniciaram a apresentação com quatro horas de atraso por problemas técnicos, não temperamentais, e tocaram até duas da madrugada. O *Melody Maker* disse que "eles ainda têm força e relevância"; para o *Listener*, Charlie parecia Bertrand Russell.

A banda levaria nove meses para tocar ao vivo outra vez. A essa altura, a infantaria punk já se mobilizava, supostamente determinada a relegar ao passado a velha guarda do rock.

A reação dos Stones foi logo tolhida pelo *annus horribilis* de Keith, em 1977, quando seus infortúnios com as drogas fizeram a batida policial em Redlands uma década antes parecer brincadeira de criança e ameaçaram seriamente sua liberdade.

Mas tais infortúnios se dissolveram nas duas noites de março em que a banda fez dois cuidadosamente planejados shows "secretos" no El Mocambo, clube de Toronto com capacidade para trezentas pessoas, sob o nome The Cockroaches. Algumas performances entraram em *Love You Live*, daquele ano, mas um registro de toda a apresentação só viria a sair em 2022. No encarte do disco, escrevi que a banda "entregou um show no qual ao menos três eras dos Stones foram combinadas: o R&B do início, a majestade demoníaca e uma nova e enxuta sonoridade rock que não demoraria a rivalizar com a *new wave*".

Keith disse que foi como se estivessem de volta ao Crawdaddy. "O povo todo no maior baixo astral e pessimismo e nós no palco do El Mocambo, nos sentindo melhores do que nunca", admirou-se. "Porque nós tocamos *muito*."

"Todo mundo aqui se conhece?", perguntou Mick à plateia incrédula. "Este é o Charlie. Charlie é um baterista de jazz, só toca conosco pelo dinheiro."

Se Charlie era de fato adepto dos clubes para shows de jazz, nunca os considerou ideais para a maior banda do mundo. "Acho que geralmente é horrível", dizia ele. "Ficam muito cheios, um clima bem desconfortável e a gente acaba tocando alto demais também."

A prova de que os Stones haviam atentado para a chegada da *new wave* e estavam prontos para organizar um contra-ataque incisivo seria encontrada nos sulcos do disco que começariam a gravar mais para o fim do ano. Em outubro, levantaram acampamento rumo aos estúdios Pathé Marconi, em Paris, para criar o que viria a ser *Some Girls*, uma coleção magistralmente sólida de canções que é até hoje seu álbum de estúdio de maior vendagem nos Estados Unidos. Soavam mais punks do que os punks em "Respectable", "Shattered" e "When the Whip Comes Down", mais disco do que a disco music no hino "Miss You" e o álbum incluía ainda marcos tardios da banda como a confessional "Beast of Burden" e "Before They Make Me Run", autobiográfica da parte de Keith. Charlie estava brilhante em todas elas.

"É muito influenciado pelo punk londrino, o que do ponto de vista de Mick, ainda que ele provavelmente negue, creio ter sido uma escolha consciente", me disse Charlie quando o álbum foi relançado em versão expandida em 2011. "A guitarra de Ronnie neste disco é guitarra-base pura, é bem escancarado, e tudo muito rápido. Mas quando se fala de punk, o que se tem em mente é uma banda específica", disse, referindo-se aos Sex Pistols.

"Eu os achava muito bons. Detestava o visual punk, mas até aí detestava a porra do Flower Power também", resmungou ele. "Sobrevivi. Mas (o punk) era um movimento interessante, do ponto de vista da banda, do nosso jeito de tocar. Nunca poderia dizer de coração preferir o punk a Chuck Berry e Freddy Below (baterista de Chuck) tocando 'Roll Over Beethoven', ou qualquer um dos sucessos da Motown, mas era bem interessante.

"'Miss You' éramos Mick e eu fazendo *disco*. Keith ria, mas a gente gostava das canções *disco*. Fiz isso umas quatro vezes, talvez mais, de formas diferentes, em lugares diferentes com Mick. 'Just My Imagination' (*cover* dos Temptations) é tocada como se imaginaria que Johnny Rotten (dos Sex Pistols) a tocaria. (O punk) Foi uma grande influência, creio eu. As pessoas diriam: 'Vocês é que influenciaram eles'. Não sei bem quanto a isso, mas aquele período específico teve uma influência sobre mim."

Ronnie Wood acrescenta: "Em *Some Girls*, tivemos o pequeno Mac (o tecladista Ian McLagan), o que foi adorável para mim. Os dois tendo vindo dos Faces, foi como um cobertor emocional. Charlie e Keith o receberam de braços abertos".

No verão de 1978, os Rolling Stones caíram na estrada para divulgar *Some Girls*. O show em Fort Worth, que acabaria por ser lançado em DVD, mostra um grupo com uma nova injeção de energia. Ronnie, àquela altura incorporado em caráter definitivo — para o resto da vida, poderia se dizer —, falou ao assistir a performance: "Um novo elemento pernicioso havia se incorporado à banda. Curti assimilá-lo e as memórias que trouxe. Não havia naipe de metais, não havia vocalistas de apoio, só a crueza da banda, ao estilo punk, e até o Charlie curtiu."

Sentado ao lado dele, Charlie disparou sua réplica certeira, como de hábito. "Bem, eu estava fazendo outra coisa na hora em que estava passando. Mas no trecho que assisti, achei o som muito bom. Foi uma surpresa agradável porque geralmente esses shows em vídeo são chatos à beça, e o som não é muito bom. Esse é bem emocionante, na verdade."

As sessões em Paris deram ao engenheiro de gravação Chris Kimsey a chance de observar bem de perto o trabalho de Charlie, deixando-o fascinado, instruído e muito impressionado. Sentamo-nos juntos no restaurante da equipe do Olympic, o estúdio em Barnes onde ele passou grande parte da vida desde que começou a trabalhar lá, em 1967, incluído um tanto de sessões com os Stones, e ele me conta: "Tenho lembranças afetuosas de Charlie. Com tudo o que ocorria na vida deles, era uma pessoa tão centrada, inabalável. O Mick e o Keith precisavam disso para mantê-los centrados também. Era alguém em quem podiam de fato confiar cegamente.

"Creio que foi um dos músicos mais gentis com quem já trabalhei, aliás. E, levando em consideração a posição dele na banda, com Mick e Keith sendo os compositores e todo o dinheiro que isso lhes traz, faturam bem mais do que ele, mas Charlie jamais se queixou disso e nem sequer achava ser problema seu, de forma alguma."

Kimsey já trabalhara antes em gravações da banda, mas agora ocupava um posto mais sênior, o de facilitador das ideias de produção dos Glimmer Twins[5] junto ao estúdio. "Acho que eles deram muita sorte em me encontrar, de verdade, porque cresci com Glyn Johns, aprendendo e entendendo como ele trabalhava. Trabalhei com eles como assistente em *Sticky Fingers*, e Glyn àquela altura já estava meio de saco cheio de tudo, e assim eu acabei fazendo a engenharia de gravação de algumas sessões complementares.

"Conheci Charlie e Bill em uma sessão aqui no Olympic, com Glyn. Na condição de assistente, você configura todo o equipamento para que o engenheiro só precise mexer nos controles ao chegar. Já havia trabalhado com Glyn algumas vezes e sabia que, com ele, você precisa estar preparado, senão

---

[5] Codinome usado por Jagger e Richards para produzir ou coproduzir álbuns da banda. (*N. do T.*)

tchau. Preparei tudo, então. Sete da noite, ninguém chegava. Sete e meia.

"Eu estava na sala de controle e a entrada era bem lá na frente, na outra ponta do estúdio. A porta se abriu e entraram dois sujeitos. Olhei, não os reconheci, chamei a segurança e disse: 'Tem dois caras que acabaram de entrar no Estúdio 1, acho que não é para eles estarem aqui'. Eram Bill e Charlie. Eram tão modestos, não pareciam astros de rock. Não que eu desse essa bola toda para astros de rock.

"Trabalhar com Charlie em Paris foi incrível", continua Kimsey. "Seu som também era muito diferente. Tinha a ver com o jeito dele de tocar e com as peças que usava. Nunca trabalhei com outro baterista que toque como Charlie. Pelo que aprendi, a maioria dos bateristas tem essa coisa de tocar a caixa e o chimbau ao mesmo tempo. Charlie nunca toca dessa forma, por isso cria esse espaço maravilhoso. Quando bate na caixa, nenhum outro prato ou tambor interfere com o som, por isso soa tão aberto. Para um engenheiro de gravação, é um sonho. Aprendi isso por acaso. De repente, me dei conta do que ocorria, do que ele não fazia. E o toque dele também é fantástico. Ele era baterista de jazz, é daí que vem aquele toque."

Johns concorda quanto à técnica pouco comum. "Charlie é o único baterista que eu já vi tocar assim", diz ele. "Se há outros, o estão copiando. É bem óbvio como a caixa soa completamente diferente quando não é acompanhada pelo som do chimbau. Mas isso tinha muito a ver com o som de Charlie. O kit dele era de jazz e é tudo o que ele sempre quis, tudo de que sempre precisou. Ele acabou por usar sempre exatamente aquilo com que havia começado. Ringo é igual. Na verdade, ele tinha dois tomtons, mas nunca teve um kit imenso só para se mostrar. Era totalmente desnecessário. No sentido técnico, nenhum dos dois é particularmente brilhante. O forte deles é a pegada, sem a menor dúvida. Quem tem boa pegada mostra isso até tocando um pandeiro."

Kimsey acrescenta: "Uma das coisas que eu mais curtia no jeito de tocar bateria de Charlie, e isso mais naquela época de Paris — as canções eram compostas ali dentro do estúdio, a partir de improvisos. Era assim que elas se formavam. Eles improvisavam em torno dos acordes das estrofes e ninguém sabia quando chegariam à ponte ou ao refrão até Mick gritar: 'Agora! Agora!'.

"Então, por causa desse método, às vezes, as viradas de bateria do Charlie, em vez de uma virada conduzir a outra batida, a virada vinha depois. Em vez de a virada ocorrer na primeira batida do compasso, ela vinha *depois* disso, o que, por sinal, funciona tão bem quanto, mas é bem singular. Repito, tinha algo de genial. Lembro direitinho do rosto dele, acompanhando a levada, vinha a mudança de compasso, ele notava que havia atravessado mas fazia a virada no tom assim mesmo. Aí olhava para mim e sorria como quem pergunta 'de novo?'. Aquela expressão maravilhosa no rosto."

A parcimônia de Charlie encantava Bill. "O kit dele tinha sete peças. Todo mundo usava aquelas baterias de trinta peças, dois bumbos, tralha para todo lado, e Charlie tinha só sete. Porque não importa quantas peças você usa, mas sim o suingue que consegue extrair delas. Os grandes bateristas de blues e R&B eram todos muito econômicos. O que conta é a síncope, e ele fazia isso magistralmente. E se encaixava à perfeição na nossa música porque no início nós ficávamos entre o jazz e o blues."

"Aquele kitzinho se revelou meio que um problema quando a gente estava em Montserrat", lembra Kimsey. "Com todos tocando ao mesmo tempo no mesmo ambiente, e era assim que os Stones faziam, ficava meio difícil, por ser pequeno. Tivemos que criar um túnel para o bumbo que o fizesse ribombar porque, naquele estúdio pequeno, ele não soava como o bumbo de Charlie deveria soar. Sempre preferi que ele tivesse a pele frontal no bumbo, e ele também. É certamente o estilo de um baterista de jazz."

Mas voltando a *Some Girls*, ele acrescenta: "Quando disse que eles tiveram sorte em me encontrar, quero dizer no sentido de que eu já tinha a noção inerente de como seria a melhor forma de capturar o som deles. Era montar o equipamento em semicírculo como se estivessem tocando em um clube, ou em um ensaio, e deixar eles tocarem, só me certificando de que a fita estivesse gravando quando algo soasse bem. Porque eles não eram o tipo de banda para a qual você diz: 'Ok, gente. Take 1'. Não funcionava assim".

A típica atitude relaxada de Kimsey e sua aceitação por parte da banda trouxeram leveza ao processo de gravação de *Some Girls*. "Quando eu comecei a trabalhar com eles em Paris, na primeira semana, talvez nas duas primeiras — a gente ficou alguns meses por lá —, usamos o estúdio mais barato, mas eu não o enxergava dessa forma e sim como aquele que tinha o melhor som, pois era lá que estava o console clássico da EMI", prossegue Kimsey. "O outro estúdio tinha uma mesa Neve enorme, novinha em folha, igualmente boa, mas o som no outro espaço era realmente ótimo. Felizmente, Keith me apoiou e não saímos dali. Gravamos tudo naquele estúdio.

"Mas eu ficava apreensivo porque Charlie nunca ia até a sala de controle, ou só ia muito raramente. O mesmo com o Bill. Mick e Keith vinham uma vez a cada dois dias, talvez, para ouvir o material. Eu pensava que deviam estar gostando do que ouviam, mas acho que já estavam com dúvidas. Creio que tinha havido uma conversa e que Glyn e Stu lhes haviam dito: 'Vocês deviam gravar com o Kimsey'.

"Me diverti tanto naquelas sessões só experimentando coisas", continua. "Você fica lá sentado por nove ou dez horas e bate uma sensação de 'Esse som está uma merda'. Andy Johns (irmão mais novo de Glyn e também um subordinado dos Stones em estúdio) disse alguma coisa do tipo 'eles soam como a pior banda do mundo até chegarem àqueles cinco minutos mágicos em que tudo se encaixa'. Pois eu curti bastante criar sons distintos na mesa de som, e eles meio que me deram carta branca para fazê-lo. Funcionou muito bem durante todo o tempo em que trabalhamos juntos.

"Geralmente, eu era o primeiro a chegar, mas sempre checava com Alan Dunn, ou quem quer que estivesse tomando conta do Keith, quando eles chegariam, quando Mick chegaria", relembra Kimsey. "Não queria ficar lá à toa por três horas. Havia uma banda chamada Téléphone trabalhando no estúdio. Eram bons, grandes fãs dos Stones, e soavam como eles." A semelhança também era visual. Formado em 1976, o quarteto parisiense, sucesso comercial na França, acabaria por abrir vários shows de seus heróis e um jornalista os descreveria posteriormente como "a primeira banda francesa de expressão".

"Um dia os Stones estavam muito atrasados", relembra Kimsey, "e os caras do Téléphone perguntaram se tinha problema eles entrarem no estúdio e tocarem a bateria de Charlie e a guitarra de Keith. Perguntei ao *roadie*: 'Tudo bem deixar eles entrarem por meia hora, né?'. Deixamos, e Charlie chegou quando estavam tocando. Não me lembro do que ele disse, mas foi muito, muito legal com os rapazes. Não disse 'Que porra é essa, cai fora da minha bateria!'. Aliás, comentou como eles eram bons."

As sessões no Pathé Marconi deram infinitas oportunidades ao engenheiro para observar bem de perto o brilhantismo casual de Charlie. "Houve outra ocasião em que eu cheguei, e isso deve ter sido em estágio já bem avançado das sessões, um mês pelo menos, e como vivia mexendo em tudo na sala de controle, tinha estendido essa prática e passado a entrar no estúdio para mudar a equalização dos amplificadores de guitarra. Não eram grandes modificações, e ninguém nunca notou.

"Mas quando fui olhar o rebordo da caixa da bateria, ali pelos cantos ainda havia confete do show no Hyde Park (mais de nove anos antes). Charlie nunca trocava as peles de tambor nenhum. Isso é um baterista de jazz. Não é como os bateristas de rock, desses que com toda a certeza trocam todas as peles a cada álbum que gravam e, se estiverem na estrada, então, muito provavelmente as trocam uma vez por mês.

"Dei um toque com a baqueta na caixa e pensei: 'Vou dar uma afinadinha bem de leve só para ver o que acontece'. Dei literalmente meia volta no pino de cima e meia volta no de baixo e saí dali. Não queria destruir nada, obviamente, mas aos meus ouvidos soava legal. Uma hora depois, entra o

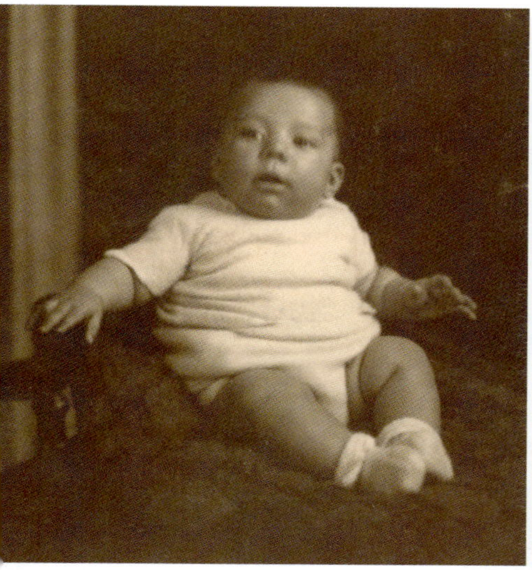

CIMA: Aos três meses, Charles Robert Vatts posa para sua primeira foto ublicitária.

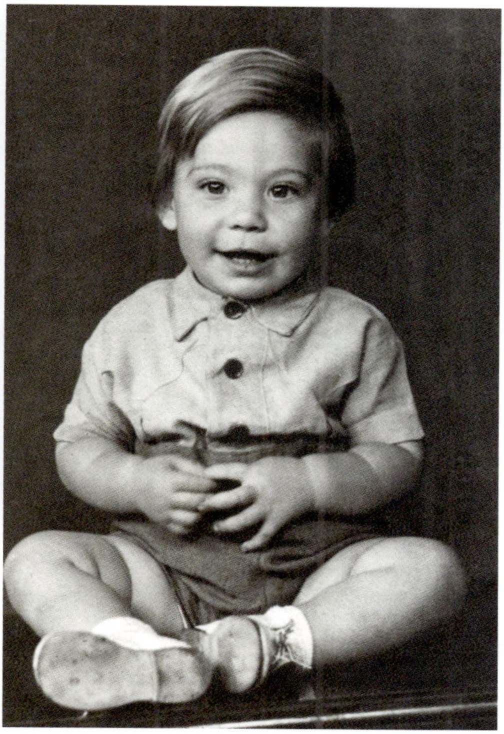

DIREITA: Outra imagem, do álbum de mília de sua irmã Linda, registra o filho da uerra aos catorze meses. "Lembro da orreria para chegar aos abrigos ntiaéreos, mas não acredito que alguma ez tenha ficado realmente assustada."

ACIMA: Ao volante com Linda. "Ele era parecido com nossa mãe, eu já sou como nosso pai. Charlie ficava no canto dele, sem dizer uma palavra."

À ESQUERDA: Estiloso já aos dois anos de idade, "Charlie Boy" alimenta os pombos na Trafalgar Square com a mãe Lillian e o pai Charles.

A turma de 1952: com os colegas de classe da Fryent Junior, em Kingsbury, noroeste de Londres. Charlie é o terceiro a partir da esquerda na última fileira.

O autointitulado "Pequeno Lorde" com Linda e o pai.

No início da adolescência, por volta de 195 quando começou a ouvir seus primeiros ídolos do jazz.

ACIMA: O baterista elegante e, atrás dele, o amigo baixista Dave Green, quando tocavam no Joe Jones Seven, no pub Masons Arms, em Edgware, em 1959.

À ESQUERDA: Charlie, quinto a partir da esquerda, e Dave, terceiro a partir da esquerda, com colegas de banda e outros amigos no casamento de Brian "Joe" Jones e sua esposa Ann, em 3 de setembro de 1960.

DIREITA: *Ode to a ghflying Bird*, de 1960, ɔjeto de Charlie para aculdade de Artes e belo retrato da ensão e queda de arlie Parker.

ACIMA: De fato agradecido: em 7 de julho de 1963, os Rolling Stones tocam "Come On" em sua primeira aparição na TV, em *Thank Your Lucky Stars*.

À DIREITA: Quando eram seis: um registro de 1963, raro pela inclusão do amado Ian "Stu" Stewart, primeiro à esquerda, que logo deixaria a linha de frente e se tornaria gerente de turnê e muito mais.

ssim começava o fim de semana. Em posição no *Ready Steady Go!*, em Londres, em abril
e 1964, mês do lançamento do primeiro álbum dos Stones.

scandalizando milhões de pais": o grupo solidifica a reputação de bad boys do pop
tânico no *Juke Box Jury*.

ACIMA: Charlie encontra seu público no Hotel Astor, na chegada do grupo à Big Apple, em 1964. "Nova York era o lar do que eu imaginava querer ser", disse ele.

À DIREITA: Cuidando de assuntos importantes naquela visita aos EUA, Charlie vasculha a Beau Gentry, na Vine Street, em Los Angeles

Na mesma viagem, a magia sempre no ar: Charlie e os rapazes na Broadway.

À DIREITA: Mais um dia de trabalho, inabalável como sempre, em 1965, um ano de incontáveis sessões de gravação e cerca de duzentos shows.

ABAIXO: Shirley e Charlie na porta do cartório de Bradford no dia do casamento que tentou manter em segredo: 14 de outubro de 1964.

À ESQUERDA: "Para entender esta pequena rima, é preciso antes bater o pé no ritmo. Então, os botões ficarão bem mais próximos. E com muito mais clareza os Stones você verá." A arte de contracapa de Charlie para *Between the Buttons*. Janeiro de 1967.

ACIMA: Hyde Park, 5 de julho de 1969, em um "palquinho de brinquedo, um negócio ridículo com estrutura de metal"

À ESQUERDA: Charlie, Shirley e Seraphina Watts, já morando em Cévennes, no sul da França, no aeroporto de Heathrow, em 5 de dezembro de 1972

À DIREITA: Trabalhando, como sempre, na infame turnê americana de 1972, "apogeu definitivo da era do rock n' roll libertino", no Madison Square Garden, Nova York, em 26 de julho de 1972.

msterdã, 1977. "Ele *era* Savile Row, cara", disse Keith Richards. "Poderia ter morado lá. Eu
zia a ele: 'Por que não se casa com um alfaiate?'."

À ESQUERDA:
Economia de estilo: no S.I.R. Studios, em Nova York, em 30 de junho de 1981, quando os Stones faziam vídeos para "Start Me Up" e outras faixas do álbum *Tattoo You*.

À DIREITA:
Michael Philip e Charles Robert registrados em show ao vivo para o documentário *Let's Spend the Night Together*, de 1981, dirigido por Hal Ashby.

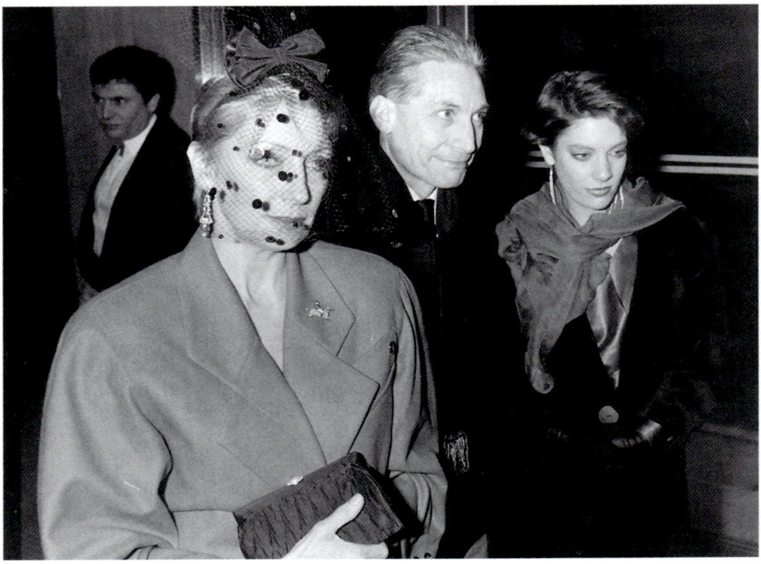

À ESQUERDA:
Com suas amadas Shirley e Seraphina no Kensington Roof Gardens, em fevereiro de 1986. "Se tenho um arrependimento nessa vida é o de não ter ficado mais tempo em casa."

ACIMA: Uma visão incomum de Charlie, na apresentação com seu grupo de jazz para inaugurar o clube Ronnie Scott's de Birmingham, Inglaterra, em outubro de 1991. "Considero uma grande honra que tenham me pedido isso", disse ele.

À ESQUERDA: Charlie e seu mais antigo amigo e contrabaixista favorito, Dave Green, tomam suas posições para a primeira noite do show *Tribute to Charlie Parker with Strings*, em um lugar onde sempre sonhara tocar, o Blue Note, em Nova York, em 14 de julho de 1992.

À ESQUERDA: Charlie e Billy Joel sobrevivem a um incidente fashion ao usarem o mesmo figurino na festa que celebraria o aniversário de cinquenta anos de Elton John no Hammersmith Palais, em 1997. Ainda na foto, da esquerda para a direita, Shirley Watts, Jordan, filho de Lulu, a própria, Tony King e a acompanhante de Billy.

À DIREITA: Natal em Nova York para Charlie, sua filha Seraphina e sua neta Charlotte, na Madison Avenue, em 15 de dezembro de 1997.

À ESQUERDA: "Conseguiram me convencer de novo": a chegada de dirigível ao Van Cortland Park, no Bronx, para o anúncio da turnê mundial *Licks*, em comemoração aos quarenta anos da banda, em maio de 2002.

À ESQUERDA: os geminianos Charlie Watts e Ronnie Wood no Festival Internacional de Cinema de Berlim, onde *Shine a Light*, de Martin Scorsese, teve sua pré-estreia mundial em 7 de fevereiro de 2008.

À DIREITA: O tributo de Jools Holland ao amigo: sua ferrovia de brinquedo inclui miniaturas das *prefabs* onde Charlie e Dave Green foram criados.

Chique que só, ele no Royal Ascot's Ladies Day, 17 de junho de 2010.

Cavalos nem tão selvagens: em sua visita anual ao Arabian Horse Days, uma feira exclusiva em Janów Podlaski, no leste da Polônia.

Unindo Manchester: um radiante Charlie no show lotado dos Stones em Old Trafford, na etapa britânica da turnê *No Filter*, em 5 de junho de 2018.

ACIMA: No avião particular (veja o logotipo nas costas do assento) com a neta Charlotte, que viajou com Charlie nas últimas turnês, garantindo-lhe a bem-vinda lembrança da família.

À ESQUERDA: Em 2 de outubro de 2018, de volta para uma visita ao Troubadour, em Earl's Court, onde Charlie tocara com Alexis Korner e conhecera Ginger Baker.

Charlotte na estrada: "Muita gente me disse que minha presença ali fazia grande diferença", conta ela, "porque era como se um pedacinho de casa estivesse com ele".

as últimas turnês, Charlie e o técnico de bateria Don McAulay visitariam marcos como o ouis Armstrong House Museum, em Nova York, e o Motown Museum, em Detroit.

O artista e suas ferramentas: verdadeiro estudioso de seu instrumento, Charlie remexe no espaço de armazenamento da bateria.

Na passagem de som daquele que se revelaria seu último concerto com os Rollin Stones, no Hard Rock Stadium, em Miami Gardens, Flórida, em 30 de agosto de 201

A última descida da cortina: ao final de uma apresentação sob forte chuva, antecipada er um dia para evitar (o fogo cruzado de) um furacão, Charlie se juntava aos companheiros na frente do palco pela última vez.

Charlie, tira o casaco, dobra, se senta. Ele ergueu o tambor e, no instante em que a baqueta tocou a caixa, deu um salto e ergueu os braços em choque. Eu estava na sala de controle. Ele perguntou: 'Alguém mexeu na minha bateria?'.

"Respondi: 'Sim, fui eu'. E ele disse: 'Ah, ok, tudo bem'. Não podia *acreditar* que ele tinha notado. Meia volta no pino não modifica a afinação. Aquilo me despertou para o quão conectado aquele homem era ao instrumento, a ponto de bastar um toque — a baqueta obviamente não reagiu do jeito que ele estava acostumado — para ele saber de imediato. Eu me senti muito culpado. Mas não foi problema nenhum, ele só recolocou do jeito dele. Realmente incrível. Eu já o respeitava antes, mas naquele momento pensei: 'Uau, isso é extraordinário'."

A precisão intuitiva da técnica de Charlie hipnotizava Kimsey. Em 2022, com um currículo de mais de trezentos álbuns e cem artistas como produtor ou engenheiro, ele não só retornara ao Olympic para projetar um novo estúdio modernizado e supervisionar o som Dolby Atmos do seu cinema como dava *masterclasses* sobre som em universidades. "Só dou aulas se a universidade tiver também som analógico", explica. "É um pouco como começar com papel e caneta e não com um laptop, porque aquelas restrições de dezesseis ou 32 canais ajudam muito a expandir a mente.

"Pois nessas aulas, os alunos chegam e perguntam: 'Ai meu Deus, onde é que está o computador? Cadê o grid? Cadê a tela?'. Eu respondo: 'Esqueçam tudo isso, a gente está aqui para usar os nossos ouvidos, é com eles que escutamos música, eles e a nossa mente'. E falamos sobre cronometragem em particular, e eles querem que eu especifique o tempo de tudo. Eu digo:

'Bem, se vocês precisam que se especifique o tempo de tudo, arrumem outro baterista'. Essa é a fonte do disco. Quem quer que cronometre é a espinha dorsal. A música flui e reflui. O tempo não precisa estar perfeito.

"Eu respondi: 'Posso dar a vocês um exemplo de um bom baterista'. Quando gravei 'Some Girls', a faixa-título, aquilo era na essência uma longa *jam session*. Mick tinha tantas estrofes sobre tantas mulheres que saía cantando todas e a ponte entrava para intercalá-las no máximo duas vezes em quinze minutos. Quando a faixa foi registrada, na versão de quinze minutos, Mick foi à sala de controle ouvi-la e me disse basicamente: 'Essa levada está ótima, você pode editá-la para ficar com quatro minutos?'. Eu respondi: 'Tá bem. Quais estrofes você vai querer usar?'. E ele: 'Ah, pode escolher'.

'Fiz então um mapinha de todas as estrofes e do que falavam. Não quis dificultar muito meu próprio trabalho — não foi nada do tipo começar a picotar a fita na marca dos quatro minutos, depois seguir até a dos oito, mas tive, sim, de fazer uns quatro cortes para reduzir a canção a quatro minutos. Tive de limar dez minutos e não foi tudo em um único ponto da gravação. Peguei um pedaço quase do fim da canção e transferi para perto do início, e só deu para fazê-lo pela precisão milimétrica do tempo do Charlie.

"Isso hoje me fascina porque na época eu nem pensei muito a respeito, só o fiz. Obviamente, se alguém tocasse mais devagar pela razão que fosse, não daria para fazer este enxerto porque o tempo vacilaria e depois aceleraria de novo. Mas o tempo de Charlie era totalmente constante em toda a gravação."

À turnê de 1978 pelos Estados Unidos, seguiram-se mais gravações na Califórnia, interrompidas pela terrível notícia da morte de Keith Moon, baterista do The Who, com apenas 32 anos. Muito mais do que apenas um louco de desenho animado, Moon havia sido um bom amigo de toda a banda ao longo dos anos de fama conjunta, e tanto Charlie quanto Bill pegaram um voo para a Inglaterra para o funeral. Como Pete Townshend lembraria depois, Charlie chorou.

"Que figura ele era", disse Charlie sobre Moon à *Rolling Stone*, em 2013. "Eu o amava. Só havia um Keith Moon. Sinto muito a falta dele. Era um sujeito muito cativante, um cara adorável, mesmo, mas... às vezes, era difícil. Na verdade, não é que só houvesse um Keith Moon. Ele era como três pessoas em uma."

1979 foi um ano sem shows mas com muitas gravações, em Nassau, Paris e Nova York, visando o *Emotional Rescue*, lançado em junho do ano seguinte, com Chris Kimsey promovido ao posto de produtor associado, além de engenheiro de gravação. Charlie tem uma performance ofuscante na frequentemente subestimada faixa-título, na qual Mick faz sua melhor imitação de Barry Gibb; a canção pode não ter se provado tão grudenta quanto o *disco-rock* que a antecedeu, "Miss You", mas é tão inovadora quanto e a razão, em grande parte, é Charlie.

Isso se deu em parte porque tanto a batida quanto a cultura da explosão *disco* lhe interessavam. "Charlie era um estudante de batidas dançantes, e gostava de dançar, era muito bom dançarino", conta Mick. "Gostava de dança de salão e, é óbvio, sendo baterista tinha afinidade com as levadas rítmicas e suas novas versões. Primeiro, ele incorporou às novas gravações o ritmo 4/4 puro e simples, depois já começamos a ter singles dançantes de influência latina. Ele estava sempre interessado nisso tudo e eu botava ele para ouvir todas as novidades que me chegassem. Ou comprava discos para ele, ou ele me contava sobre algo que havia escutado."

A nova década se iniciava com imaginação renovada para uma banda já com quase duas décadas de carreira, mas a demanda implacável das turnês logo faria Charlie buscar uma válvula de escape. A cada momento em que fosse possível, recolhia-se com Shirley e Seraphina em Gloucestershire e depois em Devon. Mas os anos 1980 seriam também um período no qual, para a surpresa de todos, ele procuraria abrigo no pior lugar possível.

CONTRATEMPO

Um metro e setenta e dois de estilo

Charlie Watts já tinha estilo aos dois anos de idade. Na encantadora foto com os pais em Londres, em 1943, que correu o mundo por ocasião de sua morte, ele está vestido com um elegante casaquinho curto de abotoamento duplo complementado pela adição corajosa mas brilhante de uma boina. Sua sorte foi lançada quando o pai o levou a um alfaiate no East End, e no que Charlie começou a não apenas ouvir jazz mas observar as belíssimas capas de discos de Miles Davis, Charlie Parker, Duke Ellington e entre outros, e acabou por se apaixonar.

"O jeito dele de se vestir vem do meu pai, que era muito elegante", diz sua irmã Linda. "Papai costumava comprar o material e mandar fazer os ternos. Para sair de casa, usava chapéu, nunca boné. Engraxava os sapatos toda noite e Charlie fazia exatamente igual — eu também sou assim. Fomos visitá-lo um dia e estava lá sentado usando uma jaqueta de fumo. Ele *amava* roupas." O marido de Linda, Roy, acrescenta: "Era um lorde do campo. Andava da casa até a coudelaria[1] com dois cachorros a tiracolo, e comia uma maçã no percurso. Aí, circundava a coudelaria e voltava para casa".

---

[1] Local de procriação e aperfeiçoamento de raças de cavalos. (*N. do T.*)

Quando Charlie morreu, seus admiradores de longa data da *GQ* disseram que seu estilo pessoal "deveria ser o parâmetro de quem vai comprar um terno em 2021". Em um editorial, a revista observava que os ternos de Charlie "sempre remetiam às suas raízes de astro do rock, com lapelas largas, silhuetas marcantes e esbeltas calças não muito apertadas. Suas escolhas de estilo lhe conferiam o tipo de presença que simplesmente não se obtém vestindo qualquer terno azul-marinho ou cinza, embora não fosse possível estabelecer ao certo o que ele fazia para obtê-la".

No backstage de um show ali pela virada do século, o tecladista e diretor musical de palco dos Rolling Stones, Chuck Leavell, conversava com Charlie e Keith Richards. "Estávamos de papo e apareceu um cara que eu não conhecia. Talvez algum dos outros o conhecesse, não sei. Era muito bem-vestido, estava com um blazer realmente chique. Nós conversamos um pouco e Charlie elogiou o blazer dele. O cara ficou todo feliz, seu rosto se iluminou. Mais um pouco de papo furado e ele se virou para ir embora. Assim que saiu de vista, Charlie comentou: 'Aquele sapato é que não dá'."

Do cabelo grisalho aos sapatos feitos à mão, Charlie era aproximadamente 1,72 metro de estilo discreto — um vitorioso na moda, nunca uma vítima, de uma elegância tranquila, mas essencial que muitos almejam e poucos atingem. Lembro de visitá-lo certa vez em sua suíte de um hotel em Amsterdã, durante uma turnê europeia. Tudo impecavelmente organizado, ao som gentil de um álbum de Miles Davis escolhido à perfeição a partir de um porta CDs para viagem. Tinha um desprezo absoluto por jeans e tênis. Ele era o tio elegante que você nunca teve.

Ao final de cada show, quando punha seu casaco oficial dos Stones para se aquecer e agradecer à plateia, prestava um serviço maior às vendas de merchandising oficial do que qualquer campanha de marketing. No backstage, ficava bem até mesmo usando roupão com o logotipo da língua e dos lábios de que tinha tanto orgulho. "O caimento nele tinha que ser de uma forma específica", lembra a vocalista Lisa Fischer.

"Ele tinha um ótimo senso estético. Passava a sensação de que seria feliz desenhando roupas. Não que eu conseguisse enxergá-lo como modelo, mas o via como alguém capaz de fazer roupas sob medida. Se não tivesse sido baterista, teria trabalhado com design. Amava texturas, qualidade, looks, e ficava muitíssimo bem nas roupas que usava. Pouquíssima gente fica bem de rosa e azul, e ele ficava sem o menor problema. Aliás, podia mesmo realçar o brilho rosado das suas bochechas. Era algo tímido, mas ainda assim sabia que tinha boa aparência."

Em uma dessas ocasiões, em 2010, Charlie e Shirley foram a caráter ao Royal Ascot, o celebrado evento de equitação. Levando orgulhosamente a tiracolo sua bela, discreta e glamourosa esposa, ele compareceu ao evento usando cartola, óculos de sol e fraque de abotoamento duplo cinza claro feito sob medida pela Huntsman, sua alfaiataria, com botões dispostos de forma diagonal. Tanto o colete quanto a gravata eram de um rosa claro e a gola arredondada da camisa ficava presa sob o nó da gravata. Ao analisar a capa de *Our Man in Paris*, clássico do saxofonista Dexter Gordon lançado pela Blue Note, é possível captar a inspiração que Charlie assumidamente transmitia. O mesmo ocorreu quando viu a aparência descolada e relaxada de Miles Davis, de camisa verde, na capa de *Milestones*, de 1958: assim como todos os aficionados por jazz, quis ter uma igual.

Na Huntsman, a alfaiataria de Savile Row que faz roupas para gente de fino trato desde 1849, Dario Carnera me conta sobre o orgulho que sua família sentia em ter Charlie como cliente e amigo. Tão próximo era o relacionamento que o *springfield stripe*, um tecido concebido pelo próprio baterista, continua a fazer parte de seu catálogo. "Ele *era* Savile Row, cara", diz Keith Richards com admiração. "Podia ter morado lá. Eu dizia a ele: 'Por que não se casa com um alfaiate?'."

Depois de Dario me apresentar aos alfaiates que faziam os ternos e casacos sob medida de Charlie — e me mostrar com enorme tristeza os últimos quatro casacos de corte refinado que Charlie encomendou mas não teve tempo de ir buscar —. dobramos a esquina rumo à Royal Arcade, na Old Bond Street, onde mergulhamos ainda mais a fundo em um universo artesanal londrino que muitos suporiam já ter se perdido.

Vamos ao encontro de John, o semiaposentado pai de Dario e mestre sapateiro da empresa familiar G.J. Cleverley, de onde Charlie encomendou seus belos calçados por quase trinta anos. De sua lista de clientes, já fizeram parte Winston Churchill, Humphrey Bogart e o rei Charles III. Um ofício deveras distante dos prazeres instantâneos do mundo de hoje: só o treinamento de Carnera Sr. levou cinco anos.

Pouco depois de John tomar a frente do negócio após a morte do fundador, George, pintou um novo visitante. "Charlie apareceu à porta", relembra ele. "Eu disse: 'Como vai? Sr. Watts, não é?'. Ele respondeu 'Sim', bem discreto. Eu o convidei para entrar e ele me perguntou: 'O senhor poderia me fazer alguns sapatos?'. Eu respondi que faria com todo prazer. Ele disse: 'Tenho um sapateiro, mas ele está levando tempo demais. O senhor conseguiria fazer o serviço em menos de dois anos e meio?'.

"Respondi: 'Isso acho que posso garantir'. O primeiro par levaria de três a quatro meses. 'Ah, esplêndido', disse ele. 'Os sapatos do senhor são muito bonitos. Poderia tirar minhas medidas?' Quase como quem pede um favor. Era assim que ele era. Nós tiramos as medidas e, a partir de 1993, o servimos até 2021."

John compartilhava da paixão de Charlie pelo jazz e relembra suas andanças pelos points do Soho no fim dos anos 1950 e início dos 1960, em especial o Ronnie Scott's original, hoje lembrado com uma placa azul. "Sempre me lembro de descer até aquele porão", conta John, ecoando alguma conversa que certamente tivera com seu famoso cliente. "Ficava do lado do correio, na Gerrard Street. Era um buraco, mas não esqueço da formação de músicos. Havia Ronnie Scott, Tubby Hayes, Phil Seamen na bateria e creio que era o Johnny Hawksworth no contrabaixo. Charlie e eu tínhamos excelentes conversas."

Um par de sapatos feitos à mão pela Cleverley's geralmente leva seis meses para ficar pronto e custa em torno de quatro mil libras. A sapataria só faz doze pares por semana. Charlie tinha ao menos oitenta pares feitos lá, com o "bico Cleverley" ("são bicos do tipo fino", explica John. "Sempre que terminávamos um par, ele dizia: 'O que eu ainda não tive, John?'.).

Dario acrescenta: "Ele tinha pés tão esguios e elegantes ('o pé com que todos sonham', observa o exímio fabricante de fôrmas Adam Law). Entrava na sapataria, caso tivesse vindo buscar algo, e dizia: 'Do que eu preciso? Bem, precisar, não preciso de nada. O que eu quero?'.".

Com o aprofundamento de sua amizade com a família, Charlie passaria a convidá-la para concertos, dos Stones e seus, mundo afora. John Carnera ri de uma lembrança específica relacionada ao guru financeiro da banda, o príncipe Rupert Loewenstein. "Os sapatos dele eram feitos por Anthony, sobrinho de Cleverley, que era um sapateiro ainda melhor do que George, embora nunca ninguém dissesse isso ao George", ri.

"Mas enfim, Anthony tinha o hábito de visitar os clientes em casa. Não havia uma loja. E Loewenstein era um dos seus melhores clientes. Ele tinha um apartamento em uma transversal da Kensington High Street. Anthony foi visitá-lo, entregar um par de sapatos para ele experimentar, e por acaso Mick estava lá. Loewenstein disse: 'Bem, como é de praxe, sr. Cleverley, que belíssimo par de sapatos, blá-blá-blá'. E Jagger de olho, dizendo: 'Que sapatos lindos, Rupert'. Então virou-se para o Anthony e perguntou: 'Você faria para mim um par como esse?'. Ele respondeu: 'Não. Não quero saber de você saracoteando pelo palco arruinando meus sapatos'. Para ele, Mick ou um qualquer davam no mesmo."

Falar do príncipe Rupert faz John Carnera lembrar de outra história, sobre um conhecido de Loewenstein. "A conexão com Charlie é que, quando o homem morreu, em 2004, ele ficou de orelha em pé e me perguntou: 'John, você acha que eu conseguiria ficar com alguns daqueles sapatos?'. Respondi que ouvira falar que fariam um leilão. Pois ele foi a Paris e arrematou alguns dos sapatos. Acho que comprou tipo uma dúzia de pares."

Ainda que fizesse questão do trabalho artesanal à moda antiga, Charlie não concordava com uma tradição dos sapatos feitos a mão. Julgava que estreá-los era responsabilidade do freguês. Como contava ele, "a maioria dos aristocratas que podia pagar por sapatos feitos sob medida fazia o jardineiro ou o mordomo os usarem primeiro até lacearem".

Pois Chuck Leavell se lembra de uma história de turnê diferente. "Em Madri, minha esposa Rose Lane e eu havíamos acordado, e ainda era bem cedo. Íamos sair para um museu ou algo assim e Charlie estava no lobby do hotel. Estranhei, porque eram tipo oito e meia da manhã. Fui perguntar para onde ele fora e sua resposta foi: 'Levei meus sapatos novos para dar uma volta'. Brilhante, não é?"

Com os Rolling Stones na boca do povo nos anos 1960, Charlie se tornou cliente do celebrado modista rebelde Tommy Nutter, que basicamente vestia o show business, e reescreveu as regras de Savile Row para ternos no processo. Charlie então tornou-se cliente não apenas da Huntsman mas também da Chittleborough & Morgan, fundada em parceria por Roy Chittleborough e pelo antigo aprendiz de Nutter, Joe Morgan. Foi lá que ele comprou um terno como presente de fim de turnê para o amigo e colega de trabalho Tony King.

Charlie chegava na Row de limusine com chofer, aprendendo a amar e respeitar as nuances da tradição e dos rituais típicos de cada alfaiate. Seu gosto por lapelas largas e cortes personalizados o ajudava a exibir uma figura mais imponente do que sugeriria seu corpo modesto; costumava dizer, por sinal, que se um par de calças favoritas estivesse ficando ligeiramente apertado na cintura, simplesmente parava de comer até que ficasse confortável de novo.

No palco era diferente: teria amado imitar o arrojo de outro herói, Art Blakey, com seu terno e gravata formais. Embora tenha usado blazers na juventude, mais tarde optaria por uma vestimenta de trabalho mais realista, com camiseta ou camisa de manga curta. Mas até mesmo estas eram feitas sob medida — era visível não serem padronizadas. A Sunspel, fabricante de roupas britânica que remetia aos anos 1860, concebeu uma camiseta, sob orientação do estilista William Gilchrist, que tornasse mais fácil para Charlie tocar. Foi inserida uma tira lateral extra, abrindo a possibilidade de duas costuras em vez de uma de cada lado, além de uma barra mais alta que o normal. O resultado foi tão aprovado que a banda toda trajou o figurino em 2013 no Festival de Glastonbury.

Seu conhecimento de moda se estendia para muito além do gosto pessoal ou das roupas que usava. “Quando começamos a trabalhar”, diz o produtor Chris Kimsey, “minha esposa Kristy estava comigo grande parte do tempo, viajando e trabalhando. Ele a fez gostar de Opium, o perfume, que havia acabado de ser lançado. Trabalhar com ele em Paris foi fantástico. Ele me levava a todas as lojas de malas *vintage*, porque tinha uma coleção de malas, e também às lojas de chapéus.

“Sempre chegava para todas as sessões de gravação impecavelmente vestido, todo elegante. Algo que ele e Glyn Johns tinham em comum — Glyn, meu mentor, me dizia já desde muito novo: ‘Kimsey, não se esqueça de se vestir bem para todas as sessões’. Toda manhã, quando iríamos começar as gravações no Pathé Marconi em Paris, Charlie era um dos primeiros a chegar. Quase nunca aparecia na sala de controle. Andava até a sua bateria, tirava o casaco, dobrava-o perfeitamente, pendurava-o em uma cadeira e se preparava com todos os seus apetrechos. Tirava tudo da embalagem."

Lisa Fischer acrescenta: "Próximo ao kit de bateria de Charlie, mesmo em ensaios, sempre havia um lugarzinho para ele pendurar o casaco. Parecia que estava chegando ao escritório. Eu adorava aquele espacinho dele".

Dario Carnera me conta, e a esta altura não é mais surpresa com tudo o que já sabemos sobre as tendências aquisitivas de Charlie, sobre a sua coleção de livros antigos de moldes da *Tailor & Cutter.* "Hoje eles custam uma fortuna na internet", observa o alfaiate. "Ele disse que tinha uma bela coleção."

"Às vezes, quando ele estava em Londres sem compromisso algum, me ligava ou então eu dizia: 'Tem algumas coisas suas aqui prontas, devo enviá-las para a sua casa?'.", lembra Dario. Charlie, Shirley e Seraphina tinham uma residência na cidade àquela altura, na saída da Fulham Road. "O porão dele em Pelham Crescent foi convertido em um grande closet aberto. Ele dizia: 'Caso esteja livre, traga-as você mesmo. Nós podemos tomar um chá, conversar e ver as minhas roupas'."

"Charlie olhava certos tecidos", continua Carnera. "Fizemos um muito especial e ele estava pensando em comprar. Eu disse: 'Sei que custa muito caro e não cai tão bem, é como caxemira'. A resposta foi: 'Não estou preocupado com isso, não devo usá-lo mais do que duas vezes'. Ele adorava vestir suas roupas. Eu sempre tentava fazer algum comentário sobre o que ele estivesse usando, pois lhe fazia bem ver que seu visual era valorizado."

Havia momentos, como admitia sua família, em que o senso estético de Charlie levava a pior em relação ao bom senso. Sua neta Charlotte os descreve com enorme afeição. "Eu ia visitá-los em Devon", conta. "Estávamos no meio do nada. Não iria aparecer ninguém por lá, mas ele se sentava à mesa de paletó, calça e colete. Eu perguntava: 'Isso aí é para andar na lama?', e ele respondia 'Sim'.

"Era muito engraçado porque ele usava roupa chique, ao seu estilo, em Londres, em Devon, onde quer que fosse. Aí entrávamos em um avião e ele estava de calça alinhada e mocassins, mas com uma camiseta branca e uma jaqueta de couro. Lembro de ficar pensando no contraste. Quando era muito visto, se vestia ao estilo de turnê; quando era pouco visto, se vestia ao estilo dele.

"Ele foi me visitar no colégio interno no interior do estado de Nova York, e havia nevado muito, mais de um metro, estava um frio de rachar. Sendo que era maio, fazia semanas desde que nevara pela última vez, todo mundo pensava na primavera. Mas no fim de semana veio aquela nevasca bizarra e ele não estava preparado. Às vezes, em Londres nevava sem que esperássemos. Era algo que eu já havia visto duas vezes — ele se recusava veementemente a comprar sapatos adequados para a neve.

"Pois ele me aparece com sacolas de supermercado envolvendo os sapatos. E nós tivemos de levá-lo ladeira acima daquele jeito para tomar o café da manhã. Que mico. Ele não queria usar um sapato adequado àquelas condições. Queria tanto usar os sapatos *dele* que não via o menor problema em sair por aí com sacolas de supermercado cobrindo os pés. A gente chorava de rir. Não sei se já fez isso em turnê, mas fez em público em Londres e ao caminhar por Nova York."

O apresentador e músico Jools Holland, que tinha orgulho de se apresentar como bom amigo e alma gêmea de Charlie (não obstante, ser cerca de dezessete anos mais novo), diz que o baterista também possuía um totem fashionista da Família Real. "Eu lembro que ele comprou alguns dos ternos do rei Eduardo VIII", diz Holland. "Dizia considerá-lo um sujeito estiloso. Creio que nunca conheci alguém tão bem-vestido quanto Charlie. Era de um refinamento impecável. E havia se espelhado em alguns dos gigantes do jazz. Havia prestado atenção em alguns grandes artistas de blues e jazz cujo visual era sempre impecável e em personagens históricos do século XVIII, mas também dos anos 1930.

"Ele comprou, então — e tenho certeza que sem nem experimentá-los antes —, dois dos ternos de Eduardo, puramente por considerá-los lindos. Sua intenção era copiá-los ou pelo menos ver de que tecido eram feitos para sair em busca e comprar igual. Exatamente o tipo de coisa que ele curtia fazer, ir a Savile Row e perguntar: 'Onde eu arranjo esse tecido?'. 'Ah, isso não se fabrica mais.' Esse tipo de coisa.

"Estávamos em turnê juntos e, quando ele voltou, nos vimos novamente e eu quis saber como tinham ficado os ternos. Charlie respondeu: 'Mal posso acreditar, couberam em mim *perfeitamente*. Como uma luva'. E ele estava vasculhando leilões para checar se havia mais roupas do rei à venda. Tinham o mesmo manequim. Muita gente, ao envelhecer — eu mesmo sou exemplo —, vê a cintura aumentar, muda de silhueta. Sei lá o que os Rolling Stones usavam mas, por alguma razão, estão todos com a mesma forma perfeita que tinham em 1962. Não sei como conseguem".

Conversas musicais com pessoas que trabalhavam com e para Charlie podiam ser reveladoras, em especial quando tais pessoas tinham suas próprias ambições. Dario Carnera conta: "Eu disse a ele que tocava guitarra. O comentário foi 'mas não é música daquele tipo com guitarra barulhenta, é?'. Em outra ocasião, lembro-me de ter contado que minha banda estava tocando 'Honky Tonk Women' e comentado 'nosso baterista está apanhando um pouco'. Ele quis saber por que, e eu respondi: 'No início, tem um cowbell e então começa a batida com uma síncope bem estranha. Ele está se esforçando para pegar o jeito, está ouvindo com atenção'. E Charlie: 'Ah, sim, é porque eu entrei errado na música'.".

Steve Balsamo, distinto vocalista britânico de muita experiência musical, não só em trabalhos próprios mas em grupos como The Storys e Balsamo Deighton, contribui com um delicioso exemplo do humor e da finesse de Charlie. "Sempre amei Charlie e uma das razões era ser o mais bem-vestido dos roqueiros. Amo quem se veste bem", diz ele. "Prometi a mim mesmo que, se um dia o conhecesse, lhe diria isto.

"Acabei participando de um show em homenagem a Ginger Baker, cantando em uma banda com Keith Carlock, Tony Levin e Ray Russell, alguns dos melhores músicos do planeta Terra", conta Balsamo, referindo-se ao evento em 2008 no qual Charlie entregou ao velho amigo Ginger o Zildjian Drummer Achievement Award pelo conjunto da obra. "Tocamos 'White Room' [do Cream], 'Manic Depression' [de Jimi Hendrix], umas canções bacanas. Foi no Shepherd's Bush Empire. Foi ótimo.

Charlie Watts estava lá. Entrei no camarim cheio de gente e comecei a filmar.

"Vi Charlie, e ele se aproximou e me disse: 'Você canta bem, cara'. Eu respondi: 'Obrigado, sr. Watts. Olha só, sempre prometi a mim mesmo que, se lhe conhecesse um dia, diria: o senhor é o homem mais bem-vestido do rock n' roll'. Ele reagiu: 'Não diga isso!'. Fiquei chocado. Me desculpei, achando que o havia ofendido. Ele então arrematou: 'Sou o homem mais bem-vestido do *jazz*'."

5

Trabalho sujo e hábitos perigosos

Ainda que o falo gigante nem sempre demonstrasse sua pujança a cada noite daquela turnê em meados dos anos 1970, a impressão era de que tudo no universo profissional dos Rolling Stones só fazia aumentar. O risco de as obrigações contratuais superarem o ímpeto criativo se fazia notar e, na vida e na mente de Charlie, o mundo para além da banda se fazia cada vez mais presente.

Em março de 1981, seu pai morreu aos sessenta anos de idade, um acontecimento que o pôs em estado reflexivo, em especial porque o seu próprio aniversário de quarenta anos já se aproximava. Surgiu a ideia de outra turnê norte-americana, que exigiria um novo álbum, momento no qual Chris Kimsey se destacaria ao tecer a colcha de retalhos na forma do surpreendentemente robusto *Tattoo You*.

"Rupert Loewenstein, gestor de longa data da parte empresarial dos Stones, me perguntou: 'Kimsey, você sabe se tem algum material sobrando?'. Respondi: 'Sim, tem muita coisa. Sei o que foi gravado nas sessões em que eu estava presente. Deve haver algumas sobras dos álbuns anteriores'. Só que eles não eram muito bons em preservar fitas master, haviam perdido muita coisa." Kimsey montou o LP a partir de um material cujas origens perpassavam as gravações dos Stones ao longo dos anos 1970, indo até *Goats Head Soup* e *Black and Blue*.

Um retrato mais nítido daquelas sessões dispersas emergiria em 2021, quando foi lançada a edição expandida de luxo de *Tattoo You*. Dela consta a versão provisória de "Start Me Up", originária das sessões de *Some Girls*, na qual Charlie se esbalda em um contexto no qual é possível sentir certo sabor de reggae. Havia também o tributo a "Brown Sugar", de "Living in the Heart of Love" e mais exemplos de digressões dos Stones por *covers* de soul music, notoriamente "Troubles a' Comin", dos Chi-Lites, e uma de que Kimsey se lembra com um carinho especial, "Drift Away", de Dobie Gray.

A capa do álbum valeu ao fotógrafo Hubert Kretzschmar, ao ilustrador Christian Piper e ao designer Peter Corriston o Grammy de Melhor Projeto Gráfico e a opinião de Charlie, na condição de observador não retratado, foi importante em sua produção. Os Glimmer Twins foram memoravelmente registrados por Kretzschmar em seu loft/estúdio nova-iorquino de Tribeca, na West Broadway, defronte a painéis berrantes em vermelho e verde. Piper depois ornamentaria as fotos com tatuagens.

"Charlie estava lá também, ainda que não houvesse planos de fotografá-lo", relata Kretzschmar no livro que acompanha a edição de luxo de *Tattoo You*. "Estávamos todos prontos para começar, com tudo montado, mas Charlie não chegava. Me ligaram dizendo que ele estava preso em algum bar no Soho — havia parado para tomar um drinque, sido reconhecido e ficara encurralado. Tive que mandar um assistente até lá para resgatá-lo.

"Adorei ter Charlie por perto. Compartilhávamos o amor pelo jazz. Escutávamos discos e conversávamos sobre eles enquanto trabalhávamos, embora a razão da presença dele fosse o respeito que Mick e Keith nutriam por sua sensibilidade artística. Ele observava tudo com a perspectiva de um designer."

Enquanto o disco iniciava a inebriante estada de nove semanas no topo da parada estadunidense, a banda saía em uma turnê norte-americana de cinquenta shows, novamente sob o comando do peso-pesado Bill Graham, *promoter* que já organizara várias de suas apresentações anteriores. Com a nova empreitada, o ponto de vista de Charlie se tornava ainda mais inestimável. E isto em se tratando de um homem que, às vésperas da turnê, soava mais desconfortável do que nunca com a ideia de pôr o pé na estrada e insistira em diversas ocasiões que não iria. Conseguiram dissuadi-lo. Sempre conseguiam. "Pulei fora ao final de cada turnê desde 1969", contava ele.

Aqueles eram shows vespertinos, com palcos de quase vinte metros de largura e passarelas laterais que cobriam mais 24m cada uma, além de painéis coloridos concebidos a partir de pinturas originais do artista japonês Kazuhide Yamazaki. Mick explica: "Tínhamos as cores primárias bem berrantes, que eram de Kazuhide, e também imagens enormes de um carro, uma guitarra e um disco — típica iconografia americana — que funcionavam muito bem sob a luz da tarde".

Charlie esteve fortemente envolvido, baseando-se no seu talento instintivo para o design e na experiência longínqua do único outro emprego fixo que tivera além da banda. "Foi naquela turnê que Mick e eu começamos a levar os palcos muito a sério. Os shows eram em estádios, tínhamos que pensar grande", dizia ele. "No meio de locais tão vastos, você se torna fisicamente minúsculo no palco e, por isso, na turnê de 1981-82, fizemos do palco em si algo que valesse a pena contemplar. Quando o show fica daquele tamanho, você precisa de uma ajuda extra. De uns truques, como os chamamos, como os painéis coloridos que tínhamos ao redor do palco, as luzes, os fogos de artifício. É necessário um pouco de teatro."

No primeiro show da turnê, na Filadélfia, o *New York Times* se espantou com o fato de "homens próximos dos quarenta anos" conseguirem atrair um público de noventa mil pessoas, sendo que aproximadamente doze mil haviam passado a noite anterior no estacionamento. Para a própria filha de Charlie, os efeitos foram igualmente fascinantes. "O primeiro show a que me permitiram ir foi quando eu tinha uns treze anos de idade e minha prima também foi", contou-me Seraphina com um sorriso. "Deve ter sido ali por volta de 1981-82, e foi o suficiente para me conquistar. Eu queria estar naquele mundo e minha mãe disse: 'Nem pensar'. Não queria mais saber de Pony Club[1]. Queria ir para a estrada.

"Meu pai tinha a carreira dele, viajava e fazia seu trabalho, e o resto era separado. Sempre tive a sensação de que trabalho era trabalho e casa era casa. Nós tínhamos alguém que ajudava em casa com os cavalos e os cachorros, e meu tio viveu com a gente por um tempo. Mamãe às vezes ia encontrar papai na estrada mas eu não, por causa da escola.

---

1 Organização internacional espalhada por mais de trinta países, voltada a unir jovens interessados em cavalos e equitação. (*N. do T.*)

"Na adolescência, fui para um colégio interno. Vivia implorando para ir a shows dele, mas não existe isso de largar a escola para sair em turnê, sem chance. Não que eu não tenha tentado. Mas dava no mesmo, era dever de casa ou 'vai cuidar dos cavalos'. Minha mãe era muito rígida, muito mais do que meu pai. Olhando pra trás, provavelmente foi muito bom que tenha sido."

Foi também nesta turnê que o show de Los Angeles apresentou como equipamento sobressalente e involuntário de palco um balão de chumbo. "O primeiro artista a subir ao palco, um cantor de funk e new wave chamado Prince, se revelaria a única nota destoante para um público de rock convencional", noticiou o jornal californiano *The Oxnard Press-Courier*. "Prince só conseguiu tocar três músicas por 25 minutos antes de ser escorraçado do palco por um público que atirava objetos em sua direção." As demais atrações de abertura, George Thorogood and the Destroyers e a J. Geils Band, eram apostas bem mais seguras. Os fãs dos Stones *conseguem* sempre o que querem.[2]

A menção a Prince é movida pela lembrança de que Charlie sempre foi fã dele, bem como dos artistas da Motown, de James Brown e de outros soberanos da soul music e do funk. Admirava em especial os Four Tops, cujos discos escutava em casa e a cuja celebrada primeira apresentação no Reino Unido, em novembro de 1966, no Saville Theatre, em Londres, ele comparecera junto com Mick e outros luminares como Georgie Fame e Eric Burdon, da banda The Animals.

---

[2] Referência à canção da banda "You Can't Always Get What You Want", registrada originalmente no álbum de 1969, *Let It Bleed*. (*N. do T.*)

Em dado momento de 1998, quando Prince meio que vivia uma fase não púrpura — ainda que talvez não ao extremo que Charlie imaginava —, ele me disse: "Alguém que eu achava fabuloso no palco era Prince[3], ou o homem que antes chamávamos de Prince. Hoje ele já não significa muita coisa e me pergunto o porquê. Você tem de ser capaz de projetar seu trabalho além de si e, pelo que tenho visto, pouquíssimas bandas são capazes disso. Michael Jackson e Prince são, mas você precisa de um Mick Jagger."

Com os planos de apresentações na Austrália e no Extremo Oriente sem passar do estágio de conversas, não demoraria até o início dos trabalhos naquele que se tornaria o álbum *Undercover*, uma miscelânea com uma cintilante e inventiva quase-faixa-título, "Undercover of the Night". Mas como a relação entre Mick e Keith publicamente azedava, tornava-se necessário avaliar a situação, preferencialmente a distância proporcionada por atividades extracurriculares. A reação de Charlie e Bill — este tendo feito sua própria investida de se tornar um astro do rock, com "(Si Si) Je Suis um Rock Star", sucesso nas paradas britânicas —, foi aceitar o convite de Glyn Johns para participar dos shows beneficentes em apoio à Action into Research for Multiple Sclerosis (ARMS), de 1983.

Com o objetivo de arrecadar dinheiro para pesquisas sobre esclerose múltipla e dar apoio ao velho amigo Ronnie "Plonk" Lane, diagnosticado com a doença em 1977, uma banda de

---

[3] Entre os anos de 1993 e 2000, como inusitada reação a um ferrenho desentendimento contratual com a Warner, sua gravadora, Prince deixou de usar o próprio nome, substituindo-o em capas de álbuns e de singles por um símbolo impronunciável. Na imprensa, durante aquele período, era frequente o uso do epíteto "O Artista Anteriormente Conhecido Como Prince". (*N. do T.*)

velhos parceiros que incluía Eric Clapton, Jeff Beck e Ray Cooper ofereceu uma noite de típica benevolência no Albert Hall. A ela se seguiu uma série de apresentações nos Estados Unidos com participações variadas, como as de Ronnie Wood, Joe Cocker e Paul Rodgers. Foi como um Rock and Roll Hall of Fame antes de existir um, e com as melhores intenções filantrópicas, que logo seriam subvertidas.

"Quando fizemos a turnê com Beck, Page, Eric, o povo todo, todo o dinheiro foi roubado", conta Bill. "Os milhões de dólares que arrecadamos simplesmente sumiram. Alguém passou a mão neles, o que é revoltante. Assim, nós formamos o Willie and the Poor Boys com Andy Fairweather Low e outros, para ganhar algum dinheiro para o Ronnie. Um monte de gente veio e se juntou a nós, inclusive o Charlie."

Dali saíram um álbum e um show em Londres. "Filmamos um especial no Fulham Town Hall ao longo de dois dias", lembra Bill. "Estávamos à espera de um encanador no camarim enquanto filmávamos, porque as torneiras não funcionavam ou algo assim. Chris Rea, que também iria participar do show, chegou. Quando ele entrou, Charlie achou que era o encanador. Típico de Charlie. Chris me mandou um e-mail semana passada e assinou-o como 'Chris, o cantor encanador'.

"Gravamos no The Mill, em Cookham, que pertenceu a Gus Dudgeon, depois a Jimmy Page, depois a Chris. Charlie pegava no sono no chão de alguma das salas. E todos os outros músicos se espantavam. 'Ele dormiu, será que a gente o acorda?', 'Não, ele é assim mesmo, deixa pra lá, está tudo bem.'"

À turnê norte-americana de 1981 e sua continuação na Europa, seguiu-se o período mais longo sem apresentações em toda a história dos Stones. Entre julho de 1982, quando fizeram o último show no Roundhay Park, em Leeds, e a entrada em cena da versão mais experiente dos Stones, com a chegada do grande espetáculo *Steel Wheels* à Filadélfia, em agosto de 1989, eles tocaram juntos apenas uma vez, em fevereiro de 1986, em um tributo ao amado Ian "Stu" Stewart no 100 Club, em Londres.

Por apenas uma noite, a atmosfera voltou a ser a dos clubes de R&B da juventude, com muitos amigos subindo ao palco — Jeff Beck, Jack Bruce, Eric Clapton, Pete Townshend — e outros tantos na plateia — como Glyn Johns, P.P. Arnold, Kenney Jones, Bill Graham etc. O repertório foi apropriadamente nostálgico, requentando temas populares — "Route 66" e "Little Red Rooster" —, bem como outros que não viam a luz do dia desde os anos 1960: "Confessin' the Blues", de Jay McShann, e "Down in the Bottom", de Howlin' Wolf.

O leal tecladista e gerente de turnê da banda desde os primórdios, cujo rosto não se encaixava na linha de frente, foi o contemporâneo dos músicos que os pajeou por quase 25 anos. Preferia jogar golfe a tocar rock n' roll e ainda conseguia chamá-los de "meu chuveirinho de merda" sem maiores consequências. "Era ele quem organizava os Stones", refletiu Keith. "De certa forma, ainda é a banda dele."

Quando Charlie conheceu Stewart, sentiu-se profundamente ofendido em seu alto padrão de estilo pelo fato de que o tecladista estava de shorts. "Desde que o conheci, ele jamais mudou", dizia Charlie. "Nunca fez qualquer tentativa de se adaptar aos anos 1970 — na realidade, eu também não me adaptei, mas tentei e fiquei ridículo. Quando eu o conheci, no início dos anos 1960, sua aparência era exatamente a mesma de quando me despedi dele na escadaria do Fulham Town Hall, um dia ou dois antes da sua morte. Estava de jeans, mocassins e um cardigã com a marca de um crocodilo, exatamente o mesmo de sempre, e estava a caminho de uma partida de golfe — exatamente como sempre fazia. Stu costumava deixar a gente onde fossemos e ir embora para algum campo de golfe, e nós tomando chá de cadeira à sua espera porque ele estava terminando uma partida."

Costuma-se situar o fundo do poço dos Rolling Stones no período que circunda o álbum *Dirty Work*, de 1986, e Ronnie Wood diz que o fato de quatro músicas do disco terem coautoria sua é a medida do quão desarmonioso era então o casamento Jagger-Richards. Mick é frequentemente pintado como o vilão da época pois àquela altura havia assinado o seu próprio contrato com a CBS, lançado *She's the Boss*, o primeiro de dois álbuns solo em dois anos e meio, e estava tocando com sua própria banda.

Um ponto de vista alternativo, da parte de Tony King, é o de que Mick não via os Stones em condição de sair em turnê, e a nova baixa, caindo no vício absurdamente tarde, aos quarenta e tantos anos de idade, era Charlie. O inesperado mergulho em excessos felizmente foi breve, mas ainda assim sério e chegou ao ápice em Paris durante as gravações de *Dirty Work*, um álbum geralmente pouco querido mas que ainda assim tem lá seus momentos, geridos pelo coprodutor Steve Lillywhite, tais como a furtiva *cover* de Bob & Earl ("Harlem Shuffle") e a meditativa "Sleep Tonight", de autoria de Keith.

Duas noites após o tributo a Stu, todos os Stones se encontravam no Kensington Roof Gardens para uma entrada ao vivo na cerimônia do Grammy de 1986, durante a qual Eric Clapton lhes entregaria o prêmio pelo conjunto da obra. Duas coisas chamavam a atenção: uma, o absurdo de os Stones não só jamais terem ganhado um Grammy até então, mas não terem sido sequer indicados até 1978; a outra, a aparência esquálida e adoentada de Charlie.

Data desta época uma história que assumiu proporções quase mitológicas e, tendo sido repetida e enfeitada décadas afora, voltou a ser alvo de especulações após a morte do baterista. As circunstâncias podem ter sido adulteradas e os detalhes retocados, mas o próprio Charlie admite que tem contornos verdadeiros.

O coro ensurdecedor do telefone sem fio torna impossível estabelecer uma versão definitiva dos acontecimentos. O incidente teria ocorrido em Amsterdã ou Nova York. Mick teria estado vestido com o paletó de Keith. Ou não. Charlie teria dado um soco em Mick. Ou não. Mick teria caído por cima de um prato de salmão defumado e por pouco não teria despencado janela abaixo. Ou não.

"Keith gerou uma versão distinta da situação", conta Bill, sem rancor, reiterando seu papel de eterno arquivista dos Stones. "Diz que foi em Amsterdã e que foi ele quem salvou Mick de cair pela janela. Totalmente inventado! Keith tem dessas. Foi em Nova York, e Mick estava recebendo várias celebridades na sua suíte do hotel. Quem me contou isso foi Paul Wasserman — conhecido como 'Wasso', um peso-pesado das relações públicas, que tinha ainda como clientes The Who, Bob Dylan e Neil Diamond —, nosso divulgador e o único de nós que estava lá. O resto todo do pessoal não estava. Keith estava dormindo.

"Charlie desceu até lá com cara de entediado, em busca de um lugar onde ainda houvesse gente acordada. Foi até lá, entrou e Mick se virou (para seus amigos) e disse: 'Ah, é o Charlie, meu baterista'. E Charlie surtou. 'Que porra de *seu* baterista, *você* é o meu vocalista, porra!' E *pou*! Fez ele voar longe. Obviamente aquelas celebridades todas ficaram chocadas e Charlie simplesmente saiu da suíte e subiu de volta para o quarto."

Bill dá sequência à versão dos acontecimentos que lhe chegou aos ouvidos: "Mick disse: 'Deve estar bêbado'. Aí o telefone tocou e alguém disse: 'Ah, é o Charlie. Acho que ele quer descer até aqui e se desculpar'. Ouviu-se uma batida na porta de novo. Mick foi até lá e Charlie disse: 'E vê se não esquece!'. E lhe deu outro soco, Mick voou de um lado a outro do quarto de novo e Charlie foi dormir. Eu estava acordado e Paul Wasserman me ligou e contou toda a história. Liguei pro Keith, que estava dormindo, e lhe contei tudo pela manhã. Por sorte, eu sempre tenho meus diários e por isso sempre sei exatamente o que aconteceu a cada dia e quem estava envolvido".

Para minha surpresa, Mick não foge do assunto quando conversamos às vésperas da turnê *SIXTY*, de 2022. "Pode ser que eu tenha dito aquilo, mas não é como se fosse a pior coisa do mundo que se possa dizer sobre alguém, né? Foi algo amistoso. E ele não me nocauteou nem sequer me derrubou. Alguém o segurou antes que ele chegasse perto de mim. Lembro que eu estava próximo de uma sacada e os seguranças disseram: 'Chega'. Nunca chegou a acontecer soco algum. A minha lembrança é de um incidente, nunca passou disso. E foi algo totalmente fora do padrão de Charlie."

Em depoimento ao livro *According to the Rolling Stones* [De acordo com os Rolling Stones, em tradução livre], Charlie soa constrangido, mas se justifica: "Para resumir, é só não me irritar", disse ele. "Não é algo que me orgulhe de ter feito e, se não estivesse bebendo, nunca o teria feito."

Keith tem outra lembrança de Charlie perdendo o controle, mas "mesmo assim de uma forma bem discreta", diz ele. "Algum falastrão tinha dito alguma coisa, estávamos em um restaurante em algum lugar, creio que nos Estados Unidos. Não sei qual era a questão, mas o Charlie passou recibo. Estávamos nós dois em um lugar reservado — creio que alguns dos outros também estivessem, não tenho certeza — e o Charlie fez seu pedido, se levantou e foi até o cara. Ele disse: 'Eu ouvi o que você falou'. E *pou*, o sujeito foi parar no chão."

Tony King ficou alarmado com as mudanças provocadas em Charlie pelas drogas, mas felizmente o baterista se viu no espelho, literal e metaforicamente, a tempo. "Minha vida pessoal estava um tremendo caos e, como resultado, eu não estava sabendo de fato dos problemas entre Mick e Keith e do risco que eles representavam para a existência da banda", diz ele. "Eu estava em péssimo estado, usando drogas e bebendo muito. Não sei o que me levou a isso àquela altura da vida, embora, olhando para trás, creio que estivesse passando por algum tipo de crise de meia-idade. Nunca havia usado drogas pesadas na juventude, mas naquele momento entrei em uma de 'que se dane, vou usar agora' e fui completamente imprudente.

"O que me assustou ao tomar aquele caminho foi ter virado uma pessoa totalmente diferente daquela que todo mundo conhecia havia mais de vinte anos. Tem gente que é capaz de funcionar neste estado, mas, no meu caso, foi muito perigoso. Sou o tipo de pessoa que poderia facilmente sucumbir àquilo. Não tenho estrutura. Essa fase durou uns dois anos, mas levou muito tempo para que eu e minha família a superássemos."

Em nossa primeira conversa, Charlie descartou a ideia de que fosse o mais sensato, entre os Stones ou na comunidade musical como um todo. Tais comentários incrivelmente confessionais nunca haviam sido publicados até agora. "Não sou tão sensato", revelou ele. "Mas nunca tive o hábito de me entregar a excessos até mais ou menos 45 anos de idade, a andropausa, como alguns chamam, e aí experimentei de tudo. E se não morri, foi por muito pouco. Não me refiro a overdoses, nada do tipo, quero dizer que por muito pouco não morri espiritualmente. Quase acabei com a minha vida.

"Eu agia de forma totalmente diferente do que sou, pois é isso que as drogas fazem com a gente; elas nos deixam instáveis em mais de um sentido. E eu bebia demais. Agora, por sorte e graças à minha esposa, parei com tudo. Nunca havia quebrado nada na vida, e quebrei o tornozelo em casa, descendo até a adega em busca de *mais uma* garrafa de vinho. Iria tocar dali a três meses no Ronnie Scott's, a orquestra estava contratada. Foi quando pensei: 'Chega. Isso é ridículo. Olha o que eu fiz'. E daquele dia em diante, parei quase que de imediato, passei a pegar leve em tudo.

"Lembrando agora, foi uma idiotice, e tudo em um período muito curto. É fácil mergulhar no caos e não custa a acontecer um acidente quando se está nesse estado, quando se está muito cansado e bêbado. Você se sujeita a cair e quebrar o pescoço, fácil, fácil. Coisas assim não ocorrem o tempo todo? Você bate com a cabeça em algum lugar. E nem sente, pois tem a sua rede de segurança. Mas quando chega aos cinquenta, já não aguenta mais o tranco da mesma forma."

Charlie continuou a abrir seu coração, e isso na nossa primeira conversa. "Eu bebia e também fumava muito", disse a respeito de sua juventude. "Mas era aquele alcoólatra inveterado em meio expediente, duas vezes por semana, essas coisas. Alguns anos atrás, comecei a pegar pesado. Perdi as estribeiras. Hoje consigo entender Keith Moon, por exemplo; quando se tem um temperamento como o dele, é bem fácil enxergar o caos que a sua vida pode virar. E Keith era um cara tão amável. Tão gentil. Um doido, mas no melhor sentido possível. Tem de haver gente assim, senão o mundo seria um saco, não é? Mas não digo que ele tenha ficado assim por causa das drogas. Keith era igualzinho até tomando um copo de leite."

Chris Kimsey complementa: "Charlie não era assim. Não era viciado em drogas, acho que só as experimentou por um certo tempo". Dave Green, o amigo mais antigo de Charlie, tinha consciência na época de que alguns colegas músicos eram supermedicados, mas nunca o próprio Charlie. Tony King reparou em ocasiões nas quais ele foi grosseiro com a esposa, algo que dava ainda mais na vista em se tratando de um homem de tão boas maneiras. "Ele não estava lá muito saudável naquele período. Mas superou", diz, diplomaticamente. Afundar nas drogas pesadas certamente pôs em risco o casamento de Charlie, mas ele acabaria por encontrar forças para reconhecer o que estava fazendo consigo mesmo e com sua família, e uma saída.

"Meu pai não foi essa pessoa maravilhosa 100% do tempo", diz Seraphina. "Como todo músico, era um homem que tinha seu lado sombrio. Obviamente, ele recobrou o juízo e assim se manteve por muito tempo, tudo isso sem nenhum alvoroço, nenhuma fanfarra, sem manchetes. Ele se desintoxicou sem internação, sozinho." Chuck Leavell acrescenta: "Quando decidiu se desintoxicar, ele foi fundo. Tornou-se vegetariano, não dava um gole que fosse, nada disso. Foi uma guinada de 180 graus. Exigiu muita força de vontade". O grande lado ruim, admite o próprio Charlie, foi que ele também parou de comer, vivendo por seis meses, nas suas palavras, à base de "água, passas brancas e nozes".

Quem mais celebraria sua recuperação e compreenderia o quanto ela lhe custou senão Keith, de quem Charlie receberia eloquentes elogios póstumos? Anos antes, ao falar do mau comportamento coletivo da época de *Exile*, Keith admitira prontamente que "as drogas eram a ferramenta e eu era o laboratório". Mas ressaltara igualmente que, naquele início dos anos 1970, Charlie "baixara os estoques de conhaque da indústria".

Passados cinquenta anos daquele disco, Keith reflete: "Charlie sabia beber. Ele segurava a onda. O que odiava a respeito da bebida era como ela o fazia inchar. Começou a ficar gordinho e isso ele considerava imperdoável. Alguns anos depois, em Paris, molhava o bico aqui e ali. Mas Charlie certamente não precisava de nada para mudar o clima ao redor dele. Seria o pior viciado do mundo". Sobre a volta do amigo à sobriedade, acrescenta com admiração: "Acho que ele percebeu que aquele período havia terminado e disse 'pronto, já deu, nunca mais'. Parabéns para ele. Eu levei dez anos!".

* * *

Para Dave Green, a época traz lembranças predominantemente felizes, pois foi convidado a trabalhar novamente com o antigo vizinho e confrade no jazz. "Ele me ligou e disse: 'Vou reunir a *big band* e tocar por uma semana no Ronnie Scott's', como um presente para o clube, um agradecimento. Fantástico. A banda era inacreditável. Grande até demais, por sinal. Dois ou três bateristas, dois baixistas, dois vibrafonistas, doze trompetistas. Uma coisa absurda." O adjetivo usado pela *Variety* foi "elefantina".

"Ninguém mais poderia ter feito acontecer senão Charlie, e ele bancou tudo", diz Dave, deslumbrado. "Pagou mil libras para cada um de nós pela semana, o que em 1985 era um bom dinheiro. A banda, eu lembro como se fossem quarenta, mas talvez fossem 'só' 35 músicos. Aquilo tinha um custo. Ronnie e Pete (King) e o clube ficaram com todo o dinheiro dos ingressos. E ele ainda levou a banda para os Estados Unidos." Charlie disse a amigos que nunca se divertira tanto.

Com os Stones decididamente fora de combate, os shows com a *big band* cruzaram o Atlântico em 1986, entrando 1987 adentro, e geraram o primeiro álbum a trazer na capa o nome do baterista. *Live at Fulham Town Hall*, da Charlie Watts Orchestra, se sustenta como um elegante memorial a uma formação extensa, tão refinada quanto os ternos bem cortados do líder e com alguns membros célebres, como Courtney Pine, Stan Tracey e, traçando a linhagem de Charlie até os dias do Blues Incorporated, Jack Bruce.

Juntos, levaram modernidade a standards da era do suingue como "Stompin' at the Savoy", de Benny Goodman, e "Flying Home", de Lionel Hampton. O *New York Times* se derramou em elogios a "Lester Leaps In", com seus sete saxofonistas tenores "a cuspir fogo e enxofre. Quando os sete trompetes e quatro trombones entram em sintonia total, dá quase para sentir as vigas balançarem".

A escolha do local — talvez o amado Ronnie Scott's não estivesse disponível — também caiu como uma luva. "Sorte minha não precisar tocar para noventa mil pessoas em um festival de jazz porque isso já faço com os Stones", disse ele. "Assim, posso dizer que quero tocar no King's Head e no Eight Bells para vinte pessoas, aparecendo na hora em que quiserem. Tenho essa espécie de conforto."

Os anos de 1987 e 1988 foram basicamente focados em prioridades individuais. Houve discos solo de Mick e, ainda que relutantemente, de Keith; Ronnie investiu em seu trabalho de artes visuais e Bill em projetos beneficentes, desenvolvendo ainda sua ideia de restaurante que viria a ser o Sticky Fingers. Charlie voltava à vida sob o brilho suave de sua *big band*, que fez duas visitas aos EUA. Terminada a turnê, hora de voltar para casa, em Devon, para trabalhar diligentemente na restauração do equilíbrio familiar.

Seu período de autoajuda já havia produzido resultados felizes quando ele chegou em casa, permitindo-lhe a visão nítida de como havia estado e como se encontrava então. Um momento de análise em particular, presente em *According to the Rolling Stones*, nos mostra um homem dotado de autoconsciência.

"Quando os Stones não estavam na estrada", disse ele, "reuni uma orquestra que consistia em todos os músicos de que gostava mas com quem nunca havia tocado, assim como gente com quem já havia tocado, e a banda acabou ficando enorme. É algo que eu jamais poderia ter feito se não estivesse naquele estado, mas fico feliz de ter feito por ter tido a chance de trabalhar com algumas das pessoas incríveis que amava desde jovem.

"Meu período de trevas teve um lado ruim e um lado bom, portanto. Eu preferiria ter feito esse trabalho em um momento em que estivesse com a cabeça mais no lugar, porque teria ficado melhor do que ficou, mas por outro lado, sem as drogas eu jamais teria tido a coragem de pedir a esses caras para tocarem comigo. Durante o período em que estávamos tocando, eu me desintoxiquei. Na primeira fase, estava completamente doido; na segunda, totalmente sóbrio."

O sentido renovado de clareza de Charlie trouxe outra vantagem, como descreve Tony King da perspectiva de muitos anos como supervisor promocional da banda. "Eu lembro que ele queria que eu o ajudasse naquela história da orquestra e eu lhe disse: 'Se quiser que eu trabalhe com você, vai ter que dar um monte de entrevistas'. Ele respondeu que faria o que eu mandasse. Mick um dia me perguntou no estúdio o que eu iria fazer com Charlie e respondi: 'Um monte de entrevistas'. Ele disse: 'Tem certeza?'. Mas depois de todas aquelas entrevistas sobre jazz, Charlie se tornou muito mais aberto a participar do trabalho promocional dos Rolling Stones. Percebeu que o mundo das entrevistas não era necessariamente um ninho de cobras. Dependia de com quem se estivesse falando."

Ao refletir sobre a adolescência passada em Devon e os anos seguintes, quando já morava fora mas voltava à casa dos pais para visitá-los, Seraphina descreve a vida familiar do pai como encantadoramente afastada do escrutínio minucioso que se vive quando se faz parte de um grupo famoso. "Ele é só um homem bom, mas não perfeito", devaneia ela. "Justo, mas impossível de aturar às vezes. A louça, Nossa Senhora. Eu tenho uma foto dele em frente à pia. Gostava que as coisas fossem postas para secar de um jeito específico, e o chá dele era divino. É a rotina. Hoje em dia, quando vou lavar a louça, falo com ele.

"O tempo nunca é o bastante", diz ela, delicadamente. "Bem queria ter perguntado mais, ou sabido mais. Para mim, que moro nos Estados Unidos há tanto tempo, certamente eu perguntava sobre todas aquelas viagens, 'Você não acha que mudou?', ele achava que sim. Mas era difícil fazê-lo se abrir, dar opiniões. As respostas eram sempre 'Não sei' ou 'Não ligo'. Mas eu tentava."

A neta Charlotte se lembra de uma ocasião em que seu padrinho, Tony King, foi passar o Natal com a família. "Ele deu um avental pro vovô, um avental chique, porque vovô era engraçado com aquele jeito arrumadinho, a coisa de apagar as luzes. Era muito, muito arrumadinho. Você não conseguia abrir um presente sem que ele estivesse em cima, o papel nem chegava a encostar no chão, ele já recolhia. Tony deu de presente pra ele um avental de mordomo porque ele vivia arrumando tudo ao redor da árvore de Natal. Sempre lavava a louça."

É famosa a declaração dos Eagles, outro megagrupo cujos membros foram unha e carne por séculos, de que só voltariam a trabalhar juntos quando o inferno congelasse. A frase, em um toque de humor sombrio, seria usada como título do álbum que marcou a reunião da banda. Para os Stones, foi no inverno, logo no início de 1989, que se deu uma espécie de degelo fora de época. Mick e Keith haviam tentado se aproximar cuidadosamente no verão anterior em busca de um acordo, mas as turnês promocionais dos discos solo de ambos estavam para começar e o momento jamais teria potencial de ser uma aproximação digna das Nações Unidas.

Mesmo assim, com as turnês terminadas, a banda novamente se tornou o elemento central e os *Glimmer Twins* redescobriram parte do brilho em um encontro em Barbados que incluiu reaproximação e composição. "Quando decidimos trabalhar, nos demos muito bem", é como define Mick. A chegada a Nova York para a cerimônia de entrada da banda no Rock and Roll Hall of Fame não foi exatamente um exercício de união, já que nem Charlie nem Bill estavam presentes, mas pouco depois todos os cinco se encontrariam para os ensaios em Barbados e as sessões de gravação em Montserrat. Estava para começar a era moderna dos Rolling Stones e o papel de Charlie se tornaria mais importante do que nunca.

De volta à gangue, Chris Kimsey estava pronto para iniciar os trabalhos. "Ao ser convidado para gravar *Steel Wheels*, eu já tinha uma imagem mental de como aquele álbum deveria soar", diz ele. "Tinha escutado as canções, pois ficara estabelecido que Mick e Keith iriam se isolar e compor juntos em vez de todo mundo aparecer e tudo ser composto no estúdio, o que levaria um ano. Eles estavam tocando esse processo em Barbados e, por isso, pude ouvir as canções em estágio inicial. Eu tinha [imaginado] um tipo de som, um álbum que fosse quase em Technicolor, exuberante, não cru como *Exile*, não polido também, mas um som bem encorpado, e acho que consegui.

É um som bem interessante, diferente de tudo o que haviam feito antes. Ficou muito bom."

Havia naquele momento quem acusasse o grupo de ter passado a fazer um retrato falado de sua música passada, de ter virado banda *cover* de si própria. Mas *Steel Wheels* é um disco com prazeres subestimados, incluindo uma candidata temporã a single clássico dos Stones, "Mixed Emotions", bem como "Almost Hear You Sigh", carregada nos tons de soul music, um *revival* incrível dos tempos de Richmond em "Break the Spell" (com direito à gaita sempre ágil de Mick, que Keith sempre elogiara intensamente), e "Slipping Away", com Richards no vocal, como faixa de encerramento. Para Kimsey, há um momento sintomático em uma faixa na qual Charlie *não* tocou.

"Continental Drift", eletrizante e bastante peculiar semi-instrumental percussivo de místicos ares marroquinos, era engrandecida pela presença dos Master Musicians of Jajouka. Ficou célebre por ser tocada no sistema de som como música de entrada para a banda na turnê *Urban Jungle*, etapa europeia da *Steel Wheels Tour*, no verão de 1990.

Sobre o trabalho em "Continental Drift", nos estágios finais da mixagem do álbum no Olympic, Kimsey diz: "Charlie não tocou naquela faixa — eram só os percussionistas africanos e Keith batucando em aros de bicicleta. Ele pegou emprestada a do assistente, pôs o selim no chão e ficou girando os pedais para movimentar as rodas e batucando nelas com uma baqueta. A gente tentou incluir o Charlie. Tínhamos um metrônomo de ouvido (*click track*), montamos o kit dele, ele pôs os fones e, no que deu três minutos, tirou-os e disse: 'Vá se foder, isso eu não faço. Não sou de gravar adendos, toco ao vivo'. E ele estava certo. Charlie simplesmente reagia aos músicos ao seu redor. Não tinha uma levada específica em mente, só reagia aos demais."

O álbum também marcou o lançamento de um documentário em vídeo chamado *25x5* para celebrar o 25º aniversário do ano da glória dos Stones, 1964 (e não de 1962, cuja efeméride foi o primeiro show da banda e que, desde então, virou seu ano zero). É nele que Charlie profere uma de suas frases mais clássicas, aparentemente sem preparação prévia. Vamos registrá-la com precisão. A pergunta havia sido: "Você deve ter circulado bastante em 25 anos com os Stones, não?".

E a resposta espontânea foi: "Cinco anos de trabalho, mais vinte só de bobeira". Bill ri ao se lembrar: "É disso que ele era capaz. Sempre conseguia resumir tudo em uma tirada dessas".

"O entrevistador que vacilasse era varrido do mapa", diverte-se Ronnie. "Lembro que fomos ao programa do Geraldo Rivera nos Estados Unidos, e aquilo virou uma confusão. Charlie foi levado ao estúdio e Geraldo começou: 'Ok, câmeras rodando. Então, Charlie...'. E o Charlie começou: 'Não, não, espera aí. Eu não te conheço, você não me conhece, o que eu estou fazendo aqui?'. Ele se levantou e foi embora. Charlie era assim em entrevistas."

Steel Wheels marcou ainda a chegada de vocalistas de apoio que teriam um papel de grande destaque nas turnês dos Stones ao longo das décadas seguintes. Lisa Fischer e Bernard Fowler se tornariam peças-chave da formação de shows, tendo no estúdio a companhia de Sarah Dash, ex-integrante do LaBelle, que havia feito um dueto sublime com Keith na suntuosa "Make No Mistake", de seu primeiro álbum solo, *Talk Is Cheap*, um ano antes. Fischer, dona de uma das vozes mais embebidas da tradição soul a cruzar o caminho da banda e explosiva parceira de Mick no palco, formou um vínculo especial com Charlie.

"Nós chamamos um ao outro de marido e mulher", diz Tony King. "Ela roubava o show. Quando cantava 'Gimme Shelter' com Mick era incrível." Seraphina, a filha de Charlie, acrescenta, fazendo referência ao tributo ao pai em dezembro de 2021, no Ronnie Scott's: "Meu pai a adorava, por isso ela cantou no memorial. Nós pedimos que fosse ela especificamente a fazê-lo. Nas turnês, ele sempre temia o momento em que ela gritava o nome dele, corria e lhe dava um abraço, e ele dizia 'Aaah, sai daqui'. Eles tinham uma ótima relação".

"Conheci Mick primeiro", diz Fischer, "e então nos botaram em um voo, eu, Bernard e Sarah, rumo a Londres. Eles estavam gravando o *Steel Wheels* em um estúdio por lá, e Ronnie e Keith estavam presentes. Não me lembro de ter visto Charlie naquela sessão. Lembro de tê-lo conhecido só mais à frente, quando já estava ligeiramente mais certo que o posto seria meu, pois creio que aquele foi meio que o meu teste.

"Eu me lembro mais dele no backstage ou nos ensaios, meio que aparecendo e desaparecendo, quase como uma assombração. Seu caminhar era tão suave que você não o ouvia, ele surgia do nada. Ou, quando você finalmente o notava, estava em um canto, te observando, quase se fundindo à parede, com aquela cara de 'O que ela está fazendo?'. Ou de papo com Tony King. Eram muito amigos. Os dois tinham uma energia semelhante, bem classuda. Pareciam se dar muito bem. Você os via juntos, bem próximos, e já sabia que não era para ir até lá só de olhar para o seu rosto, concentrados em um papo profundo.

"Às vezes, Charlie meio que provocava as pessoas, tipo, se eu estivesse comendo algo que não deveria, ele dizia: 'O que você tá fazendo com isso?', 'Charlie, saia daqui', eu respondia. Ele sempre pegava as pessoas quando estavam no meio de algo em que não queriam ser pegas. Mas não com intenção de recriminar, jamais; funcionava como um espelho, de um jeito interessante.

"Depois eu é que comecei a implicar com ele, com delicadeza, mas como se fosse um jogo. Está ele sentado atrás da bateria, no palco, sem poder escapar para lugar nenhum, não tem como fugir de mim, certo? Geralmente, quando eu começava a provocá-lo, tipo 'Aaaai, Charlie, você é tão fofinho', ele fugia. Ficava sem jeito e desaparecia. Não queria nem saber. Não queria ser alvo de brincadeiras, porque não era seu estilo."

A turnê de *Steel Wheels* foi um acontecimento de proporções monumentais, levada de um estádio a outro em oitenta caminhões, como um monstro desmontável que rugia a caminho de cada nova cidade, cortesia de uma banda com foco renovado e determinada a se provar ainda sem igual. Os Stones tomavam o palco sob fogos de artifício e torres de chamas, levando a tiracolo pela primeira vez o reforço vocal de Fischer e Fowler, com o craque dos teclados Chuck Leavell e, pela última vez, Bill.

Tony King se lembra de um show que deixou extasiado outro amigo famoso seu. "Elton foi ao show (próximo) de Chicago e ficou de pé o tempo todo", conta ele. "Shirley me olhava e perguntava: 'Elton está amando, não está?'. Ele socava o ar. Tivemos naquela turnê os melhores vocalistas de apoio, Lisa,

Bernard e Cindi Mizelle também. Os vocais de apoio nunca foram melhores do que com esse trio. Eu adorava quando Cindi também estava conosco. E a banda sabia que tinha algo a provar, e entrava com tudo."

Passados mais de 25 anos, o futuro havia começado. E é atordoante como Charlie Watts ainda seria uma parte indispensável dele por mais quase trinta anos.

6

Mundo afora e de volta à fazenda

Com o início dos anos 1990, o papel não oficial de consultor de design que Charlie exercia nos Rolling Stones se tornava mais significativo do que nunca. Eles agora colhiam os frutos de sua fama incomparável em uma proporção nunca vista na primeira encarnação da banda. E se já tomavam o caminho que os levaria a virarem, na desdenhosa descrição do *New York Times*, "uma organização com longos períodos de baixa temporada e lucros sem fim", uma vasta quantia era reinvestida na atividade do império para garantir que se mantivesse maior, melhor e mais espetacular do que qualquer um de seus afáveis concorrentes.

Charlie não era um entusiasta dos estádios, mas entendia a lógica do negócio. Por outro lado, ponderou em uma conversa em 1998: "Teríamos que tocar por um mês em uma cidade para atingirmos um público de trinta mil pessoas. E onde seriam esses shows? Em um teatro com capacidade para três mil? A ideia é absorver todo esse público, e torcer pra conseguir lotar o espaço. E é isso que nos tornamos. Por nossa própria culpa ou prazer, ou chame do que quiser. Foi assim que decidimos o que faríamos. Foi o rumo que nosso mundo tomou.

"E a verdade é que neste mundo perseguimos a nós mesmos", continuou. "De vez em quando aparece uma banda como o U2. 'Como eles se saíram em Denver?' E aí você pensa: 'Caramba, é melhor nos sairmos tão bem quanto'. É como uma rivalidade amistosa, de certa forma. E às vezes você é o único que atingiu certo patamar. Aí fica aquilo de 'Por que não nos saímos tão bem quanto da última vez?' e bate a preocupação."

Na turnê *Steel Wheels*, Charlie e Mick colaboraram intensamente com o cenógrafo Mark Fisher e o diretor de iluminação Patrick Woodroffe, ambos já falecidos. O resultado ganhou uma das primeiras edições do prêmio da revista especializada *Pollstar* para a produção de palco mais criativa, em uma turnê tão longa que sua etapa europeia teve outro nome, *Urban Jungle*, e um visual próprio.

Fisher foi o fundador do Stufish, escritório de cenografia cujo relacionamento com os Stones perdura até as celebrações da turnê *SIXTY*, em 2022. A empresa se preparava para o anúncio da turnê europeia — lamentavelmente, sem a contribuição de Charlie desta vez — quando seu principal executivo, Ray Winkler, falou ao *Guardian* sobre a *Steel Wheels*.

"A turnê foi, na época, a maior em termos de elementos distintos usados para se construir o palco. Foram mais de cem homens para erguê-lo. O palco se estendia por mais de noventa metros e era ladeado por torres de 24 metros de altura dos dois lados, onde Mick Jagger aparecia durante 'Sympathy for the Devil'. Foi ali que nasceu a indústria contemporânea de turnês — quando a arquitetura e a música se uniram para criar esses megaeventos de rock."

Mick Taylor, na condição de colaborador passado e futuro, mas também como um admirador, concordava plenamente. Conversamos em 2013, durante sua reincorporação temporária à trupe para as celebrações do aniversário de cinquenta anos dos Stones, que ainda se estenderia até a turnê *14 on Fire*. "Eu diria que o início da fase atual dos Stones, no que se refere à apresentação teatral foi... bem, tudo sempre foi muito teatral e também musical, mas em termos de encenação e iluminação de palco suntuosas, houve um enorme avanço entre 1969 e os anos 1980. As turnês verdadeiramente grandes, gigantescas, só começaram de fato com *Steel Wheels*. Eu os vi em 1999, no estádio de Wembley, e foi fantástico."

Os olhos de Seraphina, filha de Charlie, brilham ao falar da enorme importância não creditada de seu pai na concepção visual dos shows. "Ele estava por trás do processo criativo, as megaturnês, aqueles palcos, antes do U2, antes de qualquer um desses caras. Com o histórico dele em design, concebia peças de merchandising, pensava os palcos. Fazia a direção de arte. Estava envolvido na iluminação, em tudo referente aos bastidores. A equipe deles é realmente fantástica, são as mesmas pessoas desde sempre e creio que nem todo mundo sabe o quão envolvido ele era."

Charlie naturalmente minimizava seu papel. "É o Mick, na verdade. Eu vou junto. Somos os dois. Quando estamos na estrada, eu tendo a me afastar, mas ele está sempre por dentro, bem mais envolvido. Ele trabalha muito. E as pessoas recorrem mais a ele. Graças aos céus, aprenderam a não me procurar", diz, rindo. "'É um rabugento, deixa quieto.'"

Após um ano e 115 shows, o espetáculo *Steel Wheels/Urban Jungle* chegaria ao fim em agosto de 1990 com mais duas apresentações no estádio de Wembley, completando o impressionante total de cinco performances no local. Em um deles, lembro muito bem que Ronnie fazia um solo e se refestelava nos aplausos um pouco mais do que o normal — até alguém lhe avisar que a razão de estarem todos vibrando era a Inglaterra ter feito um gol na Copa do Mundo. "E eu pensando: 'Uau, não sabia que estava tocando tão bem'", disse Woody.

Com todo o absurdo de um homem que preferiria estar tocando em um clube de jazz ter se apresentado para um total de 5,5 milhões de pessoas ao fim das duas etapas da turnê, Charlie me disse logo depois que os shows gigantescos lhe haviam sido indolores. "É fácil tocar com os Stones. Hoje em dia é muito fácil porque...", e embarcou em mais uma de suas pausas e tangentes inesperadas. "Vejamos... Para mim, shows de duas horas de duração são culpa do Led Zeppelin. Agora, veja bem, em poucos anos fomos dos shows de vinte minutos, só sucessos e tchau — o Apollo Revue[1], chamemos assim —, fomos de shows em clubes onde tocávamos duas vezes por noite, que eram muito bacanas, até apresentações de dois minutos, porque depois disso nos tiravam correndo do palco, depois esses shows de vinte minutos ao estilo do Apollo até, graças ao Led Zeppelin, os shows de duas horas.

"Se você é o Jimmy Page, tudo bem, ou o [John] Bonham com solos de bateria de vinte minutos. A gente não tem isso,

---

1 O Apollo Theatre, no Harlem, em Nova York, um dos palcos lendários dos artistas da soul music, tinha o hábito de promover shows coletivos nos anos 1960 em que cada grupo ou artista se limitava a números de maior sucesso, dando rapidamente lugar a outro artista. (*N. do T.*)

era diferente. Não gosto de fazer solos de bateria, ponto. Não escuto esse tipo de coisa. O Zep, como a gente os chama, quando eles faziam isso — falamos do quê? Início dos anos 1970, creio —, fisicamente era dureza pois os monitores não eram bons, nem o volume do som. Como baterista, digo. Hoje em dia o equipamento de som é muito sofisticado. O mais difícil para um baterista nesses palcos enormes é ser ouvido. Hoje em dia, está basicamente resolvido. A amplificação está lá, eu toco naturalmente, no volume que prefiro, na gaiolinha em que vivo, e o ajuste de volume é com eles."

A incorporação de Chuck Leavell ao circo itinerante dos Stones datava da turnê europeia de 1982 e continuara nos dois álbuns seguintes; a escolha, portanto, nada teve de difícil quando chegou a hora de levar *Steel Wheels* para a estrada. Bastião do rock sulista, de reputação estabelecida como integrante da Allman Brothers Band, foi outro componente importante para o futuro de um grupo que não tinha a intenção de ficar para a posteridade. Ele acabaria elevado ao posto de diretor musical dos shows dos Stones, e seu canal de comunicação com Charlie era especialmente essencial.

Leavell vira os Stones ao vivo aos catorze anos, pagando três dólares pelo ingresso de uma apresentação conjunta com os Beach Boys e os Righteous Brothers no Legion Field, em sua cidade natal, Birmingham, Alabama, em 1965. Estava na plateia novamente em 1969, na turnê norte-americana, e conheceu Charlie quando os Allman estrearam em palcos europeus, sendo que o segundo show, em julho de 1974, foi encabeçando o Festival de Knebworth. Charlie estava presente na festa da gravadora, o que não é comum, e Chuck, puxando papo, lhe perguntou: "Tudo bem aí, cara?". A resposta do baterista foi tão enigmática quanto de costume: "Você quer dizer pra mim ou pros outros?". Leavell se lembra de que "ele era muito cordial, a não ser pelas respostas curtas".

Charlie, como todos os Stones, fazia tudo parecer instintivo. Mas tocar em um show de duas horas e meia contendo memórias musicais queridas das pessoas envolve grandes doses de ensaio e simbiose, e Leavell teve um papel significativo nesse processo. "Charlie tocou em algumas das músicas mais icônicas já feitas, evidentemente", diz ele. "Mas quando chegava a hora de apresentá-las ao vivo, ele nem sempre se lembrava de cada detalhe do que havia feito durante as gravações ou dos pontos em que a batida mudava.

"Era basicamente aí que começava o meu papel de diretor musical, ajudando Charlie a saber quando teria início a segunda passagem. Ele sempre voltava o olhar para mim, e eu considerava muito especial poder lhe apontar estas deixas. Não era só com o Charlie, eu fazia o mesmo para o Mick — às vezes ele estava lá na frente tentando animar o público e olhava para mim e eu só dizia 'estrofe' ou 'refrão'. Mas com o Charlie, especialmente, havia um certo vínculo, que para mim foi muito cativante." A opção dos Stones por Steve Jordan, amigo e colaborador de longa data, como substituto temporário e depois sucessor de Charlie garantiu uma continuidade admirável, mas inevitavelmente alterou a dinâmica de palco. "Sendo muito franco, na turnê [de 2021, quando foi retomada a agenda norte-americana da turnê *No Filter*] eu senti falta daquilo, pois o Steve Jordan tem uma mente musical incrível e aquele papel não me era exigido."

Charlie tinha imenso orgulho da dedicação dos Stones ao trabalho, mas sabia que ela contrastava um pouco com a ideia injusta de que o hedonismo coletivo da banda minava em alguma medida seu comprometimento com o ofício. "Muitos não têm noção disso, mas os Rolling Stones têm postura e são terrivelmente profissionais", dizia ele. "E sempre foram, por maior ou menor que seja o talento deles. A banda só deixou de aparecer para um show uma vez, e eu só perdi um show porque anotei errado a data", diz ele, em referência à ocasião em 1964 de que falamos anteriormente em que anotou a data errada em sua agenda. "Mesmo em nossa fase extravagante, que nunca houve de fato, tinha muita lorota. Conheço gente que era bem mais... sei lá qual é a palavra. Os jornais são uma desgraça, Deus que me perdoe. Não consigo lê-los. Dou uma folheada na página de críquete e só."

Charlie agora podia ir para casa e se concentrar em sua próxima empreitada jazzística: o relançamento de *Ode to a Highflying Bird*, seu projeto concebido na Faculdade de Artes mais de trinta anos antes. Na primavera de 1991, o livro foi reimpresso pela UFO Records, desta vez acompanhado de um miniálbum de nome *From One Charlie...*, registrado nos estúdios Lansdowne, em Londres, com o apoio do contrabaixo acústico de Dave Green, do saxofone do líder da banda Peter King (não confundir com Pete King, gerente do Ronnie Scott's) do piano de Brian Lemon; e do trompete da revelação juvenil Gerard Presencer. Juntos, complementavam perfeitamente o livro, unindo cinco novas composições de King a dois originais de Bird, "Bluebird" e "Relaxing at Camarillo".

O instinto de designer de Charlie o levara a rejeitar várias ofertas anteriores para relançar o livro pois, ao verificar as provas, ficara insatisfeito com as cores da impressão. "O livro era um exercício de desenho e nós o interpretamos musicalmente", disse-me na ocasião em que nos conhecemos, em agosto de 1991. "Peter King compôs a música para mim — escolhi trechos do livro para ilustrar e Peter compôs com base em cada um deles. A relação é bem próxima. Só tem uma coisa que deixei passar no livro, que foi a menção ao naipe de cordas, mas nós a incluímos musicalmente."

Sua explicação do conceito do disco é típica do grau meticuloso de informação e do entusiasmo voraz com que ele encarava a música. "Minhas instruções a Peter, no que se referia às composições, eram de que gostaria que a banda soasse como a que Charlie Parker montou ali mesmo no estúdio para gravar quatro faixas. Aquela com [o trompetista] Red Rodney, que por acaso estava em Londres e Nova York quando nos apresentamos lá recentemente, e tocou conosco.

"Então há esta ligação incrível com Parker. Do livro, trinta anos atrás, chegamos a este disco, e o grupo com o qual eu queria soar parecido era aquele com Red Rodney, que tinha Kenny Clarke na bateria, um dos meus bateristas favoritos, John Lewis era o pianista e Ray Brown, o baixista. Melhor do que isso, só se Parker estivesse vivo e tivesse tocado conosco. Mais perto não daria para chegar."

Enquanto Charlie chegava aos cinquenta anos de idade, *From One Charlie...* ganhava vida em shows que incluíram uma noitada de sonhos no Blue Note, em Nova York, com Bernard Fowler, agora tripulante fixo da nau dos Stones, fazendo a narração ao vivo a partir do livro. Keith estava na plateia. Houve ainda uma visita do quinteto a Tóquio e, mais para o fim do ano, o livro ilustrado integrou a semana de shows que o grupo fez para inaugurar o Ronnie Scott's de Birmingham, desta vez com Ronnie entre os visitantes.

"Considero uma grande honra que tenham me pedido isso", disse Charlie antes do evento, com uma modéstia inteiramente desnecessária, "pois não sou tão conhecido neste universo. Imaginaria haver mil outras pessoas que poderiam ter chamado. Mas será uma boa experiência". Aquela performance resultaria no álbum ao vivo do Charlie Watts Quintet, *A Tribute to Charlie Parker with Strings*.

A onda se estenderia até a primavera de 1992 na América do Sul, incluindo nada menos do que onze shows no Brasil, mas um escorregão em casa lhe valeu uma fratura no cotovelo e o cancelamento das apresentações na Alemanha. Novas apresentações nos EUA se seguiriam, incluindo datas no Blue Note, com Keith presente mais uma vez. Sobre o show no Hollywood Palace, a *Variety* se derramou em elogios, dizendo que "no plano artístico, talvez seja o projeto solo mais bem-sucedido de qualquer Rolling Stone, independentemente da categoria".

A conclusão de Charlie a respeito do tributo a Parker em livro e álbum era sucinta. "Seria muito bom se as pessoas o ouvissem, pensassem 'Bem, agora quero ouvir o dito cujo' e comprassem o LP *Parker with Strings* e todo o ótimo material da Verve."

Em Devon, as prioridades e distrações da vida doméstica continuavam as mesmas. Por exemplo, o *Antiques Trade Gazette* noticiava que Charlie fora visto na Feira Irlandesa de Antiquários em Dublin. Com a animosidade entre Mick e Keith suspensa e o retorno da civilidade (embora algumas explosões estivessem por vir), a assinatura de um novo e imensamente lucrativo contrato com a Virgin Records em novembro de 1991 confirmava que os Stones seguiriam em frente anos 1990 adentro.

Eles o fariam sem Bill Wyman, cujo processo de saída agonizantemente lento foi finalmente concluído em janeiro de 1993. Após um casamento extremamente conturbado com Mandy Smith, o baixista não demoraria a selar sua união com a namorada de longa data Suzanne Accosta. Pretendia então passar a dedicar seu tempo aos seus muitos outros interesses fora da música. Charlie entendeu, mas fez uma ressalva: "Foi uma pena ele ter saído porque a) era ótimo tê-lo na banda, e b) creio que ele deixou de aproveitar um período muito lucrativo da nossa existência. Enquanto fazíamos a banda acontecer, houve períodos de muita penúria e ele não chegou a colher os frutos como colhemos agora."

Bill disse certa vez que, alguns anos depois de sua saída, Charlie telefonou para ele da América do Sul e falou: "Esta noite, no meio do show, olhei pro lado para te dizer algo e você não estava lá". Charlie admitiu até uma rara e reveladora reapreciação de seu trabalho e do da banda. "Quando estávamos em Toronto ensaiando para a turnê *Forty Licks*, ouvi novamente muitas das músicas em que Bill e eu havíamos tocado juntos, e me peguei pensando o quanto ele era melhor do que eu lembrava. Acho que nunca havia pensado a respeito antes. Bill era um baixista com quem eu trabalhava e um amigo, e eu nunca havia me sentado para considerar como ele era no baixo em si."

Tais análises da discografia eram raras. A quem perguntasse a Charlie quais eram suas faixas favoritas dos Stones, a resposta era que ele nunca as ouvia, exceto talvez em algum contexto exótico. Como me disse uma vez: "Ontem à noite estava na cama, entrou um anúncio do RAC e pensei 'Eu conheço essa introdução'. Era uma cópia de 'Street Fighting Man'. Soava muito bem. É como eu gosto de ouvir os Stones.

"Não há nada melhor, e aqui me permito ser um pouco ególatra, do que descer a Mulholland Drive em Los Angeles com o sol brilhando, a capota recolhida, um Cadillac cor-de-rosa e o seu single tocando no primeiro lugar da parada. Sei que é bobagem, é coisa de quinta série, mas a sensação é maravilhosa. Ouvi alguns dos nossos singles em festas e soam meio fracos. Mas de vez em quando você se depara com um que é bem mais forte do que na sua memória. Geralmente, eles soam incríveis quando Chris Kimsey ou quem quer que seja põe a fita para tocar no fim do dia, depois de você ter gravado duas faixas, algo assim. Não há nada na fita a não ser a gente.[2] Nós cinco, sozinhos, fazemos umas belíssimas canções."

O próximo item na agenda de gravações de Charlie seria autoimposto. O quinteto que formara com Dave Green, Peter King, Brian Lemon e Gerard Presencer se reagrupou durante os meses de março e abril de 1993 para gravar *Warm and Tender*. O álbum era uma magistral homenagem às canções dos irmãos Gershwin, de Rodgers & Hart, de Cahn & Styne

---

2 Charlie certamente se refere à ausência de detalhes como metais, teclados ou backing vocals, que são acrescentados à gravação a *posteriori*. (*N. do T.*)

e tantos outros, e também uma vitrine para os vocais versáteis de Bernard Fowler.

O vocalista nova-iorquino entrou na órbita dos Stones ao fazer vocais de apoio no primeiro álbum solo de Mick, *She's the Boss*. Tornaria-se presença capaz e duradoura em discos e shows da banda, mas Charlie também se deixara levar totalmente por ele como a voz de seu conjunto de jazz. "Bernard Fowler é um cantor fantástico, tão bom quanto Bobby Womack", disse-me. "Fez um trabalho fantástico nos meus discos. Não digo no sentido de se gostar das canções ou não, são todas canções antigas que fazem chorar, mas ele as canta tão lindamente, todas elas. Sempre pensei que, se alguém chegasse e me perguntasse 'Você seria empresário dele?', só poderia responder que sim."

O álbum foi lançado em outubro e, em um toque de delicadeza, a capa era um close-up de Seraphina; no encarte, outra fotografia mostrava o pai segurando a filha ainda bebê e parecendo viver um estado de alegria mais pura. Quem não soubesse de antemão que aquele tipo de música o fazia feliz acabaria por adivinhar só por ele concordar em dar entrevistas sobre o disco em programas do tipo de que normalmente fugiria como o diabo da cruz, como o *Late Night with Conan O'Brien*. A recompensa quase imediata que ele e Shirley teriam seria uma viagem a Albuquerque, no Novo México, para comprar cavalos. "Ele precisa pagar por todos aqueles garanhões árabes", disse-me Ronnie, rindo. "Tem que ir para a estrada ou vai à falência!"

"Uma vez ele até nos levou para ver cavalos", lembra Lisa Fischer. "Fomos eu e Bernard (Fowler) ver um garanhão árabe.

Acho que estávamos na Austrália. Ele estava pensando em comprá-lo, e fomos todos almoçar. Charlie conhecia os cavalos. Aquele era um outro lado sereno e lindo dele que eu até então não havia conhecido."

Os Stones iniciavam de fato uma nova órbita em torno do sol, e suas primeiras sessões visando a um novo álbum ocorreram no *home studio* de Ronnie em Kildare, a sudoeste de Dublin. Passaram uma semana intensa submetendo candidatos a baixista a testes até o ponto de ficarem, como disse Charlie, "de farol baixo". Deus e o mundo se candidataram para a vaga, de garotos a velhos guerreiros como Noel Redding, do Jimi Hendrix Experience. O baterista definiu o processo como "trabalho duríssimo". Mick o chamou de "tortura".

"Até que chegou uma hora", lembra Keith, "em que me virei para Charlie e disse: 'Você decide'. Ele respondeu: 'Escroto, me empurrou a batata quente!'. E eu disse então: 'Pois é, Charlie, *uma vez na vida*, uma em trinta anos, você vai ser a autoridade suprema. Mick e eu vamos dizer o que achamos'." No fim das contas, a decisão unânime, levando em consideração temperamento e compatibilidade tanto quanto destreza no instrumento, foi por Darryl Jones, natural de Chicago, cujos anos tocando com Miles Davis não devem ter caído mal aos olhos de Charlie.

A mixagem de *Voodoo Lounge* ocorreu em Los Angeles no início de 1994. Em uma noite de folga, foi a vez de Charlie ir parar na plateia, juntamente com Keith, Ronnie e Darryl, para ver Bernard Fowler tocar no Viper Room. Logo, mais uma turnê gigante se estruturaria para promover o álbum. "Você sente falta da estrada quando não está nela", admitiu Charlie. "Aí volta e em um instante está de saco cheio."

O cronograma foi mais desafiador do que nunca: América do Norte de agosto até o Natal; América do Sul no Ano-Novo; África, Ásia, Down Under[3] e Europa de maio até agosto do ano *seguinte*. Sem direito a liberdade condicional. Mesmo com as centenas de milhões de dólares que entravam, a turnê só conseguiria empatar seus custos quase na metade, por volta de fevereiro.

Na noite de abertura, no estádio RFK, em Washington, eu os vi passarem as marchas com segurança da primeira à quarta, talvez quinta, do rufar inicial dos tambores de Charlie em "Not Fade Away" até "Jumpin' Jack Flash", 26 canções depois. Uma banda assumidamente veterana compreensível e unanimemente cansada de clichês à la talvez-seja-a-última-vez. "Não ouvia tanta conversa sobre cuidados de saúde para idosos desde que Bill saiu da banda", resmungou Mick. Mas novas canções como "You Got Me Rocking" e "Love Is Strong" se sustentavam na comparação com suas irmãs muito mais velhas. Charlie tocou incansavelmente e sorriu bastante.

Três semanas antes de aquele show completar um ano, a turnê chegou ao estádio de Wembley e escrevi no *Times*: "Enquanto a maioria dos homens da mesma idade já se dedica a tarefas leves de jardinagem, os Rolling Stones continuam no escritório até dez e meia da noite. [...] As canções que ligam Washington a Wembley exalam mais brilho e ousadia, como só um ano de repetidas execuções tornaria possível. [...] Os

---

[3] Apelido carinhoso da Austrália, popularizado internacionalmente pela canção do grupo Men at Work, de 1980. (*N. do T.*)

endiabrados velhinhos fazem mais do que só conseguir chegar ao fim da turnê, eles a levam para casa com segurança".

Charlie tinha sua rotina de estrada, e ai de quem mexesse com ela. "Não se deixe enganar, ele meio que amava aquela adulação", revela seu bom amigo Tony King. "Às vezes, se detestava por amá-la. De viajar, ele não gostava, mas seu guarda-roupa era imaculado, todo separado. Lembro que uma vez pedi para vê-lo. As meias estavam organizadas por cores.

"Reparei em uma meia que me pareceu que deveria estar na frente de uma das outras, e questionei se não estaria no lugar errado. Ele me olhou como quem diz: 'Como ousa?'. No final da noite, no backstage, ele me procurou e disse: 'Sabe aquilo que você falou mais cedo sobre as meias? Tinha razão'. Ficara tremendamente incomodado de eu ter percebido que havia uma meia em lugar inadequado." Seraphina se divertia tirando as meias da ordem quando ele não estava olhando. "Shirley fazia isso em casa também", conta King. "Ela bagunçava a gaveta de meias dele."

"Charlie tinha todo um roteiro, por exemplo, ao chegar em um quarto de hotel", diz Bill. "Desfazia as malas, cuja arrumação era perfeita, assim como as minhas. Tirava cada item da mala, um por um. Sempre ficava em um quarto com duas camas ou em uma pequena suíte. Na cama em que não fosse dormir, depositava todas as roupas, como se fossem passar por uma inspeção militar. Eu fiz serviço militar, sei o que é preciso fazer de manhã para os oficiais. A arrumação tem de ser precisa. Era como Charlie fazia, sendo que ele jamais serviu. Mas ele colocava todas as camisas impecavelmente dobradas, as gravatas, as meias, depois punha os sapatos enfileirados", conta, rindo. "Parecia uma loja. Mas era sempre assim."

"Na estrada, Charlie levava duas malas e só", diz Keith. "Eu saía arrastando todo um sistema de som, baús com uma tralha infinita. Levava meus badulaques todos comigo, ele deixava tudo em casa. Ver o Charlie fazer a mala era como assistir à uma cerimônia budista."

King relembra: "A maioria das pessoas na turnê sabia que eu e ele éramos grudados e fazíamos tudo juntos. Saíamos para ir a museus, almoçar. Eu me lembro de uma ocasião em Roma em que fomos jantar e havia um sujeito acompanhado de uma mulher. Ele se voltou para Charlie, perguntou se ele trabalhava no show business, Charlie respondeu 'Pode-se dizer que sim' e o cara disse: 'Eu trabalho, o meu nome é Harold Davison'. Charlie respondeu: 'Tenho 23 programas de concertos seus'.".

Davison (1922-2011), *promoter* americano, havia levado à Europa Frank Sinatra, Judy Garland e outras atrações desconhecidas; por outro lado, também ajudara os Stones e outros nomes da invasão britânica a montar seus primeiros ataques transatlânticos. Charlie nitidamente nunca o havia encontrado antes mas estava entusiasmado por conversar com o homem que pusera Ella Fitzgerald em palcos britânicos. "Harold olhou para ele em estado de choque", conta King, "e acabamos tendo uma conversa fantástica sobre Ella e Sinatra e todas as pessoas com quem ele havia trabalhado. Foi o máximo para Charlie."

Encerrada a *Voodoo Lounge Tour*, o relato pós-turnê de Keith foi radiante. Ele e Mick estavam se dando muito bem e o baterista encarara toda a empreitada ainda melhor. "Nunca vi Charlie Watts tão feliz na estrada", disse Keith. "Ele é normalmente um cara feliz, mas a estrada pode dar nos nervos de qualquer um. Ele passou a levar mais a patroa, e acho que está curtindo tocar com Darryl, tocar com os Stones. Acho que parte disto tem a ver com a turnê solo dele, com a banda de jazz. Ele a levou mundo afora, aprendeu muito, passou a curtir muito mais, descobriu novas possibilidades como músico."

Já se tornara praxe para os Stones que, a cada turnê, se seguisse um disco ao vivo, mas em 1995 eles se superaram em originalidade. *Stripped* era um misto de volta às raízes, exercícios ao-vivo-no-estúdio em Tóquio e Lisboa, e performances mais intimistas em clubes como Paradiso, em Amsterdã, Olympia, em Paris, e Brixton Academy, em Londres. Era a versão deles do *MTV Unplugged*, mas nos seus próprios termos, diferente do estilo comportado da série. Um acústico sem banquinhos, digamos; há anos os Stones não soavam tão espontâneos.

Charlie pôde até recorrer às vassourinhas, notoriamente na gloriosa regravação de "The Spider and the Fly", um semiesquecido número do início da parceria Mick-Keith, registrado em *Out of Our Heads*, de 1965. Mas ele e os rapazes não deixavam de lado o rock, como visto na incrível ofensiva de "Street Fighting Man" e "Like a Rolling Stone", de Bob Dylan. "Obrigado, Bob", ouve-se Keith dizer na conclusão. *Stripped* foi, e continua sendo, tremendamente subestimado. Charlie o chamava de "um dos discos mais interessantes que fizemos".

Para todos, algum tempo de descanso era mais do que merecido. A não ser por um detalhe: depois de certa dose de rock n' roll, nenhum dos Rolling Stones era bom na arte de ficar muito tempo de bobeira em casa. Charlie sempre admitiu que acabava sendo um estorvo para Shirley. No ano de 1996, tinha ainda mais razões para focar no trabalho, com a morte da mãe, Lillian, aos 74 anos. Ela já estava doente fazia algum tempo, e Linda e Charlie a visitavam todo dia no Hospital Milton Keynes.

Pois ele e seus compadres do jazz foram se aventurar por terreno extremamente familiar, tanto no sentido geográfico (o Olympic Studios, em Barnes) quanto no musical, ao folhear as páginas do catálogo de Cole Porter, dos irmãos Gershwin e de Hoagy Carmichael. O disco resultante, *Long Ago & Far Away*, seria prontamente lançado em junho, tendo mais uma vez Bernard Fowler como vocalista convidado.

Na capa, Charlie talvez estivesse mais elegante do que nunca, de terno e sobretudo de gabardine, encostado em um poste de iluminação. Àquela altura, já tirava de letra a parte da mídia, chegando a aparecer no programa de David Letterman quando esteve nos Estados Unidos para uma sequência de shows que incluiu o Carnegie Hall. Leal, Keith estava lá de novo; em Londres, o quinteto viria a se apresentar no Shepherd's Bush.

O álbum seguinte dos Stones, *Bridges to Babylon*, seria concebido no fim daquele ano, em produtivas sessões de composição de Jagger e Richards. Mick tinha uma grande vontade de trabalhar com os Dust Brothers, produtores e magos do sampling de Los Angeles. Aquilo significaria um papel diferente, potencialmente difícil, para Charlie, tendo de acompanhar *loops* pré-gravados. Mick disse, porém, que o guardião do tempo respondeu divinamente ao desafio de unir tecnologia à tradição.

"Ele adorou", resumiu Mick. "E conseguiu fazer as duas coisas — ser tradicional, tocar com a banda, e fazer *loops* e experimentos. Ele gosta muito de jazz, que é um tipo de música muito experimental. Muito mais do que o rock; e olha que o rock pode ser bem híbrido." Para além do primeiro single, o carro-chefe "Anybody Seen My Baby", Charlie esbanjava solidez em faixas mais tradicionais, porém inspiradas como "Flip the Switch" e "Low Down", e brilhava no excepcional eletro-blues de "Might as Well Get Juiced".

Havia ainda um floreio final memorável na forma de "How Can I Stop". Última faixa do disco, este número encantadoramente vulnerável de Keith é descrito pelo produtor Don Was como "O que há de mais radical no álbum". Sua bravura empapuçada de jazz, onde brilham ainda detalhes extraordinários trazidos pelo saxofone do grande Wayne Shorter, se beneficia de uma das melhores performances de Charlie, e com certeza uma das mais afinadas com a sua paixão musical.

"Foi a última coisa que gravamos para o álbum", disse Was. "Havia um carro à espera de Charlie do lado de fora do estúdio, que o levou imediatamente para o aeroporto depois de terminarmos aquele *take*. Charlie fez aquele floreio tão intenso com Wayne ao final que soou quase como seu adeus ao disco. E então levantou-se da banqueta, saiu e foi embora, de volta para a Inglaterra. Eram umas cinco e meia da manhã, talvez, e aquele foi um momento dos mais pungentes que acabou sendo eternizado."

Naquele verão, viajei até Toronto para a rodada seguinte de entrevistas com a banda. Uma a uma (sempre sozinho com cada um), elas ocorreram ao longo do dia em um antigo templo maçônico cujos seis andares foram convertidos para atender a cada necessidade da banda. Ao final, depois de um delicioso papo até altas horas com Keith, tive o chocante privilégio de ser convidado a me juntar ao seleto grupo de pessoas que os viu ensaiar até quase de manhã. "Nós nos divertimos ensaiando lá em cima sem mais ninguém na sala às duas da manhã tanto quanto ao fazer um grande show", disse Charlie.

Não foi uma mera repassada passageira por, digamos, "Satisfaction", apesar da presença constante da canção na vida deles por mais de trinta anos, mas um ensaio completo. Só os quatro, que eu me lembre, embora Chuck Leavell talvez estivesse no comando dos teclados; certamente não era a formação completa dos shows. Tocaram cada música, não como quem encara uma plateia basicamente ausente, mas todos voltados para Charlie, à espera de sua aprovação, de seu contato visual, de seu veredito.

Sempre versado em desfazer a sensação de deslumbre trazida por tal experiência — quem não a sente nem teria por que estar lá —, Charlie deu um perfeito aparte prosaico. "Só aqui nos ensaios é que eu conheço o repertório dos Rolling Stones", disse ele. "Fora daqui, já esqueci tudo."

Ao ponderar sobre o posicionamento físico dos músicos no ensaio, acrescentou: "Com a gente é assim. Sempre toco com o amplificador de Keith bem ao lado do meu pé direito. Nunca quis tocar em um riser. Não ouviria nada."

A turnê seguinte ("conseguiram me convencer de novo") teve início em setembro, em um giro completo ao redor do globo e do ano. Foram 97 shows e uma inovação das mais audaciosas:

uma ponte cantiléver que se projetava na direção da plateia e levava ao palco B, onde os Stones podiam recriar sua versão R&B dos tempos de Richmond no ambiente corporativo dos estádios, com direito a "Little Queenie" e tudo. Charlie esteve envolvido a fundo no projeto juntamente com Mick, Mark Fisher e Patrick Woodroffe, e a potência da produção era esmagadora.

"Ele via velhos filmes de Busby Berkeley e absorvia os sets", conta o amigo Jools Holland. "Estava muito envolvido na estética, de forma que se você assistiu a um show dos Rolling Stones ao longo dos anos, foi em grande medida obra dele." Holland foi tecladista do Squeeze na primeira leva de sucessos da banda, incluindo "Cool for Cats", um dos primeiros compactos que a filha de Charlie, Seraphina, comprou. Mais à frente, os dois se tornariam amigos. "Meu pai ria de mim", diz ela, "porque eu estava sempre deslumbrada. 'Ai, meu Deus, Jools Holland ligou, pai!' Certa vez, ficou constrangida de ter que dizer a Holland que seu pai fora dormir às oito da noite.

Holland já era apresentador célebre de programas musicais de TV, como *The Tube* e *Later...*, e líder de sua própria banda quando ele e Charlie reconheceram ser almas gêmeas. Ele se juntou à comitiva da *Bridges* para entrevistá-los para o livro *The Rolling Stones: A Life on the Road* [Rolling Stones: uma vida na estrada, em tradução livre], mas aquele não foi o primeiro encontro dos dois.

"Creio que toquei com minha banda no aniversário de cinquenta anos do Mick", diz ele, "e passei algum tempo conversando com Charlie na festa, porque ele gostava da natureza boogie-woogie da Big Band. Ele nos chamou para Strawberry

Hill, a grande casa gótica em Twickenham. Foi algo surreal estar naquele estranho salão de fantasia gótica do século XVIII a conversar sobre bateria, mas acho que nos demos conta de que gostávamos muito um do outro."

Embora não fosse dado a se deslumbrar diante de artistas mundialmente famosos, o tecladista ainda assim entendeu a magnitude de se misturar com alguém que admirava a distância, por meio dos discos. "Sempre adorei os discos deles, é lógico, e adorava muito o jeito dele de tocar bateria porque era especial, era o que dava sabor", diz Holland. "Não que queira comparar, mas Ringo tinha a mesma qualidade.

"Earl Palmer era alguém que ambos admiravam, o baterista que havia tocado em todos aqueles discos de rock n' roll, e ele tinha a mesma pegada. Se for para tentarmos defini-la, era quase como se cruzasse a batida e, por isso, se encaixava perfeitamente. Não ia *contra* nada, mas fazia um contraste, ele quase que suingando de leve quando a banda tocava mais reto, e mantendo a batida reta quando faziam esse suingue. É um toque minúsculo da levada, e difícil de definir, mas quem o tem é dono do mundo, e não é muita gente.

"Pois saí em turnê com eles por três semanas, talvez. Foi ótimo e socialmente eles eram fantásticos. Tomaram conta de mim muito bem. Foi muito legal, mas provavelmente a pessoa com quem mais passei tempo foi o Charlie, e foi ali que comecei a conhecê-lo um pouco melhor. No meio daquela bolha com todo o pessoal, você sente certa camaradagem. Demos uma volta pelo Japão também.

"Acho que nosso senso de humor era igual. O dele era bem seco. Ele se sentava e ficava em silêncio, às vezes silêncios bem longos. Tenho alguns amigos assim. Um fala alguma coisa, outro diz outra e segue-se uma longa pausa. E então alguém fala alguma coisa tão engraçada que você não consegue dizer nada, tendo tido uma conversa tão longa e seca antes. Bem cavalheiresco.

"Percebi que os interesses do Charlie se alinhavam muito com os meus. Fora que o Ronnie e o resto do pessoal estava com a família, então o Charlie era o mais disponível para jantar. Jantamos bastante juntos e, se estivéssemos em uma cidade, ele sempre queria encontrar os clubes de jazz. Gostei muito dele e descobri coisas adoráveis a seu respeito. Ele me mostrou alguns dos desenhos de quartos de hotel em que havia ficado. Eram muito bons. Faziam pensar: 'Que ideia incrível desenhar cada cama, aproveitar o momento, que coisa mais zen'."

Depois do amor pelo jazz, o item seguinte da lista bastante curta de Coisas que as Pessoas Sabem Sobre Charlie é provavelmente o que se poderia chamar Desenho Diário, e a história totalmente verdadeira de como ele desenhava a cama de cada quarto de hotel em que havia ficado desde 1967. "Quando estávamos gravando em Paris", conta o produtor Chris Kimsey, "ficamos no mesmo hotel que Charlie, o Château Frontenac, e certa manhã após uma sessão — a gente só terminava às quatro, cinco da manhã —, ele disse: 'Chris, eu quero te mostrar uma coisa'. E eram livros com desenhos de cada quarto de hotel em que já havia ficado. É formidável, foi tão legal. E as gravurinhas eram muito bonitas também. A gente sabe que todas as bandas, quando saem em turnê, só o que veem é o hotel e o local do show. A cidade em que estão, nunca chegam a ver. Talvez por isso ele tenha desenhado os quartos de todos os hotéis."

"Quando estávamos nos Estados Unidos", lembra Holland, "ele gostava de sair. Mas não bebia, então acordava de manhã, desenhava o quarto, gostava de sair para fazer compras, comprar meias ou o que quer que estivesse precisando. Nem se preocupava com segurança, nada disso, tinha o seu chapéu da invisibilidade. Era tão lacônico, e tinha uma aura incrível que se espalhava para os demais. Era uma das pessoas mais calmas que se poderia conhecer e, por ser assim tranquilo, as pessoas ao redor também se tornavam imediatamente tranquilas."

"Sendo famoso naquele nível, as pessoas geralmente eram ótimas, deixavam-no em paz", diz Seraphina. "Mas quando se está viajando desse jeito, dia após dia… não digo que ele não amasse os fãs, isso não seria verdade, claro que amava, mas não estava particularmente interessado em ir a uma boate."

Bill Wyman se lembra do meticuloso método de Charlie para passar as horas e os dias na estrada. "Ele se sentava e desenhava o telefone, em um quarto, ou em outro fazia a televisão, daí ia desenhar uma cadeira ou algo assim. Onde quer que fosse, desenhava. Os livros dele são absolutamente preciosos. Seriam incríveis para o Museu Britânico ou algo assim, deveriam ser preservados." O baterista, como sempre, espantava os elogios. "É um não livro fantástico", disse certa vez.

Em 1996, ele teve ainda mais razões para querer ficar em casa, quando Seraphina deu à luz sua única filha, Charlotte (ao contrário do que muitos presumiram, o nome *não* é uma homenagem a ele). Charlie não poderia ter ficado mais feliz ou orgulhoso. "Era um avô maravilhoso, muito amoroso", observou Chris Kimsey.

De volta à estrada, Holland se lembra de um momento específico de descontração com Charlie. "Acho que nós levamos uma tarde praticando desenho, durante a qual desenhei a TV dele. Tentei desenhá-lo mas não deu certo, e achei que ele me desenharia mas não demonstrou interesse. Ficou desenhando o quarto de novo.

"Fui então para o château de Mick na França e, o que acabou sendo constrangedor, estupidamente não levei dinheiro nenhum. Meu voo era tarde, peguei um táxi e tive que pegar dinheiro emprestado com Mick para pagar a corrida. Mas enfim, Charlie estava ali por perto e Mick deu uma pequena festa. Ele é bem hospitaleiro, convidou a mim e ao Charlie, e Tom Stoppard, o dramaturgo, estava lá. Mick estava fazendo um filme com ele (*Enigma*, de 2001, com roteiro de Stoppard e produção da Jagged Films, de Mick). Havia mais algumas pessoas, talvez umas três.

"Mick montou um esquemazinho ali em torno da fogueira e nos preparou comida. Foi delicioso. Eu me lembro do Charlie me falando (sobre Mick): 'Ele é incrível, não é? Onde quer que vá, junta essa gente incrível. Nunca conheci ninguém como ele'. Charlie amava Mick. Em uma banda, as pessoas dão nos nervos umas das outras; é como uma família, esse tipo de coisa acontece. Mas ele tinha, de forma genuína, muito respeito por Mick."

Tony King conta: "Ele tinha muito orgulho dos Rolling Stones, e sempre me dizia que Mick era o melhor vocalista do ramo. Admirava Mick loucamente e eram muito bons amigos". Lisa Fischer acrescenta: "Eu amava a forma como Mick e Charlie eram grudados. Eles se amavam. Todos o amavam".

"Ele é todo preocupado com tudo", me confidenciou Charlie a respeito de Mick, o homem cujo traseiro observara se remexer à sua frente por meio século. "Não é como eu e Keith. Graças aos céus não é, às vezes. De vez em quando, eu acho que se preocupa demais. Para mim, a questão é se minhas mãos doem. Com ele, se a garganta dói, ele não pode cantar, não pode se apresentar. Há que ser assim bem rígido, e ele é um homem dos mais brilhantes, muito consciente."

Quando consegui sua opinião sobre Mick para um dos muitos documentários que fiz sobre os Stones para a BBC Radio 2, aproveitei e pressionei Charlie sobre os outros. Ele não esperava a pergunta, o que era em si esperado. "Ronnie? Um homem adorável", disse Charlie, e isto em 2006, antes da radical desintoxicação do guitarrista ao se tornar pai de novo. "Tem seu lado sombrio, mas é o cara que mais chega junto da banda e o mais convencido. As pessoas o amam. Minha neta o acha maravilhoso. É um cara muito amável.

"Mick é com quem eu mais converso. Do Keith você fica sem notícias por mais de um mês porque ele odeia telefone. Aquele lá é o mais excêntrico de todos nós. Adora a estrada. Sempre que digo que vou me aposentar, ele responde: 'Para fazer o que?'. E os calhamaços que lê! Acho que nunca o vi com um livro de espessura menor do que sete centímetros. Quanto mais grosso, mais feliz ele fica. Ele não vê televisão."

O relato foi mais do que enfatizado em 1998, quando a turnê europeia da banda foi adiada em quase um mês depois de Keith quebrar duas costelas ao cair de uma escada na biblioteca de casa, em Connecticut, enquanto procurava um livro sobre Leonardo Da Vinci. "Estava procurando o livro de Da

Vinci sobre anatomia", disse ele. "Aprendi um bocado sobre anatomia, mas não achei o livro."

Quando a laringite de Mick causou uma interrupção mais curta no cronograma, com a turnê europeia a meio caminho, não havia tempo suficiente para Charlie pegar um voo de volta para casa. Mas ele aproveitou como pôde, tirando dois ou três dias de folga, viajando para a Espanha e visitando — já dá para adivinhar? — o Museu Guggenheim, em Bilbao. Mick às vezes o acompanhava nos passeios culturais; em 2015, a dupla visitou a Darwin D. Martin House, projetada por Frank Lloyd Wright ao estilo Prairie School, em Buffalo, no estado de Nova York.

Retomada a turnê, outro marco se apresentava como um triunfo sociológico. Após muitos anos tentando abrir a Cortina de Ferro, os Stones se apresentaram na Rússia pela primeira vez, no estádio Lujniki, em Moscou. A reação de Charlie à proposta havia sido divertidamente familiar. "Eu não queria ir para lá. Não tinha interesse algum. Mick ficava dizendo: 'Quando a gente estiver lá, vai ser legal'. Quando finalmente estávamos, de fato foi fantástico. Achei que seria uma gente muito para baixo porque quando se sobrevive à Guerra Fria e a Kruschev, você pensa: 'Ah, meu Deus...'. Mas foram muito gentis conosco. Éramos algo que eles jamais haviam tido.

"Fazia uns 35°C lá na semana anterior à nossa chegada e, quando fomos tocar, havia caído para -12°C. Estava um gelo, chovia. Chegamos à cidade quando já era noite e eu só pensando 'caramba, Moscou, neve' e tudo o mais. Abri a janela do hotel, que dava para o rio, e se via a Praça Vermelha, a catedral e era como um conto de fadas. Verdadeiramente mágico de se ver, toda vez que eu olhava. Fantástico. E saí algumas vezes com Mick, o que foi hilário, alguns dos lugares a que fomos. Eu me sentia um ancião."

A ironia está no fato de que, se Charlie tivesse levado a cabo alguma vez a ameaça de não sair em turnê, talvez jamais tivesse tido tais experiências culturais ou qualquer tipo de interação social. "Sou o que se pode chamar de um solitário", disse ele certa vez. "Me dou muito bem sem gente ao meu redor. Moramos em uma fazenda, você sabe. Pior, temos duas — uma na Inglaterra e uma na França. Minha esposa é quem as gerencia e eu basicamente só moro nelas. As únicas pessoas que circulam pelo ambiente são homens e mulheres que trabalham com agricultura.

"De vez em quando, saímos para jantar com amigos, mas não é comum. Eu não sou como Ronnie Wood, que precisa ter gente ao redor dele o dia inteiro. Sendo sincero, curto mais a companhia de cachorros que a de humanos. Não que abomine minha própria espécie, só não lhe sirvo de nada. Me achariam um homenzinho sem graça depois de certo tempo.

"Keith também não sai nunca. Mora com a esposa em Connecticut e tem uma vida que não é muito diferente da minha. Mick é o único que, através dos anos, consegue uma vez ou outra me arrastar para fora de casa."

Seria fácil interpretar tais comentários como uma espécie de confissão autocrítica, mas não se trata disso, nem de longe. Charlie era apenas alguém ciente de que funcionava de forma distinta da maioria das outras pessoas e para quem isso não era um problema.

Tendo passado mais de 25 anos em turnê com ele, Bill pôde ver de perto seus pontos fracos e suas excentricidades. "Às vezes ele não dormia, ficava caminhando", relata o baixista. "Um típico dia de Charlie era terminar o show, voltar para o hotel e meio que desacelerar um pouco, e aí ia para o quarto do Keith, onde se ouvia música aos berros — geralmente o que quer que tivéssemos acabado de gravar, o que era a última coisa que eu desejaria ouvir, tendo recém-saído do palco.

“Ele ficava por lá um tempo, ia então pro quarto do Mick, aí vinha pro meu e nós ficávamos um pouco de bobeira, vendo TV ou algo assim. Então eu falava: ‘Charlie, vou dormir’. Isso às duas da manhã, mais ou menos. Ele respondia: ‘Tá bem, nos vemos amanhã’. Ele ia pro quarto dele, punha o casaco e saía pela cidade, ficava zanzando por algumas horas e então voltava. Aí saía caminhando pelos corredores do hotel para ver se alguém ainda estava acordado, para só então ir dormir.

“Isso ocorreu muitas vezes, e há algumas histórias hilárias. Lembrei de uma, no Canadá. Ele voltou de uma caminhada e me contou a história toda, e eu contei pros outros. Ele foi dar uma caminhada e viu uma loja de roupas com um terno ao estilo de George Raft na vitrine. Disseram que a calça estava um pouco larga e que era para voltar em cerca de duas horas, pois estaria ajustada. Ele foi fazer hora em um restaurante indiano. Entrou, fez o pedido. A comida demorou uma eternidade e ele acabou caindo no sono na mesa. Os indianos acharam que era um drogado ou algo assim e chamaram a polícia.

“Foram lá, sacudiram-no, perguntaram: ‘Quem é você, o que está fazendo aqui?’. Ele respondeu: ‘Onde eu estou?’. Disseram que em Toronto. ‘Mas que diabos eu estou fazendo em Toronto?’ O cara então disse: ‘São três da tarde’. ‘Ah, ótimo, meu terno deve estar pronto’ Essas sacadas eram a cara dele. Pegava toda uma situação e resumia em uma frase.”

CONTRATEMPO

Um homem de gosto refinado

O apetite de colecionador de Charlie era voraz. Havia um lugar para tudo, em especial se fosse na sua casa. Carros, edições originais de livros, prataria, talheres, discos, fotografias, memorabília da Guerra Civil Americana e de Horatio Nelson. E velhos kits de bateria. O National Trust bem faria em checar seu acervo.

"Ele colecionava todo tipo de coisa. Era pior do que eu em alguns aspectos", diz Bill Wyman, o arquivista-chefe do grupo. "Eu colecionava toda a memorabília dos Stones e mais uns badulaques aqui e ali, ele colecionava itens da guerra nos Estados Unidos. Ele tinha umas catorze armas, todo tipo de coisa, chapéus, uniformes e o escambau. Na casa dele, estava tudo em exibição como se fosse um museu."

Para Seraphina, cada artefato é uma página da vida, propensa a despertar-lhe tanto tristeza quanto felicidade, para não falar em uma certa perplexidade após a morte do pai, quando ela e o marido Barry Catmur tentaram catalogar tudo. Como confidenciou a mim, "Abri um armário outro dia, um simples móvel com gavetas, e achei um monte de coisas, copos eduardianos, cachimbos esculpidos". E acrescenta com indignação fingida: "Fiquei toda alvoroçada. 'Ele esqueceu disso tudo, não esqueceu? Esqueceu por completo!'".

"Eu queria gritar: 'Mais tralha!'. Me deu vontade de falar com ele. 'Que droga é *isso aqui*? Pode ser que seja romano, incrivelmente valioso, mas pode ser lixo também.' Tinha uma lata. Uma lata ali no meio! E era obviamente um item de futebol dos anos 1940, estava toda enferrujada. O que eu faço com aquilo? Mostro pro *Caçadores de relíquias* ou não vale nada?"

Seraphina reconhece e se lembra de estágios da vida em que o pai tinha surtos obsessivo-compulsivos mais intensos. "Houve fases ao longo da vida em que eu percebia seu ímpeto de colecionador chegar a níveis de TOC. Houve a fase Horatio Nelson, que segundo minha mãe partiu dela, mas ele absorveu a ponto de ela parar de colecionar." Seraphina sente-se grata a fãs inveterados que a ajudaram a catalogar uma parte do que poderíamos chamar de Wattstuff e a identificar itens dos quais ele tinha lembranças de infância, como um suéter que usou certa vez no Brasil. Trivial e primordial ao mesmo tempo.

"Ele tinha gosto refinado", observa outro camarada de longa data, o padrinho de Seraphina, Tony King. "Gostava de prata Stuart. Gostava de fotos autografadas de gente famosa do passado. Adorava colecionar coisas, tinha algumas lindas edições originais de livros." Charlie amava garimpar lojas de quinquilharias em busca de pechinchas. Certa vez, se deleitara em encontrar um fonógrafo Edison e trinta cilindros, tudo por trinta libras. Colecionava prataria georgiana e sua memorabília de guerra incluía balas supostamente disparadas na Batalha de Little Bighorn, na Grande Guerra Sioux de 1876. Para o General Custer, aquele poderia ter sido o fim. Mas Charlie só estava começando.

Para ele, não bastava ter os discos em que seus heróis da bateria tocavam. Queria ter também os instrumentos nos quais haviam tocado. Ele comprou da viúva de Kenny Clarke um kit de bateria que o marido dela dera a Max Roach. Tinha em casa o kit com o qual Sonny Greer tocava na banda de Duke Ellington, e também o do baterista de suingue dos anos 1930 Big Sid Catlett, o homem que "fazia um tambor soar como uma borboleta", nas palavras de Art Blakey. *Todas* as edições originais de Agatha Christie, as de Greene, Wodehouse, Waugh, todas autografadas.

"Era um colecionador", diz Mick. "Quando eu era garoto colecionava selos, mas hoje em dia não coleciono mais nada." Ele descreve a montoeira de kits de bateria do amigo como "estalinhos", mas concorda que todas as suas coleções merecem estar em um museu. Don McAulay, técnico de bateria e amigo de Charlie e curador da coleção, diz com toda a confiança que um dia estarão.

Na residência londrina de Charlie, em Pelham Crescent, o que mais figuraria ao lado de sua coleção de edições originais, diz McAulay, senão a espada de Napoleão? "Eu saía à caça de baterias legais de dezenas de artistas de jazz para ele. Achávamos os kits, outras pessoas o ajudavam a buscá-los e ele dizia: 'Você precisa cuidar disso aqui que a gente criou'.

"A viúva de Gene Krupa me arrumou algumas peças dele, que foram uma enorme parte da história da música. Charlie tinha acetatos originais de Krupa e de Billie Holiday, que jamais teria como pôr para tocar. Ele ainda me deu um presente que me chocou. Virou para mim e disse 'Só preciso disso aqui, pode levar o resto' e me deu um punhado de itens de Gene Krupa. Ele tinha relógios de Benny Goodman, ternos, joias, troféus. O quarto ficou atulhado de coisas. É um museu fora de controle."

Durante a turnê europeia de 1976 dos Stones, lorde Lichfield convidou Charlie e Mick para se hospedarem na mansão Shugborough Hall, em Staffordshire. Nos anos 1960, os dois haviam visitado o lorde, fotógrafo da sociedade, primo de segundo grau da rainha e por vezes chamado de "o aristocrata do rock n'roll". É de sua autoria uma famosa foto do casamento de Mick e Bianca. Durante a estada conjunta em 1976, ele levaria Charlie e Mick para uma caminhada pela propriedade e sua área de fazenda, clicando o vocalista quando ele segurou um galo, imagem posteriormente exposta com a inevitável legenda "Little Red Rooster"[1].

O lorde ofereceu ainda à dupla um tour particular da casa e, quando Charlie viu sua coleção de prataria Paul de Lamerie, alertou-o educadamente que a data na legenda estava incorreta. A ressalva foi questionada, mas verificada. E, é lógico, Charlie estava certo. Em uma entrevista à TV, lorde Lichfield rememorou a ocasião em que perguntou a seu mordomo quem havia sido o hóspede mais agradável a que servira. "Sem dúvida, Charlie Watts", havia sido a resposta.

Já no primeiro apartamento em que moraram, o de Ivor Court, Charlie e Shirley se encarregaram de enchê-lo de objetos

---

[1] Em português, "galinho vermelho". "Little Red Rooster" é também o nome de um blues de composição creditada a Willie Dixon, originalmente gravado por Howlin' Wolf em 1961, e que tivera em 1964 uma famosa versão dos Rolling Stones, incluída no álbum do ano seguinte *The Rolling Stones, Now!*. (*N. do T.*)

de arte. O fotógrafo dinamarquês Bent Rej, que viajara com os Stones como parte do círculo de confiança da banda durante a maior parte do ano de 1965, escreveu: "O cômodo mais importante do apartamento... fica trancado. É um pequeno quarto — de três por quatro metros — abarrotado de tesouros. Nele, dentro de armários com portas de vidro, Charlie mantém sua preciosa coleção de belas e antigas armas, quepes, uniformes, faixas e jornais. A coleção de jornais de Charlie é uma raridade que muitos museus pagariam uma pequena fortuna para ter. Nela, pode-se achar alguns dos mais velhos exemplos de jornais do mundo".

Ele desenvolveu sua curiosidade sobre Belas Artes nas primeiras turnês. "A arte moderna é como o jazz moderno — é só gente de quem você gosta", disse ele ao *Melody Maker*, evitando a pretensão como de costume. "Obviamente, qualquer um que viva em 1967 deve estar atento à arte. Você se refere a Picasso, imagino, e isso não é arte moderna. Mas a verdade é que eu não posso falar sobre o assunto. Essa pergunta você deveria fazer à minha esposa."

Quando o casal Watts adquiriu Peckhams, sua propriedade em Halland, nas proximidades de Lewes, Keith Altham, da *NME*, foi convidado a checar suas antiguidades e ornamentos entre vigas de carvalho e lareiras abertas. Na sala, havia um busto do deus grego Hipnos em mármore verde, além de uma biblioteca bem munida de Dylan Thomas e Oscar Wilde; no escritório havia rifles e revólveres da Guerra Civil Americana e, dentro de uma abóbada de vidro, a lista dos membros de uma tropa da cavalaria americana de 1880, detalhando o soldo de cada um. Em um dos quartos, uma cremalheira de espada pairava sobre a cama. Uma pequena saleta contígua abrigava a coleção de bonecas vitorianas de Shirley.

"Ele acumulou uma ótima coleção de itens da Guerra Civil Americana", diz Keith Richards, "e como eu conhecia um pouco o tema, de vez em quando me mostrava algum troféu que havia adquirido. Creio que ele não tivesse qualquer expectativa de um dia ir aos Estados Unidos e, de repente, lá estávamos nós e isso despertou a paixão. Charlie obteve o que queria e eu perguntei se ainda pretendia comprar mais itens. 'Não. A coleção está finalizada. Já tenho o que queria.'"

Os carros que jamais aprendeu a dirigir, e sequer precisou, eram outra obsessão. Charlie punha um de seus melhores ternos apenas para aboletar-se ao volante daqueles belíssimos veículos de época e refestelar-se com seu acabamento. "Eu amo o formato dos carros antigos", disse à *NME* em 2018. "Não sei dirigir, mas sento ao volante e ouço o motor. Coisas a que um homem rico se permite, creio."

O orgulho da frota era um estonteante conversível Lagonda Rapide de 1937 com motor V12, um de apenas 25 produzidos, comprado por Charlie em 1983. Ele se reclinava ainda ao volante de um Bugatti Atlantic do fim dos anos 1930, um Citroën 2CV amarelo como o que Roger Moore dirigira no filme de James Bond *007 – Somente para seus olhos*, um Citroën Méhari, um Lamborghini Miúra e vários Rolls-Royces. Mas, ao contrário do amigo Keith Moon, nunca sentiu a necessidade de incrementar a coleção com uma van de sorveteiro ou um aerobarco.

Jools Holland se lembra de uma conversa durante uma turnê pela Europa com Charlie e seu futuro quarteto de jazz, o ABC&D of Boogie-Woogie. "Ele falava de alguns dos carros que tinha naquele momento. Quando as pessoas fazem sucesso e gostam de carros, elas compram aqueles que admiravam quando crianças ou dos quais tinham um modelo de brinquedo. Já reparei muito nisto. Ao mesmo tempo, como você precisa se locomover do ponto A ao ponto B no mundo moderno, também vai querer ter qualquer que seja o carro estiloso do momento.

"Charlie tinha alguns carros americanos antigos, pois amava o tipo, e carros dos anos 1930. Ele também me contou que havia conseguido o tecido de um dos ternos de Eduardo VIII e revestira o carro do mesmo material porque sobrara um pouco e havia gostado tanto. Aí começamos a falar de velhos Rolls-Royces e Bentleys, pois eu tinha alguns, os modelos continentais dos anos 1960, e ele também. Era o modelo de Rolls-Royce que tinha o apelido 'Chinese Eye'.

"Charlie disse: 'A gente ia a Devon com ele, a capota pingava um pouquinho, mas nos anos 1960 todos os carros eram assim. O carro ia bem, tinha certa fluência'. Depois, perguntei sobre um carro dos anos 1930 com acabamento lindíssimo, disse que queria vê-lo e perguntei se ele costumava ir de carro a Londres. Ele respondeu que não, falei que viagens assim eram um bom exercício para carros antigos e foi quando ele me contou que não sabia dirigir. Fiquei chocado. Estávamos falando de carros havia literalmente uma hora, e ele não tinha carteira. Presumo que tenha sido porque tirar carteira leva certo tempo e os Rolling Stones começaram a fazer tanto sucesso e chega uma hora em que o momento passou. Tão típico de Charlie não mencionar este detalhe até o último minuto."

Lisa Fischer se lembra da ocasião em que, ao entrar para a família estendida dos Stones, ouviu falar pela primeira vez dessa excentricidade. "Foi hilário. 'Charlie, você não dirige? Como é que se vira, então?!' Por mim, se é o que você quer e pode fazê-lo, vai nessa. A vida é muito curta. Divirta-se só olhando para eles."

E ali estava um homem que sabia verdadeiramente como aproveitar a vida, cujas compras mereceriam a criação de um novo prêmio para Melhor Uso dos Milhões de um Astro de Rock. "Uma vez eu o vi no banco traseiro da limusine no Soho", diz Dave Green que, sem dúvida, devia estar carregando seu contrabaixo acústico rumo a algum show no Ronnie Scott's ou no PizzaExpress Jazz Club. "Estava descendo a rua e vi Charlie no banco de trás, nem deve ter me visto. Quando tocávamos com o ABC&D, pegávamos o voo de volta para casa juntos. Em Heathrow, encontrávamos o motorista dele com o Bentley e Charlie me deixava em Ruislip."

O produtor Chris Kimsey pondera: "A meu ver, o Charlie era o tipo de pessoa que gostava de sentar-se e ser conduzido, para sentir a fundo o carro. Sabe como é quando é você mesmo ao volante. Quando se é passageiro, é um pouco diferente". E em certa ocasião, ele insistiu em compartilhar o luxo.

"A última vez em que estivemos juntos socialmente foi na casa do Ronnie em Holland Park, com Seraphina e Charlotte", continua Kimsey. "Conversávamos a respeito de uma variedade de assuntos em arte, música, roupas. Aí, quando estávamos para sair, ele me perguntou se eu queria uma carona. Respondi que era muito gentil da sua parte, mas meu carro estava parado do outro lado do Holland Park, a quase um quilômetro dali. Disse: 'Não estou tão longe, Charlie'. E ele: 'Não, te dou uma carona'. E eu só pensando: 'Uau, por que tanta...'. Pois, quando saímos, ele havia alugado um Rolls-Royce Phantom novinho em folha com motorista, só para levar a família para o programa. Ganhei uma carona de Phantom até a esquina."

Jools Holland viu de perto como Charlie refinara a arte de saborear a estabilidade financeira a um grau invejável. "Naquela época, as pessoas recebiam catálogos de arte. Hoje em dia, acho que é tudo online, mas ele tinha catálogos de pinturas e outras coisas. Você questionava: 'Mas não vai dar pra ver no leilão, vai comprar mesmo assim?'. E ele respondia: 'Sim, vou comprar algumas coisas. Não vou fazer loucuras, mas talvez compre uma meia dúzia de itens e, se for passar alguns meses em turnê, será como um presente para mim mesmo. Quando voltar para casa, vai parecer o Natal porque eu terei esquecido o que havia comprado. Quando entrar em casa, estarão à minha espera uma pintura, um terno, um relógio e alguns discos de 78 rotações'. E eu pensei: 'Olha que coisa incrível. Todo mundo trabalha em nome de algumas recompensas, e estas são as dele'. Charlie era um homem de gostos despretensiosos, antiquados."

Albert Einstein dizia não ter nenhum talento em particular, mas tão-somente uma mente inquisitiva. Charlie tinha as duas coisas. "Íamos à Christie's em South Kensington dar uma espiada no que havia", conta Holland, "fossem relógios ou molduras de quadros. Não era para comprar nada, só olhar. Ele me parecia uma daquelas pessoas que tinham o ponto de vista de não julgar nada, só tentar compreender."

"Em dias de folga, Charlie vivia saindo", conta Chuck Leavell, diretor musical das turnês dos Stones e seu tecladista no palco. "Na maioria das vezes, sem segurança. Foi só bem no final que a banda passou a insistir para ele ser acompanhado por seguranças", diz. "Charlie frequentava museus o tempo todo. Minha esposa Rose Lane e eu de vez em quando esbarrávamos com ele, porque também gostamos de sair para fazer este tipo de coisa. Charlie estava constantemente interessado em arte de todo tipo. Mobília antiga, pinturas, talheres, o que fosse. Simplesmente tinha um conhecimento brilhante de tudo o que se referia à arte, e nutria um interesse idem."

O misto do inquisitivo com o aquisitivo que habitava Charlie às vezes o punha em situações curiosas. Holland se lembra de uma: "Ele comprou uma cópia da tapeçaria de Bayeux, confeccionada no fim do século XIX. Tinha talvez um metro de altura, enquanto a original tinha dois e meio, três. Em cada ponta, havia umas bobinas lindas, de mogno, com alças de bronze. Você as enrolava e a tapeçaria passava à sua frente, e havia uma pequena descrição. Perguntei o que ele iria fazer com aquilo. 'Sei lá. Mas não é linda?'".

Charlie tinha a mesma paixão de Mick e Bill pelo críquete: ao participar do programa *Desert Island Discs*, um dos oito áudios que selecionou foi a gravação de arquivo da BBC Radio em que John Arlott e Michael Charlton comentam a partida-teste entre Inglaterra e Austrália em 1956. "Ele assistia ao críquete na televisão mas ouvindo a transmissão do rádio", conta sua irmã Linda.

"Charlie tinha coleções de itens ligados a críquete e eu lhe dava fotos autografadas por Sir Don Bradman, um monte de coisas assim", revela Bill. "Ele ia a todos os leilões. Era louco por críquete, como Mick, e vivia indo assistir aos jogos. Ele assistia, eu jogava — joguei um torneio beneficente por oito anos com Eric (Clapton, pelo Bunbury Cricket Club) e joguei com todos os atletas internacionais do mundo. Dei tacadas com David Gower, encarei os arremessos de Viv Richards, Wayne Daniel, esse pessoal todo.

"Charlie nunca aparecia nesses eventos beneficentes porque eram sempre nos fins de semana e eles estavam em Hove ou haviam ido para Birmingham", prossegue Bill. "Nós jogamos em todos os lugares internacionais. Mas quando fiz meu *hat-trick* no The Oval contra um time da Old England, meu ídolo Denis Compton e o colega dele, Keith Miller, estavam comigo, e Gower era o árbitro. Charlie ficou sabendo e recebi um telefonema às três da madrugada.

"Atendi. 'Alô?', 'Sou eu, Charlie', 'Charlie, são três da manhã, onde você está?', 'Sei lá, peraí'. E você ouvia os passos, como se fosse aquele programa *The Goons*. 'Ééé... algum lugar chamado... acho que Buonos Aries...'. Eu respondi: 'Você está na Argentina'. E ele: 'É, isso aí, verdade'. E eu: 'E por que resolveu me ligar às três da manhã?'. Ele disse: 'Acabei de ficar sabendo que você fez um *hat-trick* no The Oval. E me disseram que você estava fumando enquanto arremessava'. E eu respondi: 'Sim, sempre faço isso'. Tem fotos minhas com o cigarro na boca, fazendo toda sorte de arremessos e conseguindo um *hat-trick*. Aí ele perguntou: 'E as guimbas, você estava deixando cair no gramado?'. Estava mais interessado em que fim eu dera às guimbas de cigarro do que no fato de eu ter feito um *hat-trick* contra um time da Old England."

Charlie e Mick costumavam visitar juntos o Lord's ou o The Oval, às vezes como convidados de Sir Tim Rice. O jornalista Jim White relatou a história de como o locutor australiano James Brayshaw um dia se virou em sua cabine no Melbourne Cricket Ground durante uma partida-teste e deu de cara com um senhor impecavelmente vestido e sentado sozinho. Ninguém a pajeá-lo, comitiva alguma, frescura nenhuma. Havia sido convidado por Shane Warne. Sempre que Brayshaw tentava extrair dele histórias do front do rock n' roll, Charlie respondia com educação mas mostrando-se bem mais disposto a falar sobre críquete. Ele e Mick também eram amigos do *fast bowler* australiano Dennis Lillee, que conheceram no torneio Ashes de 1972.

"Assistíamos mais críquete, mas éramos loucos por futebol também", conta Mick, torcedor do Arsenal. Charlie torcia pelo Tottenham Hotspur. "Adorávamos falar sobre críquete e íamos a muitos jogos, geralmente partidas-teste ou as de um dia só. A maioria dos ingleses que normalmente usa ternos escuros, na hora de ir ao Lord's usa uns blazers listrados dos anos 1920, ridículos, com as cores do Marylebone Cricket Club. Tétrico, para dizer o mínimo. Charlie às vezes se empetecava com esses blazers. Ele era bem sociável nessas partidas, não aquele Charlie quieto de que todos falam. Era um falatório só, o dia todo."

Em 2014, após a apresentação dos Stones no Adelaide Oval na turnê *14 on Fire*, Charlie e Mick conheceram John, filho de Sir Don Bradman, e fizeram uma visita guiada ao Museu Bradman. No dia seguinte à performance da banda no estádio

Murrayfield, em 2018, Charlie despertou muitos cochichos — "Olha ali! É o Charlie Watts!" — ao aparecer no Grange Cricket Club, em Edimburgo, para assistir à partida internacional de um dia entre Escócia e Inglaterra.

Linda se lembra dos telefonemas do irmão para sua casa quando estava no meio de uma turnê e de como era comum que perguntasse quase *en passant* como estavam ela e as filhas e pedisse então para falar com seu marido, Roy, com quem ficava 45 minutos conversando sobre críquete. "Eu dava uma de comentarista quando ele estava nos Estados Unidos", conta Roy. "Ele punha na linha o Mick, que estava em outro quarto, e ficavam os dois no telefone enquanto eu comentava as partidas lance a lance."

A outra paixão, é lógico, eram os discos. Não apenas de jazz, pois ele também amava música clássica, soul e outras coisas — mas foi a busca por sua mais antiga paixão musical que fez Charlie confidenciar a Jools Holland qual era um de seus locais favoritos. A descrição de Holland basta para que quase se consiga visualizá-lo, e a Charlie, a vasculhar Inglaterra afora o tipo de loja com que o baterista sonhava. Em turnê com o ABC&D of Boogie-Woogie, ele e Dave Green entraram no Teuchtler Schallplattenhandlung und Antiquariat, em Viena. Ao sair da loja, Charlie havia deixado por lá sua assinatura em um caixote de discos e muitos euros.

"Ele me falou dessa loja, como sempre um daqueles lugares que só ele conhecia, em uma região não central de Viena", relata Holland. "A loja havia sido do avô dos donos na época do fim da guerra, e tinha um monte de 78 rotações. As especialidades eram blues e jazz, e era o lugar por excelência para se ter acesso àquela música por que todos estavam alucinados. Quando começou a era do vinil, ou quando parou-se de produzir 78 rotações e vieram os LPs, todo mundo vendeu seus 78 rotações por um preço barato. O lojista disse: 'Eu é que não vendo barato os meus, porque um dia vão valer muito'. A loja continuou a existir, existe até hoje e é das melhores lojas de blues, jazz e música clássica do mundo. A administração passou para a filha do dono, e hoje são os dois filhos dela que tocam o negócio.

A loja anuncia discos de segunda mão de música clássica, jazz, canções vienenses, rock, pop e dance music. Não menciona ter discos de 78 rotações à venda, mas Charlie sabia que eles estavam lá. "Ele me recomendou: 'O salão de cima nunca é aberto. Vá até lá e você vai encontrar o que eu encontrei. Diz que foi Charlie quem recomendou, e eles te mostram'. Eu fui, eles ficaram felizes em me ver. Você entra pelos fundos da loja. São becos, escadas de serviço, parece um filme europeu dos anos 1940. Passa na porta da casa de uma mulher que fuma e pode ter sido um dia uma informante e que te observa com desdém. Tem gente pendurando a roupa para secar, você passa por corredores, dá a volta pelos fundos, aquele tipo de mundo em que nada mudou.

"Aí você sobe a escada, entra no lugar e eles abrem umas cortinas rasgadas, todas comidas por traças, se desfazendo feito as da srta. Havisham em *Grandes esperanças*, e a luz penetra no ambiente. Charlie dizia que uma das coisas mais adoráveis que imaginava poder encontrar na vida seria uma camisa vitoriana ou do século XVIII nova, em uma caixa ou embalagem que jamais tivesse sido aberta. Pois aquilo era parecido. Alguns daqueles 78 rotações nunca haviam sido tocados, estavam ainda nas embalagens originais. Eu quis saber do dono se ele já os havia escutado. Ele disse que não, que não poderia, não ao saber que eram virgens. 'Se eu os ponho para tocar, estrago sua aura.'

"Comprei alguns dos discos e, como dizia Charlie, não se pode tocá-los em um gramofone a manivela. A agulha grande vai acabar com os discos. É preciso uma agulha apropriada, usando grandes caixas de som com amplificador. E o som é fan-*-tástico*. Nas palavras do Charlie, com discos assim o que você tem são objetos fabricados na mesma época em que a música neles estava sendo composta. Ele tinha grande sensibilidade para esse tipo de coisa, e os amava. Fiquei muito feliz por ele ter me apresentado a tais discos e vou à loja sempre que estou em Viena. Obviamente, é daquelas coisas que só mesmo o Charlie poderia conhecer. Quem mais? Ele tinha contato com esses mundos perdidos."

7

Nascido com energia de vovô

Na engrenagem precisa de um show da era moderna dos Rolling Stones, há um dado momento em que, passadas cerca de dez músicas e antes das duas nas quais Keith assume o vocal principal, Mick apresenta a banda. Passando pelos músicos de apoio, um a um, ele chega aos membros-chave e a uma parte do ritual de que sentirei muita falta.

À medida em que o tempo passava e a cabeça de Charlie ficava grisalha e depois branca, a adoração de centenas de milhares de fãs estádios afora só se tornava mais palpável. Ele simplesmente não sabia o que fazer com tamanha adulação, a não ser sentar-se atrás de seu kit de bateria com cara de quem reza para aquilo acabar logo. Mick frequentemente anunciava-o como "o Esmurrador de Wembley", às vezes acrescentando a seu nome um "Boom! Boom!" no meio como um agrado extra. A plateia enlouquecia tanto quanto em qualquer outro momento em mais de duas horas de um desfile de megahits. Certa vez, no que os aplausos continuavam, Mick disse a Charlie, cuja figura era desconfortavelmente ampliada por telões gigantescos: "Diz alguma coisa!". Após uma pausa e um olhar embasbacado, Charlie balbuciou um "Oi" protocolar. "Ele fala!", brincou Mick.

“Eu adorava aquilo”, diz a vocalista Lisa Fischer, que assistia a tudo bem de perto, “e quanto mais ele abominava, mais nós amávamos. Era tão fofo. Adorávamos vê-lo se contorcer, porque ele merecia todo o amor que estava recebendo. Era demais para seu coração suportar.”

Ao final de um show, diz seu amigo e técnico de bateria Don McAulay, “Charlie agarrava o engate do chimbau, que prende o prato de cima ao de baixo. Com o show já terminado, não era nem para se preocupar com isso! Mas ele queria se certificar de que o engate estivesse firme para o show seguinte. E então era aquilo: ‘Colocar o casaco porque a aparência tem que ser boa, não podem ver que suei’. Era muito grilado com isso. Dizia: ‘Vamos nessa. É show business’. E tentava sempre se apresentar com a melhor aparência possível”.

Sua neta, Charlotte, também se juntava à zoação. “Eles eram muito engraçados quando começava aquela coisa da apresentação da banda”, conta ela. “Imediatamente antes de começarem com aquilo, em vários shows, eu corria atrás do palco e dava oi para ele. Era só para dar uma checada na metade da música, dizer ‘Você está ótimo’. Mas já entre eles, começava a provocação, Keith atiçando junto com Mick. Ele começava um boato de que o Mick havia esquecido de apresentar sei-lá-quem para deixá-lo em pânico, mas não havia esquecido ninguém. Vovô ficava igual ao Rabugento, rindo em um canto. Eu os via rindo uns para os outros e pensava: ‘O que está acontecendo? Coisa boa não é’. Mas na hora do agradecimento final ao público, sempre davam um jeito de zoar o vovô. Eu me sentia mal, mas não tinha como não rir.”

"Você conhece o Charlie", diz Keith. "Era o homem mais reticente, mais discreto do mundo. Fazer ele se levantar quando o Mick diz seu nome já é um custo. Sujeito mais amável, cara. E Deus do céu, como odiava o show business. Ou ao menos suas amarras. Sabe, *eu* sou bem reticente, mas Charlie era reservado em nível extremo. Como se costuma dizer, mais tarde virou 'Adoro o tio Charlie' em todos os shows."

Charlotte se lembra do que Shirley costumava dizer ao marido. "Minha avó brincava: 'Mas por que você quer ser velho antes de chegar a hora?'. Acho que ele nasceu para ser velho e uma figura tipo vovô. Desde jovem, tinha energia de vovô. Tinha tudo a ver com ele."

Os Stones entraram no século XXI ainda sem sinal algum de disco novo, mas cada vez mais cientes do quão ilimitado era seu apelo como atração de palco, em especial quando se aproximavam as grandes efemérides. A turnê *Licks* de 2002-2003 deu a volta ao mundo e arrecadou trezentos milhões de dólares promovendo a coletânea *Forty Licks*, que cumpriu com a expectativa do disco de platina apesar de a era dos álbuns de vendagem multimilionária na época ter começado a desacelerar para todos. Charlie, como sempre, resmungou quanto aos meses longe de casa, mas jamais iria dizer não. "Quando se é quase pregado ao trabalho, como é que se diz não?", questiona Keith. Enquanto isso, Charlie e Darryl Jones burilavam uma sessão de jazz verdadeiramente formidável.

"Acho que era um verdadeiro dilema para ele", opina Chuck Leavell. "Lógico, ele amava estar em casa, mas também amava tocar bateria. Sabia se tratar de uma negociação e, na sua mente, extrairia dela o melhor que pudesse para estar em uma posição de conforto e cumprir seu papel. Mas nunca o imaginaria pulando fora de vez. Sempre haveria mais uma gravação, mais uma turnê."

Arenas e estádios havia tempos já eram onde os Stones batiam ponto, mas àquela altura a eficiência suprema da gigantesca operação itinerante permitia a seu elenco-chave se soltar, se divertir e observar uns aos outros. "Era divertido estar no palco com ele", recorda Lisa Fischer com um sorriso. "Tinha um jeito de respirar quase meditativo. A forma como ele inspirava, a forma como seu nariz e boca (ela imita o gesto de expirar) e então tocava, simplesmente, mas liberando muita energia. Dava quase para imaginar que se tratava de uma respiração circular, mas não era. Mas a forma como ele puxava o ar e se abastecia de energia a partir do que estivesse ocorrendo no palco era mágica de ver.

"De vez em quando, eu tentava instigá-lo de verdade, só porque podia. Sabe, eu beijava o *baffling* (a gaiola de acrílico que cercava a bateria proporcionando isolamento acústico) e deixava marcas de batom, e ele espiava e só dizia: 'Ah, faz o que quiser'. Não podia me dar um passa-fora porque estava meio aprisionado ali. Quando me olhava feio, eu pensava: 'Ok, acho que já chega'. Certamente eu o irritava. No que sorria, eu o deixava em paz."

Para iniciar o novo milênio, Charlie lançara o que é tranquilamente o disco mais ousado e surpreendente a levar apenas seu nome. *Charlie Watts Jim Keltner Project* era uma coleção de gravações feitas com o velho amigo, contemporâneo e colega no panteão dos gigantes do rock, cuja trajetória havia sido similar, da inclinação inicial para o jazz até a onipresença no rock.[1] As gravações haviam começado em 1997, época em que Keltner fora convocado para adicionar percussão a *Bridges to Babylon*.

Keltner disse à *mixonline.com* que os Stones o haviam sondado "para terem duas baterias, e Charlie gostava da ideia. Mas eu recusei. Primeiro, não é algo que eu goste de fazer. E segundo, seria um crime interferir em algo como a levada do Charlie. Seria quase um sacrilégio. Basicamente, eu ficaria lá sentado, tocando em torno da batida dele em um kit sem bumbo nem caixa".

O álbum instrumental era marcadamente vanguardista se comparado aos trabalhos anteriores de Charlie ao estilo *songbook*. Para um baterista veterano, Keltner sampleava sons inveteradamente, não a partir de outros discos, mas, pela sua própria descrição, sons quaisquer, de uma prateleira de metal a uma panela para cozinhar peixe a vapor. Nada a ver com o Ronnie Scott's.

Estando as mentes de Charlie e Keltner devidamente abertas, o projeto assumiu as características de um passo na direção do mundo electro, conduzido por *samplers*, e com os nomes das faixas homenageando os modelos de ambos os músicos: "Art Blakey", "Roy Haines", "Kenny Clarke". Charlie explica: "Dei às músicas nomes de bateristas porque Tony Williams havia

---

[1] Baterista americano nascido em 1942 em Oklahoma, Jim Keltner tocou com inúmeros nomes importantes, tanto em shows quanto em discos. A lista inclui John Lennon, Bob Dylan, Neil Young, Jerry Lee Lewis, Robbie Robertson, Steely Dan e Bee Gees, para citar apenas alguns. Discos solo de Mick Jagger, Ronnie Wood e Bill Wyman também contam com sua bateria. (*N. do T.*)

morrido naquela semana e a primeira faixa era em tributo a ele. Daí veio a ideia de fazer o mesmo com todas as outras.

"Tudo começou só com nós dois tocando juntos, nada além disso. Jim já tinha algumas sequências sampleadas e queria que eu tocasse acompanhando-as, e foi o que fiz. Minha abordagem foi diferente do que normalmente seria em uma banda, onde eu contrataria cinco caras para tocarem a música comigo. Os sobretons do ritmo já formam uma melodia por si só. Por isso, quis manter a batida o mais esparsa e simples possível. Ao mesmo tempo, todo o processo foi bastante eletrônico. E este era meio que o atrativo, já que eu normalmente não sou muito chegado a isso."

A resenha de Tammy D. Moon para a *Folk & Acoustic Music Exchange* enfatizava como o álbum mirava além do público-alvo habitual de Charlie. "Ninguém gosta de jazz menos do que eu e AMEI este disco!" Em comparação, nos círculos do jazz, um universo por vezes surpreendentemente tradicionalista, a *All About Jazz* disse que o disco era "uma mistureba".

Fosse como fosse, Charlie, próximo aos sessenta anos, se sentia livre. "Fiz remixes a rodo de várias faixas do disco", disse Tony King, que supervisionou sua promoção, "e o Charlie adorou trabalhar neles, achou muito bacana. Amei aquele álbum, achei ousado de verdade. E a crítica se derramou em elogios."

Ao voltar para casa e para Shirley, Charlie se refestelou ao menos por um período no isolamento de uma vida tranquila, na companhia de seus cavalos e cachorros (até o início dos anos 2000, estes últimos já eram dezoito), seus carros e coleções e, como sempre, seus álbuns de jazz e música clássica. Esta singela passividade é a recompensa que tantos músicos vislumbram quando estão longe de casa. É óbvio que, quando estão *em* casa, a coisa pode rapidamente se reverter. Para Charlie, o frisson de tocar e o acolhimento costumeiro da família Stones sempre o levava de volta à estrada, junto com as palavras categóricas de Shirley: "Hora de trabalhar".

"Keith adora sair em turnê", dizia Charlie. "Sempre que digo que vou me aposentar, ele responde: 'Para fazer o quê?'. E fico sem resposta, pois de fato não faço mais porra nenhuma a não ser tocar bateria. Acaba sendo uma pergunta bem difícil de rebater."

Em entrevista à *Record Mirror* em 1969, ele mostrava quão bem conhecia a si mesmo. "Basicamente, sou preguiçoso", declarou. "Nunca encontrei algo que queira fazer fora dos Stones. Sei que deve soar enfadonho, mas não é isso. Eu desperdiço muito tempo, sim, mas faria o mesmo se estivesse trabalhando em um banco.

"Nunca me interessei muito por aprender a tocar guitarra e nos Stones já há dois guitarristas, não faria sentido", continuou. "Mick Jagger também é um guitarrista muito bom. Ele se dedicou e praticou com afinco. Eu gostaria de tocar trompete ou talvez saxofone. Trombone, talvez. O problema é que nunca me sentei com a determinação de aprender, pois significaria começar bem do começo de novo. Já soprei um antes, mas não fiz nada além disso. Imagino que com algum esforço se consiga tirar uma melodia, mas seria preciso meter a cara e eu não me esforço o suficiente."

Quando não estava viajando à Polônia para comprar cavalos, Charlie aproveitava de outras maneiras os períodos de inatividade dos Stones. Em dezembro de 2000, por exemplo, retornou ao Olympic Studios para tocar em uma sessão digna de uma fantasia de infância, com o grande Chico Hamilton, que tocara bateria exatamente em uma das faixas que tinham aberto o caminho percorrido por Charlie desde a mais tenra idade, "Walking Shoes", de Gerry Mulligan. Quando Hamilton chamou a faixa resultante da sessão de "Here Comes Charlie Now", que figurou no álbum de 2001 batizado em homenagem a seu falecido filho, *Foreststorn*, Charlie mais parecia um fã adolescente deslumbrado.

Alguns anos mais tarde, quando o quarteto ABC&D of Boogie-Woogie tocou em Nova York, Hamilton estava na plateia. "Ele foi um dos primeiros ídolos de Charlie", diz Dave Green. "E acabou indo ver Charlie tocar. Era muito humilde. Em muitos lugares, os grandes nomes da bateria iam vê-lo porque ele não tinha o típico ego de baterista de rock. Admirava músicos de jazz, e estes se aproximavam dele. Steve Gadd apareceu para dar um oi. *Steve Gadd*. Um gigante. Charlie chamava a si próprio de charlatão, mas era um exímio baterista. Seu tempo era ótimo, seu suingue também."

Naquele show no Blue Note, em Nova York, ouviu-se uma provocação amigável de outro espectador frequente. Charlie apresentou Dave como seu mais antigo amigo. "Você tem um?", gritou Keith Richards. Em Londres houve uma demonstração de mútua apreciação: Charlie foi ao show dos Rhythm Kings, de Bill Wyman, e três noites depois, Bill foi ver a banda de Charlie, com a formação expandida para dez músicos, no Ronnie Scott's. Durante o mesmo período de residência, Mick compareceria mais tarde; uma noite depois dele, Keith e Ronnie.

Ao longo da carreira, Charlie foi generoso não somente em termos de presentes que dava aos amigos, mas também de tempo concedido a outros músicos. Além das sessões anteriores com Leon Russell e Howlin' Wolf, o altruísmo lhe valeu créditos em projetos de Pete Townshend, Peter Frampton, Brian May e vários outros. Outro ponto alto foi sua presença em uma versão borbulhante de "Hey Negrita", dos Stones, gravada em Paris para integrar o álbum de 2008 *Stones World*, do saxofonista Tim Ries, membro da formação de palco da banda. Dela participam também Bernard Fowler, Chuck Leavell e Ronnie, além de uma rápida e brilhante participação de Mick na gaita.

No Porto, a trupe registrou uma "No Expectations" igualmente imaginativa e inteiramente transformada, com Charlie nas vassourinhas, Ries acrescentando o saxofone e a cantora portuguesa de fado Ana Moura contribuindo com o seu vocal tão refinado quanto. Charlie e Ries iam a clubes de jazz juntos às vezes, e Dave Green chegou a tocar com Ries no Ronnie Scott's. Almas gêmeas, todos.

"Bastava surgir uma desculpa para tocar e lá estava o Charlie, todo entusiasmado", conta Glyn Johns. O baterista tocaria até mesmo no segundo casamento de Glyn. "Muito pouca gente lhe convidava para tocar em gravações, ao menos que eu saiba, e consigo até entender. Quem não o conhecesse acharia que chamá-lo seria um certo abuso. Ele gravou algumas coisas para mim, incluindo o álbum do Pete (Townshend), *Rough Mix* (nas faixas 'My Baby Gives It Away' e 'Catmelody'). Sempre que o usei, claro, ele foi absolutamente brilhante."

Chuck Leavell percebia essas mesmas tendências nos ensaios e passagens de som dos Stones. "Às vezes, enquanto esperávamos por Mick, Keith, ou pelos dois", lembra Chuck, "eu começava a tocar algo, talvez algo semelhante a jazz... não sou um músico de jazz, na verdade, mas Charlie sempre entrava imediatamente na onda. Estava sempre pronto, disposto e capaz de tocar o que fosse. Eu me sentia bem por ele querer se juntar a mim e contribuir."

A sutil mas inevitável transformação de Charlie em "querido" foi confirmada por sua aparição no *Desert Island Discs* em março de 2001. Foi visível como a apresentadora da época, Sue Lawley, ficou confusa e até educadamente irritada com a combinação marca-registrada de Charlie de acanhamento, hesitação e recusa em se submeter às regras do papo furado de "celebridade". O programa confirmou certas expectativas por meio da seleção de gravações de Parker, Ellington e, como já falamos, a narração de Arlott e Charlton da partida-teste do torneio Ashes de 1956.

Mas suas escolhas deixaram muita gente surpresa, pois a ampla seleção incluía de Tony Hancock a Ralph Vaughan Williams, revelando ainda poemas de Dylan Thomas como preferência literária. Sua "seleção para um naufrágio" foi a "Dança dos Cocheiros e Criados" do balé *Petrushka*, de Stravinsky, que Shirley havia escolhido para uma de suas exposições de cavalos, e ele se lembrava de Charlotte "a galopar salão afora" ao som da melodia. Outra lembrança tocante foi a de dançar com Seraphina em um casamento ao som de "The Way You Look Tonight", de Fred Astaire. Seu fraco eram as baquetas (o que mais?).

Charlie era um ouvinte atento de música clássica e, sempre que Linda telefonava para uma conversa, ouvia a Radio 3 ao fundo. “Minha esposa só sabe dizer ‘Ai, que coisa chata’”, disse Charlie. Perguntei se tinha compositores clássicos favoritos. “Sim, mas eu esqueço quem são. Os de sempre, na verdade. Vaughan Williams, gente assim.”

Logo os Stones se entocariam pela terceira vez seguida em Toronto, sua cidade favorita para ensaios. Visitei-os lá para entrevistas em cada uma das três ocasiões, espantando-me com a forma como transformaram o antigo templo maçônico de seis andares em local de trabalho por várias semanas: um grande palco em um andar, um espaço para relaxamento em outro, com camarins individuais, uma área comum para refeições em um terceiro, tudo lindamente decorado. Seus ensaios tinham mais produção do que as turnês da maioria dos artistas.

A área de refeições era a mais memorável no sentido de que era basicamente uma cantina de escritório, com banda e equipe técnica juntos na fila para encher os pratos a partir das generosas porções disponíveis. Mick deu as caras em dado momento enquanto Charlie esperava pacientemente pelo grude. Ronnie curtia a recente e suada sobriedade. Keith devia estar em algum outro canto saboreando sua amada torta de carne e rim.

A outra tradição das estadas em Toronto era o show-ensaio secreto. Em 2002, foi no Palais Royale para cerca de oitocentas almas sortudas, para as quais o nervosismo detectado por Mick na trupe deve ter passado desapercebido. A reação de Charlie ao conversarmos logo após o fim do ensaio também foi nada animada. “Estava muito desconfortável, barulhento e quente”, disse ele. “Mas se as pessoas curtiram, isso é que importa.” Não seria uma chance de a banda desestressar um pouco? "Deve ser", respondeu ele. "Não me sinto assim, mas creio que Mick e Keith sim. Não tocamos o bastante em clubes para fazer shows decentes nesse tipo de ambiente. Com os Stones, prefiro tocar em Wembley."

A turnê *Licks* teve início em setembro e, desta vez, todas as escalas de grandeza foram sabiamente contempladas, em um misto de shows em estádios, arenas e teatros. Na memorável definição de Keith, foi a Turnê da Roupa de Baixo, às vezes também chamada de Turnê das Cuecas, pois havia shows de tamanho pequeno, médio e grande.

Da parte de Charlie, sem novidades. "Já fizemos tudo isso antes. Algumas turnês, muitos anos atrás, eram só em teatros. Outras foram só em arenas. Desta vez, juntamos os três formatos. Acho que foi ideia de Mick, para que fosse um pouco diferente, e não vejo problema nisso. Na verdade, dá até mais trabalho porque fazemos três sets distintos, em vez de tocar o mesmo repertório a turnê inteira. É muito difícil traduzir coisas mais sutis para estádios pois você precisa ser bem direto e bombástico. Felizmente, temos o melhor cara do mundo para isso, que é o Mick.

"É ridículo tocar em estádios de futebol, mas a natureza da coisa agora é essa. Quer dizer, toco em clubes. E sei que é outro tipo de música, mas é um prazer. Fazer shows no Ronnie Scott's é maravilhoso."

Charlie guardava seus trunfos cuidadosamente quando lhe pedi pistas do visual do novo show ("Não vou dizer, você vai ver na hora"), mas ao chegarmos a Boston para o primeiro show de arena, no Fleet Center, vimos um palco de sessenta metros de extensão e 24 metros de altura transformado em um outdoor gigantesco, com uma colagem feita sob encomenda por Jeff Koons. Uma cobertura transparente de policarbonato, com 24 metros de extensão, dava aos músicos proteção contra intempéries. O palco B, agora já uma tradição, ficava disfarçado no meio do público, como de hábito.

"A gente se decidiu por um palco bem básico a não ser pelo telão gigantesco acima de nossas cabeças. Ficou lindo, só que tínhamos de decidir o que iria aparecer em um telão daquele tamanho", disse Charlie. "É uma ideia que eu gostaria de desenvolver mais. Se usarmos o telão como cenário de palco, podemos criar ambientes totalmente distintos para cada canção. Ele pode virar um salão de baile em Versalhes, ou uma tela preta com portas e janelas se abrindo para uma outra atmosfera."

"Nos bastidores, ele, Mark Fisher e Patrick Woodroffe. Ali é que muito do trabalho foi feito", diz Keith. "Comigo é 'Onde fica o palco? É só erguê-lo e vamos nessa'. Charlie já se tornou bem experiente. Ele me surpreendia quando começava a falar das luzes — 'Não, porque os *supertroupers* aqui e os arcos ali...' Meu Deus! Ele aprendeu muito sobre o assunto e gostava de saber. Era designer de coração."

Naquela noite em Boston, fazia-se notar a costumeira ferrugem de primeiro show, até porque, como Charlie ressaltava, a banda raramente ensaiava shows inteiros, com direito a luzes, vídeos e todo o resto — ou seja, sempre havia um elemento de contar com a sorte. "As pessoas adoram ir ao primeiro show", comentava ele, "mas costuma ser um caos. O melhor momento para assistir a um show de quem quer que seja é geralmente lá pela terceira semana da turnê. A *Rolling Stone* descreveu o baterista como "um exemplo de habilidade contida" em uma banda que tocava "como quem, ao mesmo tempo, não tem nada e tem tudo a provar".

Não só a turnê foi um sucesso estrondoso, com faturamento de trezentos milhões de dólares, como sua configuração inovadora foi uma bênção para a banda, Mick em particular. "Este novo formato desmontou de fato o esquema", disse ele. "Fiquei surpreso e encantado. Funcionou para o público e nos manteve vivos. A rotina mata a espontaneidade."

Na primavera de 2004, Charlie reuniu a banda. A outra, a de dez músicos, que já há três anos não achava um espaço na sua agenda. Os músicos voltaram ao seu escritório londrino, o Ronnie Scott's, para uma nova residência. O álbum lançado no verão, *Watts at Scott's*, porém, consistia de gravações feitas ao longo de três noites no local em 2001.

Em meio a homenagens a heróis como Duke Ellington e Billy Strayhorn, fazia parte do disco a latinidade de "Faction", uma das leituras mais imaginativas de "Satisfaction" já tentadas, cortesia de Gerard Presencer, à frente da formação com seu trompete. Contudo, ao surgir para o mundo, o disco gravado em junho veio acompanhado do maior choque da vida de Charlie. Dez dias antes do lançamento, aos 63 anos, ele recebeu o diagnóstico de câncer.

Charlie tinha um caroço no pescoço já havia dois ou três anos, que inicialmente fora diagnosticado como benigno, mas ao ser retirado foi descoberto que era canceroso. O câncer foi detectado também em sua amígdala esquerda. "Quando fiquei sabendo, literalmente caí na cama e chorei", admitiu Charlie. "Achei que seria o fim de tudo, que só teria mais três meses de vida. Você entra naquele lugar e fica horrorizado. As máquinas todas, parece coisa da era espacial. Os cirurgiões e enfermeiras literalmente têm a sua vida nas mãos deles." Keith complementou: "Como Charlie definiu, 'uma hora sou aplaudido de pé no Ronnie Scott's, em outra vou parar em uma cova de mármore'.".

Os médicos disseram a Charlie que seis semanas de radioterapia lhe dariam noventa por cento de chance de recuperação completa, e felizmente o prognóstico foi comprovado. Ele ia a pé ao Marsden para as consultas, escapando milagrosamente dos olhos da mídia, ainda que um curto comunicado de imprensa em agosto confirmasse que ele estava havia quatro semanas em tratamento. No início de outubro, um novo comunicado, dessa vez da parte de Mick, anunciava que o tratamento fora bem-sucedido. Naquele mesmo mês, Charlie e Shirley celebraram um raro fenômeno no mundo do rock: quarenta anos de casados.

Charlie falaria posteriormente de sua ausência inicial das sessões de composição e gravação de demos do álbum que seria lançado em 2005 com o título *A Bigger Bang*. Os planos do grupo de entrar em turnê dependiam de seu tratamento mas, ironicamente, essa situação assustadora foi o estopim da mais próxima relação de composição entre Mick e Keith em anos. Naquele verão, tiveram a experiência incomum no período veterano da banda de compor juntos no mesmo cômodo, no Château de Fourchette, opulenta residência de Mick às margens do rio Loire, em Pocé-sur-Cisse.

"Passamos muito tempo compondo na casa do Mick", disse Keith. "Trabalhamos muito próximos, em especial por fazê-lo em espaço tão restrito e por estarmos em número mais reduzido. Todo o básico foi feito ali naquela sala, em alguns sofás.

Então eu o colocava na bateria. A gente se divertiu muito com isso. Pela primeira vez em muitos anos, estávamos juntos, só eu e Mick, com aquela obrigação de criarmos algo. E foi um tal de 'Eu tento tocar o baixo aqui, você toca piano aí'. 'Não, *você* toca o piano.'"

Na visão de Mick, "quando Charlie ficou doente, ficamos um pouco abalados, mas isso nos levou a tocar guitarra, baixo e bateria um pouco, só nós dois. Quando o Charlie enfim apareceu, muitas das batidas já estavam prontas. Nós as modificamos, mas já havia uma base sólida e usamos elementos das demos que havíamos feito". Quando Charlie se juntou ao grupo, Keith disse que sua aparência era a mesma, como se tivesse apenas penteado o cabelo e vestido o terno.

Sob a sábia supervisão sônica de Don Was, produtor dos álbuns antecessores dos anos 1990, *A Bigger Bang* representou uma vitória improvável. Suas canções simples, perspicazes, caíam como uma luva em uma banda de sessentões (só Ronnie tinha 58 anos), mas ainda exibiam uma energia singular, das brincalhonas "She Saw Me Coming" e "Oh No, Not You Again" e as tristonhas "Streets of Love" e "Laugh, I Nearly Died", todas de Mick, à exaltada "Infamy" e a vulnerável "This Place Is Empty", de Keith. E quem quer que esperasse um Charlie baqueado pelos problemas de saúde só precisou constatar como a energética batida em contratempo de "Rough Justice" preencheu o ambiente para se dar conta do quão errado estava.

Perguntei a ele se sua forma irrepreensível seria uma mensagem subconsciente aos colegas para ainda não desistirem dele. A resposta foi: "Não era a eles que eu queria mostrar alguma coisa, era a mim mesmo. Meu ego não vai além disso, afinal".

Àquela altura, Don Was conhecia o roteiro tão bem quanto a banda, mas teve uma injeção de energia ao testemunhar a interação renovada dos Stones. "Dizer que há amor e afeto entre esses caras não chega nem perto de descrever o quanto a relação deles é profunda, a meu ver. Ela compreende várias gerações e casamentos", relatou-me Was. "E é complicada, mas assim são todos os relacionamentos duradouros."

A turnê apropriadamente gigantesca que se seguiu ao disco teve início no verão de 2005. Mesmo sob o olhar atento dos colegas, o baterista estava novamente à toda, com infinitos watts de potência. Mick brincava: "Eu sempre digo a ele: 'Charlie, é assim que se dá entrevistas'. Sabe como é, eu digo: 'Conta para eles da sua doença'. Porque a pergunta sempre vem e eu sempre tiro sarro. Mas não, ele tirava de letra, sem problema algum. Jamais notei qualquer hesitação.

"É fisicamente desgastante tocar bateria por tanto tempo no palco. Eu reparo fácil se ele começa a atrasar a batida um pouco ou se começa discretamente a deixar passar o compasso. Mas nada disso. Notei imediatamente quando começamos a gravar que ele estava tocando muito bem, muito alto, com muita verve. Não houve problema."

Passados seis meses e 55 shows — e após uma apresentação no Super Bowl XL algumas semanas antes para uma plateia televisiva que, só nos Estados Unidos, foi de 140 milhões de pessoas —, os Stones encararam um dos maiores shows de toda a história do rock, na praia de Copacabana, no Rio de Janeiro. É impossível saber ao certo o número exato de pessoas que compareceu, mas a estimativa mais recorrente é de 1,5 milhão de pessoas, equivalente a vinte Live Aids no estádio de Wembley ou 75 Madison Square Gardens lotados.

Planejado por meses, o show exigiu a construção de um tipo diferente de ponte, para levar a banda do hotel ao palco, estendendo-se por cima de uma plateia espalhada ao longo dos quatro quilômetros da famosa praia. Setenta caminhões com equipamentos, quinhentos seguranças, seis mil policiais militares: a escala monumental de um típico show de estádio dos Stones, superdimensionada como nunca antes.

No backstage, Charlie certamente ponderava o que achar daquilo tudo, mas até ele se deixou levar pelo entusiasmo daquele dia. Com razão. "Foi divertido", disse. "Para ser sincero, não importa se são dois milhões ou não porque você só enxerga até certo ponto. Para o Mick, lá na frente agitando o público, é diferente. Mas dava para enxergar os barcos no mar. Era um ambiente maravilhoso e o dia inteiro foi fantástico. Como uma final de Copa do Mundo que durou o dia todo."

Ronnie acrescenta: "Aquilo foi insuperável, inconcebível e muito... qual seria a palavra? Surreal. Eu pensava: 'Estão chegando por terra, mar e ar!'. Estávamos cercados. Mas o barato a respeito daquele dia no Rio é que ninguém se machucou, ninguém se feriu. Acho que um bebê nasceu, mas só isso."

Houve então o incidente em Fiji, e uma folga inesperada para Charlie. Surgiram teorias de conspiração a respeito do acidente de Keith durante as férias no Pacífico Sul com sua esposa, Patti, Ronnie e Jo Wood, mas ele de fato escorregou e caiu, não de uma árvore, como foi noticiado, mas do que ele chamou de um "arbusto retorcido", tendo que passar por uma cirurgia urgente para remover um coágulo sanguíneo de trás do cérebro. Sua explicação foi típica. "Não consegui me equilibrar, voltei e beijei a árvore. Foi quase um beijo de despedida", disse. "Agora todos me dão palmeiras de plástico de presente. Ok, acho que vou ter que aturar. Um monte de cocos sendo entregues na porta de casa.

"Charlie estava me contando das tomografias que fez e eu pensando: 'Ao menos não preciso passar por isso'. De repente, lá estou eu passando pelos mesmos túneis que ele descrevia. Agora tenho seis pinos de titânio na cabeça. E garanto que não fazem o detector de metais do aeroporto apitar. Já testei."

Charlie aproveitou ao máximo o período de inatividade antes do início da turnê europeia. "Me ligaram dizendo que o adiamento era sem previsão. Pensei: 'E agora, o que eu faço?'. Para mim, pessoalmente, não poderia ter sido melhor, porque tinha que sair da Inglaterra por razões tributárias e literalmente fiz o Grand Tour da Europa por minha própria conta. Fui a Turim, Roma, Florença e Paris por um mês. Fui a vários lugares que nunca havia visitado, tipo Pompeia. Uma experiência cultural intensa, como um Grand Tour do século XVIII.

"Eu só estava com uma calça jeans (*Jeans*? O que mostra o nível de emergência da coisa!) e um par de sapatos. Para mim, um desastre. Fui direto para Roma e comprei outro terno. Ou seja, para mim o adiamento foi maravilhoso. Para o Keith, deve ter sido infernal, mas eu passei um período bem agradável."

Lembrei Keith do assunto. Ele riu. "Sim, ele me contou. Disse: 'Apronta uma dessas de novo. Eu me diverti à beça'."

Jools Holland observa: "Charlie era um misto formidável de cavalheiro do século XVIII que você conheceria em algum momento das suas viagens, que apareceria na sua vida como por mágica, e um londrino lacônico que também era muito refinado. Quando me refiro a um cavalheiro do século XVIII, quero dizer aqueles jovens grã-finos que faziam o Grand Tour e desenhavam por onde passassem. Ele era desse tipo."

Keith chega à mesma conclusão. "Vou lhe dizer o que ele era: uma porra de um cavalheiro", resume. "Do tipo do século XVIII." O próprio Charlie reconhecia. "Devia ter nascido em 1810", admitiu à *Esquire*. "Vivo como um dono de terras do período vitoriano. Eu me levanto, decido o que vestir, tomo café e saio para caminhar feito o lorde da mansão. Dou a volta no estábulo, olho os cavalos. Nós temos uma coudelaria. Pertence à minha esposa, na verdade — é a paixão dela. Temos cavalos desde que nos casamos, mas eu jamais cavalguei. Mas tenho uniformes maravilhosos de equitação: calças, três pares de botas. Tenho algumas carruagens antigas lindas."

Holland viajou com a banda pelos EUA e pelo Japão quando fazia entrevistas com seus membros para o livro *The Rolling Stones: A Life on the Road*. As conversas foram organizadas para a publicação em 1998 por Dora Loewenstein, filha do príncipe Rupert Loewenstein, gestor financeiro de longa data dos Stones. Naquela ocasião, houve tempo suficiente para Charlie e Holland se conhecerem melhor e Charlie exibir sua rejeição estudada ao estilo de vida supostamente compulsório à geração do rock.

"Ele era um cavalheiro impecável, naqueles hotéis enormes", diz Holland. "Cada um tinha a própria suíte, e quando havia aqueles shows enormes, todos tiravam três noites de folga, tão longo é o tempo que leva para desmontar tudo e remontar em outro lugar. Não é como todo o resto de nós faz, com quatro shows seguidos e uma noite de folga.

"Então, às vezes éramos convidados ao que se costumava chamar de A Jaula, que era a suíte de Keith, onde a música que se tocava era maravilhosa. Parecia *O Senhor dos Anéis*, onde os elfos tocavam uma música que você não sabia bem o que era, mas chorava do mesmo jeito, de tão linda, e queria ouvir de novo. Eu dizia: 'Keith nos convidou para irmos à Jaula esta noite'. Mas ele não ia, não curtia.

"Mas eu gostava do fato de ele ter sua rotina, e ia ao quarto dele para tomarmos chá. Tudo sempre impecavelmente organizado. Ele dizia que seria feliz como um cavalheiro, mas seria igualmente feliz como um mordomo, o que vale para todos os verdadeiros cavalheiros. Se você não compreende perfeitamente o que precisa ser feito, não pode esperar que outra pessoa saiba fazê-lo."

Inovações tecnológicas emergiam no universo particular dos Stones e fora dele, e Charlie mostrava total desinteresse por elas, isso quando tomava conhecimento. Eu me lembro de quando mencionei a ele que o filme-concerto da banda, *Live at the Max*, de 1991, seria lançado em alta resolução para IMAX, o formato de ponta na época. "É?", retrucou ele, com o olhar sonolento de quem não tinha o menor interesse.

Na turnê *Bridges to Babylon*, cujos 97 shows passaram por quatro continentes em 1997 e 1998, toda noite o repertório incluía uma canção "votada pela internet", escolhida a pedido dos fãs em enquete online. Em nossa conversa seguinte, toquei no assunto com Charlie e a reação foi a indiferença que lhe era peculiar — involuntariamente divertida a ponto de ser necessário prender o riso, como de hábito.

"Não é algo a que eu faça objeções, mas também não é algo em que tenha muito interesse", disse ele. "Não tenho interesse em computadores ou na internet, mas Mick tem, e muito, e achou ótimo. Não sou tão fascinado por isso, nem por todo o resto do mundo da tecnologia. Nunca fui."

A turnê foi retomada em julho de 2006 no San Siro, em Milão. Oito shows mais tarde, quando reencontrei a trupe na Amsterdam Arena, ninguém imaginaria o ameaçador calvário que havia precedido aquele momento. O baterista já contava então com a atenção total dada pela plateia a um tio idoso. Na camiseta de um fã lia-se "Charlie Watts e seus fabulosos Rolling Stones".

"Esse negócio de subir ao palco", disse Mick antes daquele show, "deve ser como um esportista de primeira linha se sente. Tem a ver com o seu grau de confiança, com sua coragem. Você precisa provar a si mesmo que ainda consegue. Imagino que os primeiros shows tenham sido difíceis pro Charlie e pro Keith. Todo mundo os observando, 'Eles estão bem?'. Tem de haver este elemento."

No verão, os Stones fizeram dois shows no estádio de Twickenham, no que quase representou o fim de um ciclo, amplificado à enésima potência. "Tocávamos bem aqui do lado, no Richmond Athletic Ground, e também costumávamos tocar no Hotel Station", disse Mick. "Tocar em Twickenham é como estar em casa. Exceto para Charlie. Ele é de Wembley. O estádio de Wembley é mais como uma volta ao lar para ele."

Qualquer show de regresso ao lar representava mais um desafio aos instintos organizacionais de Charlie. "Sempre aparece um monte de gente que você conhece e de quem gosta, todos ali presentes, e isso me deixa meio apavorado", admitia ele. "É um pouco aquela sensação de 'Ah, cacete, mais gente'. Você sempre se pega pensando, já na cama: 'Será que convidei fulano e cicrano?'."

Charlie e Ronnie voltaram a Londres em novembro de 2006 para dar apoio moral a Mick no funeral de seu pai Joe, que morrera aos 93 anos de idade. Foi poucos dias após a morte do irmão mais velho e referência musical de Ronnie, Art, que Charlie conhecia desde a época do Blues Incorporated de Alexis Korner. Na primavera seguinte, foi a vez de Doris, a adorada mãe de Keith, aos 91.

Em junho de 2007, quando a turnê *A Bigger Bang* reverberava Europa adentro, os Stones encabeçaram o line-up do Festival da Ilha de Wight. Como convidados, receberam no palco não um mas dois dos nomes mais em alta da música britânica na época: Paolo Nutini, em "Love in Vain", e Amy Winehouse, em "Ain't Too Proud to Beg". Infelizmente, e falo aqui como testemunha ocular, ela se encontrava, digamos, debilitada pelo alcoolismo, e Charlie concordou.

"Durante a participação que fez no nosso show, ela se saiu pessimamente, mas com a banda dela, no dia anterior, foi ótima", comentou ele. "Eu só pensava: 'Deus do céu, essa é a mesma garota?'. A banda é encantadora, no disco (*Back to Black*) eles são ótimos, e ali ela é fantástica. Desde então, já consegui ouvi-la com calma, mas com a gente achei que foi bem..." Ele interrompeu a fala e aproveitei para ressaltar que ela não sabia a letra da canção dos Temptations na qual faria dueto com Mick. "Não, não sabia. Ela não foi de fato a Amy Winehouse que todos conhecem e amam. Mas foi ótimo tê-la cantando conosco de certa forma, não foi?"

Na sequência, não pela primeira vez e nem pela última, me explicou o porquê de desgostar de eventos de grande porte, mas ter gostado daquele. "Não gosto dessa coisa de festivais, odeio tocar com outras oitenta bandas. Mas na Ilha de Wight foi muito bom. Fiquei bem surpreso com o quanto foi agradável. Já havia estado lá como agregado, vendo os outros tocarem, mas tocar eu mesmo achei bom de verdade. O trajeto de barco também foi ótimo. Neste sentido, temos muita sorte, nos divertimos bastante.

"Dito isso, já toquei em alguns (festivais) de jazz. O Stu nos botava para tocar por toda a Europa e eu detestava esses eventos. Adoro ir para ver os shows de outros artistas, mas odeio tocar neles. Nunca há aquele clima especial. Pagam muito bem, mas... eu me lembro de uma vez em que havia tocado em Paris, o Stu me levou de carro, caí no sono, acordei em Haia (para tocar no Festival de Jazz do Mar do Norte). Alexis Korner estava com a gente, coitado. A banqueta do baterista anterior ainda estava esfriando e já foram pegando a minha, puseram no lugar e deram um chega-pra-lá no cara. Saímos de lá, peguei minha chave, subi para o quarto e a cama ainda estava quente, pois a banda do Dizzy Gillespie mal havia saído de lá. É bem assim. Mas é ótimo quando você encontra gente que não via há anos e sempre tem alguma coisa acontecendo quando há bandas ótimas tocando."

Em agosto, três noites na O2 Arena fecharam a conta. A turnê *A Bigger Bang* fez jus ao nome: em mais de dois anos, foram 147 shows com o faturamento mais estrondoso da história da banda, 558 milhões de dólares. A folga pós-turnê era mais do que merecida; para Charlie, foi na fazenda em Dolton. Mas ele iria a Londres no fim de 2008 para celebrar um de seus mais antigos parceiros musicais, apresentando o Zildjian Award pelo conjunto da obra a Ginger Baker, no Shepherd's Bush. Há belas fotografias dos dois aparentes broncos radiantes de felicidade.

"Eles mantiveram uma amizade", diz Nettie, filha de Baker. "Quando Charlie ia aos Estados Unidos, aparecia no rancho do papai e dizia: 'Pode vir ao show dos Stones, mas eu sei que você não vai querer porque os odeia'. Quando ele viu Charlie na premiação e foi o amigo que apresentou o prêmio pelo conjunto da obra, os dois ficaram muito felizes em se encontrar. E meu pai não falava de outra coisa a não ser 'Lembra quando a gente pegava o trem da Bakerloo Line juntos?'."

John DeChristopher, ex-vice-presidente da Zildjian, fabricante de instrumentos musicais, desenvolveu uma relação calorosa com Charlie, e lembra dos dois amigos conversando por uma hora no backstage após a cerimônia. "Charlie era dos poucos bateristas que Ginger elogiava e respeitava", diz ele, "e creio ter a ver com o longo tempo a que se conheciam. Ele enxergava quem Charlie era. Charlie sempre falava dele com muito respeito. Naquela noite em que veio apresentar o prêmio, ele me disse depois que havia preparado detalhadamente o que diria sobre Ginger. Na hora, congelou e disse apenas: 'O melhor'."

O mundo do jazz estava a ponto de oferecer a Charlie mais uma grande aventura, possivelmente sua favorita. Ele começou a fazer alguns shows com não apenas um, mas dois pianistas de boogie-woogie, Ben Waters e Axel Zwingenberger, entre os quais uma apresentação no Bull's Head, notório point de jazz em Barnes, na zona oeste de Londres, e outra no 100 Club. A brincadeira logo ficaria séria e daria origem a uma turnê, com direito a shows na Europa sob a alcunha de ABC of Boogie--Woogie, inspirada em seus prenomes.

Não demoraria para surgirem um álbum — *The Magic of Boogie Woogie* — e mais uma inicial, com a bem-vinda adição de Dave Green, o velho camarada de Charlie, para completar a cozinha. Estava completo o ABC&D of Boogie-Woogie. "São dois pianos de cauda, o que é bem incomum", disse Charlie. "Por isso eu gosto da banda. É fantástico de ver. Não se vê uma guitarra."

"Esbarrei em Axel em Viena", contou Waters para mim no lançamento do disco *Live in Paris*, um souvenir das turnês do grupo, em 2012. "Estava fazendo um show por lá e fomos à casa dele. Estávamos tocando piano e ele disse que adoraria fazer algumas apresentações comigo na Inglaterra." Agendei então um show só com nós dois tocando e escrevi pro Charlie de gozação, porque sabia que ele havia tocado com o Axel. Meus tios também conheciam Charlie, eles eram amigos do Ian Stewart. Perguntei se ele toparia tocar bateria conosco. Ele topou, e foi incrível. Não havíamos vendido muitos ingressos só nós dois, mas no dia em que Charlie disse que participaria da apresentação esgotou tudo em duas horas. Fantástico."

"Quando o Ben me convidou, eu não tinha nada para fazer e já era hora de sair de casa, segundo minha esposa", contou Charlie. "E Axel estabeleceu como sua missão fazer o mundo se ligar no boogie-woogie. Já está muito bem encaminhado, mas esperamos que o projeto faça a coisa avançar ainda mais. Ele é fenomenal. É uma delícia tocar com esta banda, e ter David nela é perfeito. Curioso é que ele é um dos instrumentistas principais. Eu agora toco um pouco mais de bateria, mas nem é tanto assim."

A postura de Charlie naquela entrevista de 2012 era diferente da costumeira atitude *mas-precisa-mesmo?* relativa à sua atividade principal. "Essa banda, para mim, é o que há de mais próximo a uma noite no Café Society em 1939", dizia, radiante, a imaginar o grupo no famoso clube noturno do Greenwich Village. "É meu ideal de como deveria ser. Axel me deu uma gravação da orquestra de Benny Goodman em um estúdio de rádio, com Albert Ammons, Pete Johnson e Meade 'Lux' Lewis integrando a formação. É fantástico. Inacreditável. Aquilo é suingue, meu Deus.

"Mas quando você começa a tocar esse tipo de música, as pessoas amam. Imagino que não amem a aparência dos velhos mocorongos tocando, mas a música é animada. Não tem nada de pretensiosa e é bem direta. Maravilhosa de tocar. Nunca nos inserimos em um contexto de competição, entende? É uma coisa meio informal, para tocar em clubes, e é assim que eu prefiro."

O álbum ao vivo incluía uma versão irresistível de uma canção que remetia aos tempos das primeiras gravações dos Stones, a manjadérrima "(Get Your Kicks On) Route 66", de

Bobby Troup, primeira faixa do primeiro LP da banda. Perguntei quais eram as diferenças entre as duas gravações, da ótica de quem toca em ambas. "Difícil dizer", foi a astuta resposta de Charlie. "Você toca algo que se encaixe àquele grupo de músicos especificamente. A dos Stones era bem centrada na guitarra à la Chuck Berry, com Stu gorjeando por cima ou borbulhando por baixo dela.

"Essa é totalmente baseada no piano e a levada do baixo é jazzística, suingada, o que dá outra cara à música. Às vezes, quando embarcamos em uma levada mais para Jerry Lee Lewis ou Little Richard, eu a toco como tocaria com os Stones. Mas a decisão cabe ao Ben, se ele decidir tocar essas canções. Nunca ensaiamos. Não ensaiamos nem para tocar juntos pela primeira vez. As canções podem sair diferentes a cada ocasião. Eu só fico lá sentado. Não sei o que ele vai tocar a seguir."

Havia uma cidade na qual Charlie teria adorado tocar com o quarteto, uma cidade que fazia parte de seu DNA musical. "Quis tanto tocar em Chicago, porque é de onde esta música é originária", dizia ele. "Sim, aconteceu o mesmo com os Stones. Acabamos em Chicago, tocando blues ao estilo local para uma plateia maior do que a que Muddy Waters teve." Ele riu. "Como Keith sempre diz, o jogo é esse mesmo. A música vai sendo passada adiante, algum moleque vai e copia o Keith, toca ao estilo dele, ou então ele copia um velho que tocava em um arrozal."

Nas montanhas Dolomitas, porém, o grupo tocou. Charlie descreve a experiência ao seu inimitável jeito seco. "Foi bem estranho, lá no alto das montanhas, com uma igreja, pássaros cantando, neve, e você lá pensando se vai aparecer alguém para ver o show. O local é uma sala de concertos em declive, não tem ninguém, só duas mulheres passando para comprar pão. E aí o relógio bate sete da noite e o lugar está completamente lotado. E todo mundo adora."

Foi nas excursões com a ABC&D que se desenvolveu a amizade entre Charlie e Holland, que às vezes se juntava à formação como terceiro pianista. "Foi na Áustria que nós começamos a conversar mais", revela Holland. "Os Rolling Stones são a maior máquina itinerante da Terra. Fazem aquilo há anos, as engrenagens são muito bem lubrificadas, e eles contam com pessoas para cuidar de todos os aspectos.

"Mas quando ele excursionava com a ABC&D of Boogie-Woogie, não havia nada disso. Às vezes era meio caótico, não havia ninguém para fazer o check-out do hotel para você. Mas Charlie jamais ficava de mau humor por causa disso. Ele se divertia com o caos. Aprendi muito com ele sobre permanecer lacônico e calmo, não se permitir se exaltar. Aconteça o que acontecer, se exaltar nunca ajuda. Esse era o método dele.

"Charlie adorava tocar com Axel, Ben e Dave porque amava muito o boogie-woogie. Entendia melhor do que ninguém a conexão entre aquela música, como parte dos primórdios do jazz, e o rock n' roll popular formatado a partir de elementos dela. E havia público porque as pessoas percebiam a conexão com a ótima *boogie music* dos Stones, que bate na alma do ser humano e o faz querer sair dançando."

Por isso, diz Holland, Charlie topou entrar em turnê feliz da vida, já próximo dos setenta anos de idade, como atividade de férias... das turnês. "Ele só aceitou porque os Stones faziam longas pausas entre suas eras. Se você é músico, precisa continuar praticando. Fazê-lo em casa não é a mesma coisa. E ele gostava de viajar com seu velho amigo Dave e todos nos divertíamos juntos. Ele e Dave ficavam enrolados em cobertores no fundo do ônibus feito dois velhinhos curtindo a vida.

"Eu me lembro de uma ocasião em Hamburgo em que ficamos no Atlantic, um hotel muito luxuoso em que ele já ficava havia muitos anos. Não há muita gente por aí que seja tão verdadeiramente internacional quanto os Rolling Stones. Eles existem há muito tempo e tocam em tantas cidades que fazem amigos por todo o mundo. Apareceu então um sujeito austríaco que tinha alguma coisa a ver com cavalos de corrida, uma daquelas figuras espalhafatosas. Nosso café da manhã durou quatro horas."

Holland conclui: "Eu percebia, pela forma como os amigos de Charlie surgiam do nada durante nossas viagens, como ele colecionava pessoas que pareciam saídas de filmes glamourosos dos anos 1970 passados na Suíça, na Alemanha e na França. Se arrumavam todos para ver a gente tocar boogie-woogie. Era uma mistura incrível. Tinha um sujeito que lembrava um ex-presidiário, um vilão alemão de filme. Não se entendia muito bem o que metade daquelas pessoas fazia, mas todas amavam o Charlie".

CONTRATEMPO

O dom de se doar

Charlie Watts encarava com absoluta tranquilidade o gasto de grandes quantias em seus próprios hobbies, em parte porque também as gastava com os amigos, mostrando a eles o quanto os amava. Seu dom de baterista era complementado por aquele de se doar.

Onde quer que se vá no mundo dos Rolling Stones, fala-se com amigos e colegas de jornada que se beneficiaram da extrema generosidade de Charlie, sempre exercida sem qualquer pretensão ou alarde. Céticos talvez digam que é fácil ser tão generoso quando se tem milhões no banco, mas não há muitos artistas na indústria fonográfica que parem de pensar em si próprios o bastante para notar aqueles ao seu redor, muito menos lembrar de suas respectivas paixões.

Dave Green, cuja amizade com Charlie remete aos distantes dias de calças curtas e talões de racionamento nas *prefabs* de Wembley, tem uma história característica. "Ele era tão generoso", diz. "Ele uma vez apareceu no PizzaExpress Jazz Club, no Soho, trazendo uma mala. Disse: 'Comprei pra você'. Tenho muito interesse em exploração polar. Livros sobre o assunto são um dos meus hobbies de colecionador, e ele sabia disso.

"Ele comprou para mim quatro volumes incríveis do *South Polar Times*, que eram reproduções do relatório produzido pela expedição do Capitão Scott na Antártida. Nunca conseguiria comprá-los, não tenho dinheiro para isso. Ele simplesmente apareceu trazendo-os." Escritos pelos membros da expedição para aliviar o tédio daquelas longas e cruéis noites de inverno, os diários combinavam enigmas e cartuns com tratados mais especializados sobre focas, baleias e pinguins.

"Sei exatamente como ele os conseguiu", revela Dave. "Quando Charlie se mudou para Pelham Crescent, uma das filiais da Peter Harrington (empresa especializada em livros raros e membro da Associação de Livreiros Antiquários) ficava logo na esquina. Tinha um sujeito lá chamado Glen, que fui conhecer apenas na celebração da vida de Charlie no Ronnie Scott's [em dezembro de 2021], uma noite maravilhosa.

"Era um sujeito encantador", prossegue Dave, "e foi um prazer imenso conhecê-lo, pois agora sei quem conseguiu todas aquelas coisas que o Charlie me dava, inclusive algumas fotografias de Scott LaFaro[1]. Ele tocou com Chet Baker, um dos meus heróis no baixo, e eu nunca o tinha visto tocar. Sabe a coleção do Charlie [de edições originais] de P. G. Wodehouse? Foi Glen quem conseguiu tudo também. O Charlie era assim. Me deu esses livros incríveis, desse jeito, casualmente."

Espera-se que parte da satisfação em ouvir tais histórias seja precisamente a sua incongruência. Primeiro, Charlie entra em um clube de jazz arrastando uma mala com livros sobre exploradores da Antártida para um velho amigo. O próximo

[1] Contrabaixista norte-americano de jazz, considerado um inovador do instrumento e célebre por ter integrado o trio do pianista Bill Evans. (*N. do T.*)

passo: comprar espadas pré-históricas embaladas em papel pardo. Estando de acordo com as regras de coleções, fosse para ele ou para seus amigos, lá estava Charlie.

O felizardo em questão é Bill Wyman. A saída em câmera lenta dos Rolling Stones, finalmente oficializada em 1993, liberou-o para uma penca de novas atividades, mas o manteve, literalmente, na lista de cartões de felicitações. "A gente sempre comprou presentes uns pros outros, de aniversário ou de Natal, e a gente segue com esse hábito", conta-me. "Ainda ganho vinhos de Mick, Keith nos manda caviar. A gente manda coisas uns pros outros, sempre mandou." Em 2011, quando ele fez 75 anos, a banda lhe enviou 75 rosas.

Mas a generosidade de Charlie para com o velho amigo estava em outro patamar. "Nos anos 1990, me interessei por arqueologia na minha casa", conta Bill. "Operários acharam algo no terreno e eu imaginei: 'Deve ter mais coisa por aí'. Acharam uma moringa de cerâmica do século XV. Comprei então um detector, saí à caça e achei ruínas romanas totalmente desconhecidas rua acima. Achei centenas de moedas e fíbulas romanas, todo tipo de coisa.

"Quando Charlie soube, começou a frequentar alguns lugares e comprar objetos arqueológicos, que eram absurdamente caros. Obviamente, isso em uma época em que estava ganhando dinheiro aos montes. Eu havia saído antes de eles começarem a ganhar dinheiro de verdade. Fiquei só com uma pequena quantidade para me manter, e tudo bem. Na última turnê de que participei, os ingressos custavam quase trinta euros, algo assim. Eles começaram a ganhar uma nota, portanto Charlie tinha condições.

"Ele apareceu logo antes do Natal, eu lhe entreguei seu presente e ele me entregou um negócio comprido, bem pesado, embrulhado em jornal e papel pardo, amarrado com corda de sisal, e falou: 'Cuide bem, é especial'. Eu concordei e pus de lado. Fomos pro interior então, pus o embrulho embaixo da árvore e, no Natal, minha esposa Suzanne veio me dizer: 'É melhor você dar uma olhada no que o Charlie te deu'. Abri o embrulho e era uma espada da Idade do Bronze, do ano 1000 a.C.

"Aí, no Natal seguinte, ele me compra uma taça romana de vidro, em outra ocasião lâminas de machados da Idade do Bronze, datadas de 1500 a.C. e 800 a.C., e em outro ano fíbulas romanas, todas incrustadas. Ganhei coisa à beça. Ele me deu uma espada do século I e um punhal dos anos 1600 que havia sido encontrado no Tâmisa.

"Eu vivia dizendo: 'Charlie, você não pode me dar presentes assim. Não tenho como te dar coisas nesse mesmo nível'. Ele respondia: 'Você não tem dinheiro, isso não importa'. Nem era verdade, mas… eu achava objetos de críquete para ele, lhe dava esse tipo de coisa, e ele sempre amava. Assim conseguia satisfazer-lhe um pouco as coleções."

Só um coração de pedra não amoleceria ao comprovar repetidas vezes o carinho que havia entre Charlie e seus colegas de banda. "Sempre dávamos presentes muito bons uns para os outros, e pesquisávamos o que cada um gostava", diz Mick. "Ele gostava de prataria e me presenteava com todo tipo de estranhas peças ornamentais de valor. Me deu uma foto de Little Walter com a assinatura dele embaixo, e eu lhe dava programas de shows de Louis Armstrong assinados por toda a banda."

Ronnie recorda: "Todo Natal, todo aniversário, sempre havia uma dedicatória escrita à mão por ele e um presente adorável, qualquer que fosse; podia ser um suéter lindo e caro ou uma jaqueta. Ele sempre comprava coisas do tipo para mim. Tenho uma caixa linda em casa que uso sempre, com dragões chineses estampados. Uma obra de arte, absolutamente deslumbrante. Eu lhe dava coisas estranhas, tipo pimenteiros do século XVII, coisas nada convencionais. Ele sempre escolhia presentes com muito bom gosto".

Chuck Leavell, o experiente craque dos teclados e diretor musical da formação estendida de palco dos Rolling Stones, compartilha uma história que é o retrato do quão altruísta e observador era o olhar do baterista para com seus amigos e colegas de banda. Na reta final de uma turnê europeia no fim dos anos 1990, Leavell procurava um cachorro da raça Border Collie para dar de presente de aniversário à esposa, Rose Lane.

"Mencionei o assunto ao Charlie e ele disse que Shirley era presidente da Border Collie Society e quis saber se eu gostaria que ele procurasse saber mais informações", lembra. "Pois ele me deu retorno: 'Encontrei duas para você. Se não quiser as duas, fico com uma. São irmãs'." Como o último show da turnê seria em Zurique, Charlie mandou um motorista da equipe até a fazenda próxima à sua, em Devon, onde as cadelas estavam, e mandou levá-las à Suíça.

"Fomos recebê-las e eram as filhotinhas mais fofas do mundo", diz Leavell. "Eu as mostrei para todos da banda. Alguns estavam com a família e foi aquele festival de 'oown', todo mundo se derretendo pelas duas, Molly e Maggie. Ficamos com elas até morrerem, mais ou menos aos quinze anos de idade.

Sempre que encontrávamos com Charlie e Shirley, eles perguntavam como estavam as duas e a gente fazia um relatório."

Tony King, elemento-chave da máquina dos Rolling Stones em casa e na estrada por um quarto de século, criou um vínculo especial com Charlie. "Na última turnê de que participei, que foi *A Bigger Bang*, passamos muito tempo juntos", conta ele. "Ele sabia que eu me dera a este trabalho e, depois da turnê, me deu uma caixa linda e, dentro dela, havia um relógio Tiffany. Tive que mandar avaliar para colocar no seguro e valia sete mil libras. Tenho até hoje lindas toalhas bordadas à mão que ganhei dele, e lençóis de linho. Até este anel que estou usando agora foi presente do Charlie e da Shirley pelo meu aniversário de cinquenta anos. É o meu anel favorito e sempre estou com ele.

"A questão quanto a Charlie e Shirley é que tinham gosto impecável", prossegue King. "Portanto, se você ganhasse um presente dado por eles, não só era de bom gosto mas escolhido de acordo com a sua personalidade, algo que tivesse a ver com você. Eles eram muito perspicazes nesse sentido, uma dupla incrível, e é algo que Seraphina herdou. Ela é muito sensível. Me deu lindas tulipas quando fiz oitenta anos."

Glyn Johns também valoriza os presentes que ganhou. "Tenho duas coisas que ganhei do Charlie", conta ele. "Uma é um lindo mapa de antiquário de Surrey, que é onde eu morava na época. Ele me deu de presente em um dos meus casamentos. O outro é uma gravata que ele comprou para mim. Estávamos em São Francisco, acho que fomos dar um passeio só para relaxar um pouco. E acabou que voltei da caminhada com uma gravata fabulosa, que aliás é a minha favorita até hoje."

Charlie também estimulava as pessoas à sua volta a serem generosas. Em 1968, o motorista e "faz-tudo" dos Stones, Tom Keylock, disse à *NME*: "Sempre quis comprar algo para o Charlie. Mas ele é tão difícil. LPs, coisas assim, não significam nada. Mas eu vi uma escultura bonita de um cavalo, talhada em um único bloco de madeira. Dei ontem para ele. Nunca vi ninguém ficar tão pasmo".

Ainda que Jools Holland fosse o tipo propenso a ficar deslumbrado — o que não é nem um pouco —, as décadas de experiência trabalhando e tocando com os maiores artistas da galáxia o ajudaram a manter a calma e a pose na maioria das circunstâncias. Mas até mesmo ele confessa ter sentido o coração acalentar ao se ver na lista de presentes de um homem que admirava à distância já nos anos 1960 e a quem ouvia com toda a atenção em discos de 45 rotações.

"Ele gostava de Horatio Nelson", relata Holland. "Estava estudando batalhas do século XVIII, algo assim, e por isso lhe dei um busto de Nelson que havia encontrado em algum lugar. Assim como ele, vivo fuxicando o que há para comprar. Ele ficou bem feliz e foi muito gentil porque acabou me dando uma dando uma setlist. Ele me deu alguns presentes fantásticos. Fui vê-lo e ele me disse: 'Tenho uma coisa para você'.

"Ele sabia que eu gostava de Fats Waller", continua o pianista, "e, assim como eu, colecionava alguns dos primeiros registros fotográficos do jazz, assinados pelos artistas. Tinha coisas como uma foto da orquestra de Count Basie em 1948 ou algo assim, autografada pela orquestra inteira. Não é algo que tenha um grande valor financeiro, mas é incrível. Eu lhe disse que tinha algumas fotos do tipo, tenho uma de Louis

Armstrong com Duke Ellington. De vez em quando, gosto de comprá-las.

"A setlist era de 1937, de quando Fats Waller visitara Londres, apresentando-se no Finsbury Park Empire. Era um show de variedades — havia três performances por noite, ele entrava, tocava duas músicas, depois tinha um ventríloquo, um mestre cartunista, uns gêmeos que eram acrobatas. Era o final da era do *music hall*, na verdade. Charlie reparou que Fats era anunciado como 'O principal pianista rítmico dos Estados Unidos'. Muita gente se esquece de que o piano é um instrumento rítmico. É como a bateria.

"No verso da setlist, tinha algo relacionado à viagem de Waller, indicando que ele recebera um adiantamento de duzentas libras em espécie do gerente de turnê. Como se tratava de um documento oficial, ele assinara 'Thomas — seu nome verdadeiro dele — "Fats" Waller, valor recebido, duzentas libras em espécie'. Estava hospedado no Savoy. Charlie comentou: 'Você consegue imaginar quanto duzentas pratas valiam na época?'. Aquilo era um carro novo. Talvez desse até para comprar uma casa em algum canto. E ele depois complementou: 'E Waller deve ter torrado tudo em uma semana. Nada muda no mundo da música, não é?'."

Surge então na memória de Holland a firma especializada em livros raros de que Dave Green já falara. "Olha só algo que foi realmente emocionante. Quase chorei quando soube disso. No memorial em homenagem a Charlie no Ronnie Scott's, uma das pessoas convidadas era da Peter Harrington's, que ficava bem perto da casa de Charlie em Londres. Quando Charlie me deu a setlist, disse: 'Quero te dar isso. Eu comprei e, se houvesse alguma fotografia de Fats, gostaria de ficar para mim. Mas percebo que não tem tanto a ver comigo, porque quero algo que tenha uma foto. Prefiro que fique com você, porque não se encaixa muito bem no meu critério de colecionador'. Falava como se fosse algo que estava ali sobrando e ele não queria. 'Ah, Charlie, que gentileza da sua parte, obrigado.'

"No memorial, o sujeito da Peter Harrington que geralmente vendia livros e outros itens a Charlie disse: 'Nós é que arranjamos alguns dos itens que ele te deu'. Respondi: 'Sim, eu tenho uma setlist maravilhosa assinado por Fats Waller, com um recibo acoplado. É um item histórico fantástico, e Charlie me disse que comprou mas não se encaixava na coleção dele'. Aí o sujeito me falou: 'Não, não. Não foi isso que aconteceu. Ele me pediu para encontrar algo relacionado a Fats Waller *para você*, porque você tinha dito que não conseguia encontrar nada. Encontrei o pôster para ele, e ele te deu'. Isso é tão típico de Charlie. Ele agira com tamanha displicência, em vez de dizer que encontrara o item especialmente para mim. Me deu aquele nó na garganta e tive de sair do recinto."

A gentileza continuaria no encontro seguinte. "Ele levou alguns livros para mim", conta Holland. "Um deles é muito raro. Era um livrinho a respeito de Pete Johnson, o pianista de boogie-woogie, escrito por alguém que estivera com ele antes de sua morte. Havia sido praticamente autopublicado, ali pela década de 1950, quando Pete já era velho.

"Outra história que achei o máximo foi quando começamos a falar de Edgar Lustgarten, que fazia uma série policial." Espectadores de uma certa idade se lembrarão do apresentador e escritor de romances policiais inglês que foi apresentador da série *Scotland Yard* por oito anos, a partir de 1953, e de *The Scales of Justice*, entre 1962 e 1967.

Holland continua: "Charlie disse: 'Eu adorava aqueles filmetes[2] porque ele ficava o tempo todo sentado atrás da escrivaninha em uma sala linda'. Respondi que amava aquela sala! Lustgarten dizia: 'Há algo de extraordinário em assassinatos. Todos pensam conhecer um assassinato perfeito mas não conhecem...'. Aí havia um corte e surgia o Wolseley saindo da Scotland Yard. Tinham só meia hora de duração e nós amávamos a série e a sala.

"Comentei: 'Sabe, Charlie, lá no meu cantinho em Londres eu fico estudando a sala dele para ver como é a arrumação. Queria morar naquela sala'. Ficava tentando recriar aquele ambiente sofisticado dos anos 1950 que Edgar Lustgarten habitava. Charlie achava muito engraçado. Aí, na ocasião seguinte em que nos encontramos, ele me trouxe uma edição original assinada de Edgar Lustgarten, muito rara. Era tão comovente que ele pensasse nessas coisas."

Igualmente comovente, em um aceno perene à memória do amigo querido, é um pequeno detalhe na enorme ferrovia de brinquedo que Holland tinha em casa, em Kent. Orgulhosamente, ele me enviou fotos em close de um trecho que inclui reproduções da juventude de Charlie. "Tenho um modelo das *prefabs* dele e do Dave Green ao largo dos trilhos", conta. "Mostrei a ele uma foto e ele curtiu muito. Eu disse: 'Olha aqui a loja do meu pai e as *prefabs* de vocês. Essa ao lado é

---

2 Os episódios de meia hora de *Scotland Yard* (1953-1961) eram exibidos em cinemas, na condição de curtas-metragens que precediam o filme principal. (*N. do T.*)

a do Dave e na outra mora sei-lá-quem'. É uma pena que ele nunca as tenha visto pessoalmente."

A consideração de Charlie se estendia mundo afora. Em 2011, um admirador em um fórum de mensagens na internet sobre os Stones contou a história de como sua sogra havia conhecido a família Watts quando Charlie era jovem, e usado o véu nupcial da irmã do baterista, Linda, em sua própria cerimônia de casamento. Ela se lembrava de que o jovem Watts lhe visitara e tomara chá com ela antes de as famílias perderem contato e ela se mudar para Adelaide, no fim dos anos 1960.

A filha dessa mulher, esposa do rapaz que havia escrito no fórum, havia escrito uma carta para o baterista, anexando fotos do casamento. Um dia, logo após a meia-noite, o telefone tocou. Era Charlie, dizendo ter recebido a carta e que escreveria de volta e ligaria novamente, e pedindo desculpas por tê-los acordado. "Minha esposa e eu ainda estamos em choque", escreveu o fã. "Ele é um perfeito cavalheiro."

Em outra ocasião, Mark Smallman, vocalista da banda *cover* Rollin' Clones, contou a história de como seu baterista, em um momento de otimismo contumaz, convidou Charlie para sua festa de aniversário. E recebeu uma resposta escrita à mão, dizendo: "Muito obrigado, adoraria poder comparecer, mas tenho um compromisso de família. Desejo todo o sucesso do mundo aos Rollin' Clones. Atenciosamente, Charlie Watts, baterista, Rolling Stones".

8

A longa estrada de volta ao lar

Nos anos 2000, a trupe itinerante dos Stones ganhou uma nova integrante. Tendo chegado ainda bem nova, mais tarde se tornaria companheira fiel de Charlie. Em 1996, Seraphina havia dado à luz sua filha única, Charlotte, que tivera com Nick, seu primeiro marido. "Lembro tão vividamente de quando Charlotte era bem, bem pequena, e ocasionalmente acompanhava a turnê", diz Chuck Leavell. "Charlie tomava conta dela, a levava pela mão, acomodava-a na bateria, passava tempo com ela."

Ocasionalmente, Seraphina levava Charlotte, ainda pequena, a tiracolo. Ela tem lembranças das turnês *Licks* (2002-2003) e *A Bigger Bang* (2005-2007), de quando ainda não tinha noção exata da escala e do significado de como o avô ganhava a vida. "Fui à escola por toda parte", me conta Charlotte, em uma rara entrevista. "Inglaterra, Bermudas, Estados Unidos... no ensino fundamental, ali pelos onze, doze anos, voltávamos a Londres pelas Bermudas, ou então pelas Bermudas até Boston, e eu aproveitava as férias de verão e ia vê-los em turnê.

"Lembro que outros alunos me pediam para levar baquetas autografadas. Era comum nas Bermudas pedir aos amigos para levarem algo do exterior, e, portanto, os pedidos nunca me pareceram nada de mais. Quando terminou a turnê *A Bigger Bang*, eu tinha onze anos, ainda não havia entendido direito do que se tratava. Eles voltaram à estrada quando eu tinha dezesseis, e aí, sim, já estava bem mais consciente."

O que ela adquirira especial consciência era do intenso poder de atração daqueles imortais, e de seu apelo junto a todas as esferas musicais. Os artistas convidados da turnê *50 & Counting* eram de alto calibre e de considerável credibilidade, como sempre, em se tratando dos Stones, desde os tempos de Ike & Tina Turner, B. B. King e Stevie Wonder. As novas performances em Londres traziam participações de gente como Mary J. Blige e Eric Clapton, bem como dos velhos parceiros Bill Wyman e Mick Taylor. Nos EUA, foram Bruce Springsteen, Katy Perry, Taylor Swift e outra colaboradora que estabeleceria bem o contexto para a jovem Charlotte.

"Quando fui ao show de aniversário, em 2012, em Nova Jersey, a convidada era Lady Gaga", conta ela. "Eu tinha crescido na época em que ela surgiu, e ela era o que havia de maior no mundo. Aquela era a minha geração. E o fato de que ela era a convidada bateu forte. 'Opa, ok, isso é bem maior do que eu tinha imaginado.'

"Até então, parecia algo divertido que nós fazíamos nas férias de verão. Ao mesmo tempo, era meio triste que papai estivesse sempre longe, mas eu não fazia ideia da proporção da coisa até aqueles shows de reunião (Charlie é 'papai' para Charlotte, da mesma forma que é para Seraphina)[1].

---

[1] Como o autor opta por explicar somente neste momento que, sim, Charlotte chamava o avô de "papai", em duas menções ao apelido em capítulos anteriores foi feita a troca para "vovô" para não gerar confusão na leitura. (*N. do T.*)

"Fiquei boba. 'Como assim Lady Gaga estava em um trailer ao lado do local do show e papai tinha um camarim? O que está acontecendo?! Ok, agora eu entendi.' Aqueles eram megashows. Havia muitos artistas convidados. Era sempre legal enfiar a cabeça para dentro da porta da sala VIP e ver quem estava lá."

Charlotte, que, como o avô, é excelente ilustradora, também viria a trabalhar como modelo. Em certas fotos, a tatuagem da logomarca com a língua e os lábios no antebraço é visível. Ela tinha dezessete anos ao começar a viajar com o avô, na época da turnê *14 on Fire*, cujo nome se refere ao ano, não à quantidade de shows. O que teve início como uma visita acabou virando posto oficial.

"Eles ensaiaram em Paris para o início daquela turnê", conta ela. "Eu fui ver todo mundo por ocasião do Dia dos Namorados, e eles estavam a ponto de começar as etapas asiática e australiana da turnê. Papai tinha dito: 'As datas são essas. Se quiser vir a qualquer um desses shows, me diz'. Percebi que haveria três no Japão, a maior quantidade em um único local. Fui até lá e me apaixonei pelo país. Era a primeira vez que eu ia a uma turnê sem meus pais por perto ou qualquer um dos meus amigos.

"Passei duas semanas sozinha com a equipe e papai, e estava bem triste por saber que era hora de me aprontar, fazer as malas e voltar à Inglaterra. Fui dar boa-noite a ele porque meu voo era de manhã bem cedo e ele perguntou se eu queria ficar. Fiquei toda feliz: 'Sério? Quero muito'. Na turnê seguinte, ele perguntou se eu gostaria de ir junto. Na terceira, já chegou e disse: 'Você *vem* conosco'."

"Seraphina ficava louca", conta Chris Kimsey, "porque Charlie deixava Charlotte fazer qualquer coisa, tudo o que queria. Era uma delícia de se ver." A descrição de Seraphina já é ligeiramente diferente. "Em uma turnê, você vê as mesmas pessoas ano após ano. E minha filha estava viajando pelo mundo com as mesmas pessoas com que eu havia viajado quando tinha a idade dela.

"Então, quando ela começou a trabalhar para o meu pai, com o meu pai, eu falei: 'Você não pode aprontar nada, Charlotte, porque essa gente lembra de mim. Azar o seu, porque eles veem tudo!'. É engraçado. Eu disse que me sentia muito velha, agora que era a minha filha de 21 anos naquele ambiente. É uma estrutura enorme. Não se trata mais do 100 Club."

Don McAulay, técnico de bateria de Charlie, se aproximou de Charlotte à medida em que ela se tornou presença frequente nas turnês. "Charlie adorava mostrar o mundo a Charlotte", diz ele. "Se não fosse por ela, não creio que ele tivesse permanecido na estrada por tanto tempo após a celebração dos cinquenta anos da banda. Sempre me pedia para cuidar dela e me assegurar de que estivesse ok. Ela virou tipo minha irmãzinha."

Tal linhagem familiar, e a incrível continuidade que engendra, estão entre as mais poderosas medidas da longevidade dos Rolling Stones, em cujo entorno fundem-se gerações. A passagem de mãe para filha certamente proporcionou uma oportunidade para Seraphina comparar a responsabilidade demonstrada por Charlotte à sua imprevisibilidade na mesma idade.

"Me mandaram voltar para casa de uma turnê — minha mãe exigiu e meu pai me despachou de volta porque estava ficando estressante", confidencia Seraphina. "Eu era da pá virada. Charlotte nunca foi mandada de volta. Eu pirava. Tinha 21 anos, e ele ficava preocupado demais com o que eu poderia estar aprontando. Minha mãe falou: 'Manda ela de volta pra cá agora. Acabou a festa'. Charlotte era boa. Acabou sendo contratada, e eu fiquei muito orgulhosa.

"Charlotte ganhou o respeito de todos na estrada. Eu não trabalhava, ficava só no banco de trás observando tudo. Ela acabou conhecendo todo mundo. Eu não fazia mais do que aparecer e ocupar espaço. Fiquei seis semanas na turnê, me esbaldando e observando o que acontecia."

"Eu, de saída, tentei arrumar uma maneira de ajudar", diz Charlotte. "Entregava o cronograma do dia a todos. Era a única coisa que me julgavam apta a fazer, e eu a levava *extremamente* a sério. Ficava toda alvoroçada. Até que Cheryl Ceretti, coordenadora de mídia, me ofereceu gentilmente um cargo para ajudá-la. Eu lidava com o meet and greet, com bandas de abertura, tirava fotos para o Instagram, essas coisas.

"Oficialmente, era 'Assistente Executiva de Charlie Watts'. E eu pensava: 'Só o que eu faço é comprar espuma de barbear para ele mês sim, mês não. Isso não é ser assistente executiva de ninguém'. Eu estava de fato no departamento de mídia e tinha um monte de tarefas, mas no papel dizia que eu era assistente dele, uma não função. Ele não tinha assistente alguma. Nunca pedia nada. Eu é que tinha de convencê-lo. 'Estou indo à farmácia de qualquer jeito', 'Por mim, não há necessidade...', dizia ele, 'Já estou indo', eu respondia."

Charlotte assumiu ainda a responsabilidade de fazer do previsivelmente modesto e funcional camarim de Charlie um lugar mais singelo, incrementando-o com pôsteres de jazz, um CD player, bebidas extras, qualquer coisa que o tornasse mais aconchegante para o avô que adorava. "As pessoas me traziam ideias e, aos poucos, você percebia como os detalhes eram acrescentados. 'Vamos dar ao espaço uma aparência de lar!', diziam elas."

Charlie retornaria ao Leste Europeu no verão de 2009 para visitar o haras Janów Podlaski e fazer o negócio mais vultoso da feira de cavalos Pride of Poland. Investiu setecentos mil dólares em uma linda égua cinza-malhada chamada Pinta, a mais nova de uma longa linhagem de cavalos árabes adquiridos por ele e Shirley. Em 1993, o casal havia comprado Palba por cem mil dólares; em 1998, Emilda por duzentos mil dólares; em 2000, Euza por 110 mil dólares; em 2001, Egna por 120 mil dólares etc. (a própria história do haras polonês teria fascinado Charlie: foi fundado em 1817 pelo czar Alexandre I para repor animais para a cavalaria russa depois da invasão do país por Napoleão, cinco anos antes).

Em 2010, suas atividades extracurriculares incluíram a presença no disco-tributo de Ben Waters a seu inspirador Ian Stewart, *Boogie 4 Stu*. Lançado no ano seguinte, em virtude do 25º aniversário de morte do pianista, era precisamente o tipo de festa R&B que Stu teria curtido e incluía uma preciosidade pouco conhecida do catálogo mais recente dos Stones, ainda que cada um deles tenha gravado separadamente: uma vibrante versão de "Watching the River Flow", de Bob Dylan, com Mick, Keith, Charlie, Ronnie e, juntando-se a eles em disco pela primeira vez em quase vinte anos, Bill Wyman.

Em 2010, Charlie também se apresentou ao vivo com a Danish Radio Big Band, retornando ao país onde morara e trabalhara por pouco tempo, antes do início da era Rolling Stones. Junto a ele estavam os amigos Dave Green e Gerard Presencer, este último já estabelecido havia tempo como membro da DRBB. O próprio Charlie havia perguntado se havia alguma data livre na agenda da banda para gravações ou performances. Após quatro dias de ensaios, se seguiu uma apresentação no National Concert Hall da Dinamarca, transmitido pelo Sistema Nacional de Rádio do país. Sairia em disco em 2017, e acabaria por se tornar seu último lançamento com o próprio nome em vida.

Foi também em 2010 que os Stones, e Mick em especial, se permitiram olhar para trás um pouco, com o primeiro do que se tornaria uma série de relançamentos de álbuns em edições de luxo. *Exile on Main St*, agora em formato ampliado, ganhou dez faixas extras, a maioria alvo frequente de pirataria havia tempos, mas enfim disponíveis em caráter oficial. Incrivelmente, quase todas continham novos vocais de Mick, que observou com naturalidade que sua voz — bem como sua cintura de 71 centímetros — ainda era a mesma de 1972. Keith também acrescentou algumas novas linhas de guitarra e até Mick Taylor voltou à ativa para tocar em "Plundered My Soul".

Charlie — para seu alívio, sem dúvida — não foi convocado a fazer quaisquer ajustes sônicos, mas o novo vinho em velhas garrafas trazia algumas belas performances suas, em especial na vicejante "Pass the Wine (Sophia Loren)", um aceno ao estilo percussivo de sotaque latino do tão subestimado coletivo americano War. O baterista, porém, marcou presença no que deve ter sido o mais intenso esforço promocional já feito pela banda em prol de um disco basicamente antigo, resmungando de forma brincalhona: "Parte do disco já tem quarenta anos. Não espanta que haja muita coisa de que não me lembre. É aquilo: 'Você estava de meias vermelhas', 'Não, eram azuis'.".

E, assim, com a força da Universal Music por trás, o álbum não só fortaleceu a conexão com gerações passadas como foi apresentado a uma nova, voltando ao topo das paradas do Reino Unido 38 anos depois de tê-la visitado pela primeira vez. Quando voltei a encontrá-lo, Charlie estava radiante. "Adorei quando avisaram: 'Vocês estão no topo das paradas'. Mick e eu achávamos que só uns dez caras de cinquenta anos de idade comprariam. É incrível, de fato."

Posteriormente, a mesma recauchutagem padrão luxo em formato ampliado seria aplicada aos também celebrados *Some Girls*, *Sticky Fingers* e *Goats Head Soup*. Quando encontrei Charlie e Ronnie juntos no Dorchester, supostamente para promover o pacote *Some Girls*, os dois estavam em clima de tiração de sarro. "Ah, meu Deus, você de novo, não", disse Ronnie, me oferecendo um abraço. "Ah, não acredito", embarcou Charlie na onda, fingindo surpresa. "Não teria me vestido bem se soubesse que você viria. Vesti até terno e tudo o mais." E era verdade: o terno era preto, risca-de-giz, com uma imaculada camisa branca.

Charlie Watts completou setenta anos em junho de 2011 enquanto Mick lambia as feridas causadas por algumas observações pouco lisonjeiras feitas por Keith em *Vida*, seu livro de memórias que vendeu mais de um milhão de exemplares. Charlie manteve distância de tudo. Ocasionalmente, levavam-no de Devon a Londres, uma vez para tocar com o ABC&D no PizzaExpress, outra para a inauguração do restaurante Cavallino, do jóquei Frankie Dettori, em Chelsea. Uma rara noite no papel de celebridade que odiava, ao lado de Ronnie e de uma série de nomes que incluía Mike Rutherford, do Genesis, Roger Taylor, do Queen, e os esportistas Boris Becker e Carlo Ancelotti.

Antes do fim do ano, os Stones se reagruparam para uma *jam session* sem cobranças, com um olho no calendário. As bodas de ouro da banda já surgiam no horizonte. Ronnie disse querer um "casamento real que dure o ano inteiro" e até Charlie soava quase como se tivesse um desejo específico, ainda não identificado, para marcar os cinquenta anos. "Seria algo bom a fazer para dar um fecho à coisa ou iniciar uma nova empreitada", disse ele. "É, estamos meio velhos para iniciar novas empreitadas, mas seria bom fazer algo ano que vem.

"Uma vez que você está lá tocando é ótimo, mas nós não faremos, e eu certamente não farei, uma turnê de dois anos. Fisicamente, não é mais possível na nossa idade, creio. Mas (com a ABC&D) toquei duas semanas, dia sim, dia não, e não senti diferença alguma. Os Rolling Stones são algo totalmente diferente, no sentido de que nos custa uma fortuna dizer 'Vamos tocar não sei onde'. Não somos eu e o Ronnie tocando ali na porta ao lado, é algo estrondoso, e se vai acontecer de fato não sei." Aconteceu. E dessa vez ao longo de "meros" nove meses.

Rumores se espalharam quanto a apresentações da banda nas Olimpíadas de 2012, em Londres (incorretos) e em Glastonbury (prematuros), e em fevereiro Keith declarou que os Stones simplesmente não estavam prontos para sair em turnê no ano do aniversário. Mas os companheiros o surpreenderam. Depois de tocarem juntos em um estúdio em Nova Jersey, em maio, e de umas poucas atividades extracurriculares logo a seguir, formou-se um rebuliço. No quinquagésimo aniversário do primeiro show de suas vidas, no Marquee, os Stones congregaram-se no local para uma nova fotografia, ocasião transformada em um evento em si.

Ficava evidente, porém, que a grande celebração envolveria mais do que uma nova pose da banda, uma exposição de fotos e um livro. Em agosto, lá estavam eles em Paris para o que Keith chamaria de a sessão mais rápida da história (da história moderna dos Stones, ao menos), da qual emergiram duas canções em três dias. A ela seguiriam-se os ensaios. Estava em andamento a *50 & Counting* e até Charlie a aprovava, muito embora tenha confessado que, mais uma vez, considerara aposentar-se.

A turnê coroava o meio século de existência da banda com algo que, se comparado à enormidade anterior, não passava de um punhado de coquetéis de fim de tarde: somando Europa e América do Norte, foram meros trinta shows, com arrecadação de "apenas" 148 milhões de dólares. Mas eles executaram o plano à perfeição, complementando a turnê com o documentário *Crossfire Hurricane* e a coletânea *GRRR!*, cujas duas composições novas incluíam a potente "Doom and Gloom", de Mick. Aos 71 anos, o baterista ainda era a viga de aço que sustentava todo o imponente edifício. Ao mesmo tempo, seu tradicional afastamento da esfera comercial agora se fundia, na nova economia digital, a um estado de confusão.

"Já me perdi na questão das gravações", confessou ele. "A gente grava 'Doom and Gloom' e aí? Vendeu? O que aconteceu?

O bom disso é termos outra canção nova para tocar, o que torna o show interessante. Não sei onde essas músicas vão parar. Estou perdido quanto à indústria fonográfica, e eu já tenho discos o bastante, obrigado. Sei lá, não que me importe, sempre gosto de estúdios mas prefiro a emoção de tocar ao vivo.

"O trabalho em estúdio é meio... hoje, se não gostam de você, te tiram do estúdio e ajeitam de outra forma. É assim que funciona, sabe como é. E, se você errar, o Pro Tools conserta tudo. Houve um tempo em que era preciso tocar do início ao fim. O que você tocava era o que aparecia no disco. Nós *ainda* gravamos assim, diga-se, mas já não é mais armazenado desta forma. Os engenheiros de gravação fazem o que querem. Hoje o mundo é dos produtores, mais do que em qualquer outra época."

Com a digitalização da indústria, Charlie não teve o menor problema em admitir para mim, em 2013, que não só não escutava os discos da banda como não sabia onde ou como encontrá-los. "Não os ouço, não sei onde ir para comprá-los", disse. "Não tenho uma dessas coisas", acrescentou, apontando para o meu celular. "Quando existia a Stax Records, eu ouvia quase todos os artistas que eles lançavam. Depois a mesma coisa com a Motown. Agora, nenhum desses selos existe mais. Não há mais uma Grande Sensação. A gente atualmente está onde? Universal, não? Lá tem todo tipo de coisa, eles compraram todas as outras."

Mencionei que parecia algo incongruente os discos da banda agora saírem pelo selo Polydor, da Universal. Resposta clássica: ele não sabia. "Não faço ideia, para ser sincero com você. Mick deve estar a par de tudo. A última pessoa desse mundo que conheci foi Ahmet Ertegun; ele, sim, era uma pessoa do ramo. Ia aos clubes, ouvia alguém cantar, perguntava se a pessoa gostaria de gravar um disco.

"Você vê bandas o tempo todo no trem, eu as vejo a caminho da universidade de Exeter e fico imaginando se são boas pois você imediatamente pensa que estão tentando ser Bob Dylan. Mas a realidade é que talvez sejam maravilhosas."

A turnê teve início com duas apresentações lotadas na O2 Arena em novembro, onde a banda voltou a tempos imemoriais, tocando "I Wanna Be Your Man", de Lennon e McCartney, pela primeira vez em 48 anos. "Levamos cinquenta anos para vir de Dartford a Greenwich", disse Mick a uma animada plateia de quase vinte mil pessoas. O retorno de Mick Taylor para a épica "Midnight Rambler", com seus segmentos distintos — "Foi ótimo, não foi?", comentou Charlie —, fez uma inspirada ponte para o fim dos anos 1960 e, nas minhas palavras em uma resenha para a *Billboard*, "os sorrisos e tapinhas nas costas dos senhores Richards e Wood eram prova sentida de que havia sido muito especial para eles também. Com Charlie Watts a sustentar uma batida quase inacreditavelmente vigorosa em contratempo, o show se encaminhava para a glória".

"Acho que os shows na O2 foram muito divertidos para o público e para nós", contou-me Charlie. "É sempre bom estar com Bill, é uma pessoa muito engraçada, sempre foi e continua sendo, sempre. Tocar com ele e com Mick Taylor foi ótimo. Desta vez eu não estava em uma gaiola.[2] Tiraram todas, o que é

---

[2] Na configuração de palco mais usada nas turnês tamanho gigante dos Stones, a bateria de Charlie ficava cercada por uma proteção de acrílico com teto, que passava uma sensação visual de isolamento apesar de estar bastante próxima aos músicos de apoio. (*N. do T.*)

meio assustador. Não falei isso para eles. Originalmente, a ideia das gaiolas era deixar as guitarras do lado de fora e manter a bateria separada, mas fica bem melhor sem elas, é possível se comunicar melhor.

"Você se acostuma com tudo, na verdade. Sabe, eu vivo batendo na tecla de tocar em clubes, quão maravilhoso é, mas o fato é que você se acostuma com shows grandes... quando está lá em cima é como se estivesse em um clube, de qualquer forma. São só vocês quatro ou cinco, Darryl está ali, Chuck está ali, Ronnie e Keith, e pronto. É só o que você enxerga, no fundo."

Em março de 2013, os rumores de longa data de que os Stones finalmente tocariam no Festival de Glastonbury foram confirmados. Todos estavam superanimados, à exceção de uma pessoa. Charlie me confidenciara que era contra, mas fora voto vencido; os demais, e seus filhos, o que fora crucial, haviam sido a favor. "Meus filhos e um monte de gente ao redor do mundo vão nos agradecer por finalmente tocarmos lá", disse Ronnie, já pensando na chegada e nas dificuldades de sempre com o tempo na Inglaterra. "Até o helicóptero tem galochas."

Uma vez no local, é lógico, Charlie curtiu a experiência, assim como curtiu a volta da banda ao Hyde Park na semana seguinte e na subsequente, 44 anos após aquela famosa primeira apresentação no local. "Eu me diverti muito em ambos os shows", disse Charlie, e acrescentou timidamente: "Tenho que aprender a ficar de boca calada. É típico de mim". De fato, desde pelo menos 1998 ele já expressara o desejo de que a banda ainda estivesse junta dali a quinze anos, o que se concretizou.

Mas houve mais. Ele tivera o grande prazer de tocar novamente com Mick Taylor, em "Midnight Rambler" e "Satisfaction", e a sensação de uma instituição musical estar sendo passada para uma nova geração era palpável.

Entre os dois shows no Hyde Park, Charlie subiu em outro palco, consideravelmente menor, no Lyric Theatre, juntando-se ao Rolling Stones Project do saxofonista Tim Ries, membro da formação de palco dos Stones. Dele também participavam Chuck Leavell, Darryl Jones e Bernard Fowler. Era como se fosse um show dos Stones, e Charlie estava visivelmente em casa. Tocaria com Ries muitas outras vezes nos anos seguintes.

Em 2014, Charlie marcou presença no clipe filmado para o YouTube em que Mick e seu amigo, colaborador e integrante da formação de palco dos Stones, Matt Clifford, apresentavam uma entrevista coletiva do recém-reunido Monty Python, realizada para promover a temporada de shows que o grupo faria na O2 Arena. Sempre muito mais bem-humorado e aberto à autoparódia do que imagina a maioria das pessoas, Mick fingia ridicularizar "velhos caquéticos" dispostos a ganhar uns trocados. Charlie, esparramado no sofá da suíte do hotel, fazia uma impagável falsa expressão de horror — bem a calhar para alguém tão orgulhosamente tecnofóbico — quando Mick mencionava o YouTube.

"Isso de celular, eu acho um pé no saco, mas a maioria das pessoas acham incrível", revelou ele a mim no fim dos anos 1990. "Não sei o que Mick faria sem um. Mas eu não os suporto. Creio que sou mais dinossauro do que ele."

"Nós vivíamos tirando sarro", diz seu bom amigo e confidente dos Stones, Tony King. "Ele dizia coisas do tipo 'Você está fazendo seu *download*, então?', frases para soar moderno, mas sempre em tom jocoso."

Por ocasião do documentário de 2020 *The Tree Man*, que celebrava o duplo papel de músico e plantador de árvores e conservacionista de Chuck Leavell, todos os Stones foram entrevistados. "Charlie, como sempre, não tinha muito a dizer", ri Leavell. "Em um dos trechos que nosso diretor Allen Farst usou, ele lhe perguntava: 'O que você pode me dizer sobre Chuck?'. Charlie respondia 'Ele é ótimo em... mandar e-mails'. É porque eu digito muito rápido e mesmo dentro do avião, incluo informações, dados, me comunico. Ele vivia perguntando: 'O que você está *fazendo*?'.

"Digo-lhes uma coisa", acrescenta Leavell. "Tendo sido criado no Sul, com as tradições que temos, escrever cartas é algo bem significativo que aprendemos desde cedo, e eu escrevia cartas para Charlie e todos os outros, principalmente no início. Creio que ele, mais do que os demais, valorizava isso. Sempre mencionava o assunto. Aquele era o tipo de comunicação de que ele gostava."

Charlie, porém, fazia questão de frisar não ser o único membro da banda a resistir por vezes até à mais simples comunicação. Certa vez, descrevendo a vida em períodos de inatividade dos Stones, longe da estrada e dos estúdios, revelara: "De repente aparece um fax do Keith, porque ele não usa telefone, sabe como é. Odeia. Eu entendo".

Com os Stones novamente na crista da onda como uma força dos palcos, logo eles retornariam à estrada para as turnês *14 on Fire* e *Zip Code*, de 2014 e 2015, descendo até o Hemisfério Sul em 2016 para a *América Latina Olé*. Ao chegar o outono, haveria ainda uma miniturnê pelos EUA. Àquela altura, as agruras físicas comuns a qualquer baterista de rock, ainda mais um que acabara de fazer 75 anos, tornavam-se mais tangíveis, e isso se acentuaria em 2017, ao início da longa *No Filter.* Mas Charlotte, em especial, estaria presente para lembrá-lo de casa.

"Naqueles últimos anos de estrada, embora eu não visse dessa forma, muita gente me disse que minha presença fazia grande diferença porque era como se um pedacinho de casa estivesse com ele", conta Charlotte. "Sou extremamente grata de ter podido estar ali com ele. Nos dias sem shows, não passávamos muito tempo juntos. Eu ia ao quarto dele visitá-lo, e ele estava sentado, batendo o pé no chão, e me dizia para ir me divertir, tipo 'Estamos em uma cidade, vá explorá-la. Vai fazer compras? Vai sair com seus amigos? Não precisa ficar aqui por minha conta, estou tranquilo'.

"Eu costumava me sentar com ele no avião, e tenho tanto medo de voar que tinha ataques de pânico a cada decolagem. Ele ficava meio frustrado por não saber como me ajudar. Comecei a me sentar no fundo na hora da decolagem e da aterrissagem e ele vinha se sentar comigo, e eu me levantava depois e ia ficar com ele. Basicamente, viajávamos juntos, fosse de carro ou avião.

"Em dias de folga, o que mais gostava era quando íamos a museus. Nos últimos anos, fomos a vários de aviação porque eu era louca pelo Concorde, ainda sou. Eu ia por essa razão, e ele para ver todos os aviões da Segunda Guerra Mundial. Ele colecionava esse tipo de coisa, e o pai e o avô dele lutaram nas guerras, por isso ele se interessava. Foi muito bom sentir que tínhamos interesses em comum, que nem ele era um peso para mim, nem eu para ele, que nenhum dos dois estava levando o outro contra a vontade para algum lugar."

Chuck Leavell conta: "Ao ficar mais velha, Charlotte se tornou basicamente parte integrante da nossa comitiva. Parte da arte dos pôsteres e tudo o mais era dela, e Charlie tinha muito orgulho. Era basicamente a única, talvez com a exceção do segurança que o acompanhava, que batia na porta do quarto dele no hotel e obtinha resposta. Ele era assim, muito reservado. Charlotte tornou-se uma constante entre nós".

Entrevistado após a morte de Charlie, Keith conjetura: "Eu me dei conta de que nunca visitei Charlie em casa. Nunca fui vê-lo em Devon, ainda que estivesse em West Sussex. Era outra coisa estranha. Ele realmente não queria misturar vida pessoal e trabalho". Quando perguntado se conversavam sobre as famílias na estrada, Keith diz que "Não muito, mas não é algo que se costume fazer. 'Como estão as crianças? Desde que estejam todos bem e a patroa esteja ok...' Mas ele era obviamente próximo de Charlotte. Quando fazia o papel de vovô, era algo emocionante de se ver. Havia uma conexão. Ela fez um trabalho excelente".

"Há uma sensação de família e conforto, e ainda é a mesma equipe com que eu cresci", reflete Charlotte. "No sentido das gerações de filhos, é quase como se houvesse diferentes grupos de dois em dois anos. Georgia May, Lucas, Gabriel (filhos de Mick, todos eles) e eu ficamos todos ligeiramente separados pela nossa diferença de idade.

"Veja Theo (Theodora, filha de Keith), Lizzy (Jagger) e todo aquele pessoal, todos já têm mais de trinta. Cada um tem um ano, dois, a mais ou a menos que os demais. Não via muito esses grupinhos durante as turnês. Passava bem mais tempo com a equipe, e aí se ouvia: 'Ah, um deles está vindo para cá, vai ser legal'. Mas eu não fazia parte de nenhum daqueles grupos geracionais de filhos."

Lisa Fischer, a melhor backing vocal feminina que a banda já teve em suas turnês, diz: "Acho que foi uma bênção para o Charlie. Ter Charlotte na estrada foi lindo, e ele a protegia muito, mas sem sufocá-la. Dizia basicamente: 'Não a influenciem de nenhuma maneira negativa'. E nós respondíamos: 'Nunca faríamos isso, nós a amamos'. Sempre tinha muita gente tomando conta da garotada. Eles entravam e saíam do meu camarim só para passar o tempo. Como eu era a única mulher, meu camarim era onde as meninas se reuniam. Elas vinham e conversavam sobre os namorados, essas coisas".

As famílias, reflete Fischer, são parte crucial da gigantesca máquina itinerante dos Stones há tempos. "Uma parte enorme", diz ela. "E o quão envolvidos eles eram e ainda são com seus filhos. Não só eles na condição de pais e avós estavam sempre alertas, mas mesmo seus assistentes pessoais, seguranças e todos que trabalhavam nas turnês, se vissem algo que parecesse errado, ficavam em cima. Eram todos bem-cuidados.

"Muita gente acha: 'Ah, isso não é lugar para jovens'. Mas tinham jogos para jogar, passeios planejados para eles ou programas de família nos dias de folga. Alguns deles chegavam a ter aulas em turnê, seus tutores iam junto. Era um ambiente saudável, equilibrado, considerando-se que era uma cidade em movimento."

Os voos de uma cidade para a outra e de um país para o outro da banda em turnê também eram algo digno de se ver.

"Papai ia até o início do corredor dando oi para todo mundo e depois voltava o caminho todo, em cada voo", conta Charlotte. Leavell se recorda: "Entrávamos no avião particular, e Keith fazia isso um monte de vezes também, mas com Charlie era sempre. Há obviamente um protocolo. A equipe entra primeiro, depois a banda, e então esperamos pela chefia. Mas ele sempre cruzava o corredor de alto a baixo, perguntava a todos como estavam, como havia sido o dia, o que tinham feito na noite anterior. Muito simpático, e sempre era um alento quando Charlie Watts queria puxar papo com você".

Charlotte descreve carinhosamente os excêntricos hábitos de viagem do avô. "Eu tenho uma pasta no meu antigo computador cujo nome é 'Papai escalando'", conta ela. "Sempre que a gente viajava, ele deixava a mala... por exemplo, se fosse no Viano — o Mercedes com os assentos traseiros de frente um pro outro —, ele deixava a mala de mão no banco de trás; se fosse em um trem ou em um avião, deixava no compartimento de cima. Tenho uma série de fotos dele subindo nas cadeiras pra pegar alguma coisa na mala.

"Todo o resto do pessoal deixava a mala no chão, mas lá ia ele subir em um monte de cadeiras de transporte pra mexer na dele. Eu dizia '*Desça* daí!', e ele respondia: 'Estou pegando minhas coisas'. Era tão engraçado. Ficava igualmente horrorizado se houvesse turbulência. Todo mundo no avião se perguntava 'Mas que diabos ele tá fazendo?!'. 'Ah, ignorem.'"

Cada membro dos Stones tem lembranças inestimáveis dos rituais compartilhados durante as turnês, tanto nos dias de show quanto nos de folga. "Você nunca o observava muito a fundo por saber que ele não permitiria que passasse de um certo ponto", diz Ronnie. "Dava a você apenas o suficiente e talvez um pouco mais caso você se sentasse ao lado dele por algum tempo. Vinha sempre ao meu quarto antes de cada show para tomar café, e depois se sentava para bater papo.

"Daí saía da suíte, depois voltava para mais uma xícara e nós comparávamos com quanto frio estávamos. Sempre estávamos congelando. Mãos geladas, o rosto também. O resto do pessoal nos olhava e se espantava. Os dois geminianos, sempre com hipotermia. Era a nossa forma de nos preparar psicologicamente para o palco. Com a apreensão da hora de entrar em cena, ficávamos com frio. Mas foi ótimo que tenhamos podido compartilhar isso."

Mick revela que, mais recentemente, novas tecnologias passaram a salvá-los nos divertidos momentos de incerteza durante ensaios. "Charlie e eu brincávamos. Eu dizia, sobre a entrada da batida em 'Beast of Burden': 'Não, não é *tss-bum-bum*, é *bum-bum-tss*'. No palco, ele sempre trocou, até o fim. 'Não está soando bem, Charlie, isso que você está tocando. Seja o que for, não é o que você tocou no disco. Ouça.' Eu pegava o celular e colocava a música para ele ouvir. E ele: 'Ah, é'."

"Grande parte do que eu fazia", conta Don McAulay, "era só observá-lo no palco, homem de poucas palavras que era, conhecendo-o para, independentemente dos movimentos, ser capaz de entender sua linguagem corporal. Lembro de quando meu pai estava tendo problemas, e eles se conheciam. Você sabe como Charlie era humilde e *cool*. Certa vez, durante um show, estavam tocando 'Waiting on a Friend', que tem batida bem simples, e ele me chamou. Imaginei que havia algo de errado. E ele perguntou: 'Como está seu pai?'. No meio de um show."

"Ele jamais aparecia nas minhas supostas famigeradas festas", acrescenta Keith. "Não fazia o estilo dele. Ele era quem ele era, um cara na dele, muito interessado em uma série de coisas. Vivia desenhando. Às vezes, eu me sentava e ficava horas o observando. Nos hotéis americanos, tinha umas máquinas vibratórias ao lado das camas [para os não iniciados, trata-se do mecanismo Magic Fingers, acionado por moedas e acoplado a camas de hotéis, oferecendo 'conforto e relaxamento' por 25 centavos].

"Eu me lembro da ocasião em que ele passou duas horas desenhando aquele troço, errou e recomeçou. Foi incrível de assistir, e creio que não trocamos uma palavra o tempo todo, sem desconforto algum."

No final de 2015, nas sessões de gravação mais rápidas da banda em séculos, lá estavam eles no British Grove Studios, de Mark Knopfler, gestando *Blue & Lonesome*, o glorioso, espontâneo e fervente retorno à energia nua e crua dos tempos em que a vida era mansa. O disco era cheio de performances sensacionais de textos sagrados muito bem escolhidos da parte de suas estrelas-guia; artistas como Howlin' Wolf, Magic Sam, Little Walter e Eddie Taylor. Entrou direto no topo das paradas inglesas e foi o último álbum de estúdio dos Rolling Stones da vida de Charlie.

Em março de 2016, mais um exemplo da generosidade de Charlie fez-se notar no que os Stones se preparavam para ir a Cuba, onde teriam um pequeno compromisso: um showzinho gratuito para cerca de 450 mil pessoas em Havana. Com discrição exemplar, Charlie, Bernard Fowler e Tim Ries apareceram na sessão semanal de jazz da Escola de Música da Universidade de Miami.

Toda segunda-feira, cerca de cem aspirantes a músicos de jazz se reuniam na escola, geralmente para ouvir grupos de alunos ou de professores se apresentarem. Aquele afortunado grupo testemunhou os novos arranjos da *big band* de Ries para "Under My Thumb" e "You Can't Always Get What You Want" e viu Charlie tocar em dupla com o acadêmico de percussão Marcelo Perez uma versão *shuffle* de "Honky Tonk Women". "Vocês precisavam ter visto a cara dos alunos quando ele entrou", disse a reitora Shelly Berg ao site da universidade. "Total incredulidade. Há muito a se aprender com a pessoa que Charlie era. Ele provou que a fama não necessariamente muda quem se é."

No fim daquele ano, ocorreu a Desert Trip, evento que ocupou por dois fins de semana o local do Coachella em Indio, na Califórnia. Com um elenco majestoso que, além dos Stones, incluía Paul McCartney, Bob Dylan, The Who, Neil Young e Roger Waters, não espanta que tenha sido apelidado de "Oldchella". Durante a estada, Lisa Fischer fez uma apresentação solo nas proximidades e teve alguns espectadores surpresa.

"Charlie, Ronnie e Keith foram a um show que fiz enquanto os Stones estavam na Desert Trip", diz ela. "Fiquei chocada porque sabia que eles tinham shows.[3] Achava que não veria nenhum deles. E apareceram todos, foram uns amores. Sei que

[3] Em outubro de 2016, quando a Desert Trip ocorreu, Lisa Fischer já não integrava a formação de palco dos Stones, tendo se desvinculado após o final da turnê *Zip Code*, em julho de 2015, o que explica ela não saber a data exata da apresentação da banda ou se eles apareceriam, ou não, em seu show. (*N. do T.*)

Mick não pôde ir porque tinha que descansar, mas os outros tinham um pouco mais de liberdade."

Charlie completou 77 anos na estrada, no dia em que os Stones tocaram na Ricoh Arena, em Coventry, 2 de junho de 2018. Para familiares e colegas de banda, sua dieta era motivo de preocupação, exigente que era para comer. "Eu vivia em cima dele sobre a alimentação", conta Mick. "Em especial nos últimos tempos quando dava para comermos perfeitamente bem e eu o forçava a sair do quarto à noite e ir jantar comigo. Sentado sozinho no quarto, você fica entediado e, sem ter alguém incentivando você a comer, come cada vez menos.

"Charlie e eu éramos provavelmente os que gastávamos mais energia durante os shows, ele até mais do que eu. O baterista não para, e não pode errar. Se eu não quiser correr até a outra ponta do palco, ninguém vai me obrigar. Se o Charlie para de tocar, estamos fodidos. É preciso ter uma boa alimentação, é preciso que cuidem de você e, seja qual fosse a razão, ele não comia direito e não se preocupava com a dieta." Aquele era um hábito antigo. "Ele nunca comeu muito bem", revela sua irmã Linda. "A única coisa que adorava comer era peixe."

Ronnie se lembra da perplexidade constante de Charlie com sua popularidade e a da banda. "'Por que eu? Por que nós? Olha só para nós, ainda nessa.' *Toda* turnê, ele me dizia isso. 'Como é que as pessoas continuam vindo nos ver?' Eu respondia: 'Charlie, tem alguma coisa, quando nós nos juntamos, que faz as pessoas brotarem do nada. É simples, não dá para explicar'."

"Nas duas últimas turnês, ele sentia o peso", diz Keith. "Já não era só questão de 'não estou mais a fim'. Os shows haviam se tornado um fardo físico, e ao final de cada um ele estava moído." Mas Don McAulay acrescenta, "não se notava declínio técnico algum. Sair em turnê ficara mais difícil, mas eu o vi tornar-se um músico mais inventivo".

Em janeiro de 2019, Charlie esteve em Los Angeles para o aniversário de noventa anos de um de seus mais respeitados colegas de instrumento, o titânico Hal Blaine, do Wrecking Crew[4]. De acordo com McAulay, a ocasião foi palco de reminiscências de outro encontro estelar ocorrido cerca de 55 anos antes, pois ambos os bateristas haviam tocado no famoso *T.A.M.I. Show*, que James Brown arrasou por completo. Uma lembrança em particular daquela noite é outro clássico wattsiano.

"Hal puxou Charlie, Bill Wyman e mais alguém, talvez Andrew Loog Oldham", conta McAulay sobre o encontro em 1964, "e saíram todos de carro por Hollywood Hills no lindo conversível do Hal para uma festa na casa dele. Naquele ano, havia entrado no mercado o controle remoto de garagem. Antes disso, ninguém tinha um, e Charlie nem fazia ideia de que existia.

"Hal então seguiu na direção da casa, sem diminuir a velocidade, com a porta da garagem ainda fechada. De repente, abaixou a mão, apertou um botão e a porta se abriu. Eles ficaram todos abismados. Era uma festa pós-show cheia de

---

[4] O Wrecking Crew não era um grupo com carreira musical própria, e sim um coletivo de músicos baseado em Los Angeles que tocou em diversas gravações clássicas de pop e rock, em especial nos anos 1960 e 1970. "Be My Baby", das Ronettes, "California Dreamin'", do The Mamas & the Papas, e o álbum *Pet Sounds*, dos Beach Boys, são apenas algumas delas. O nome [Equipe de Demolição, em tradução livre] foi popularizado no livro de memórias de Hal Blaine, de 1990. (*N. do T.*)

gente famosa e Charlie, ao que consta, não estava nem aí para ninguém, só ficava abrindo e fechando a garagem. 'Cadê o Charlie?', 'Ah, tá lá na garagem.'"

Eterno estudioso, usou os momentos de folga da etapa norte-americana da turnê *No Filter*, de 2019, para visitar uma exposição de baterias no New Orleans Jazz Museum e depois o Louis Armstrong House Museum, no Queens, em Nova York. Foi fotografado na escrivaninha de Satchmo, uma grande emoção para alguém cujo sonho, caso tivesse uma máquina do tempo, teria sido assistir a uma apresentação de sua *big band* no Roseland Ballroom, em Chicago. Isso se não estivesse se empetecando para ver Ellington no Cotton Club, obviamente.

Em outra ocasião, ele visitou o Museu da Motown em Detroit e seu famoso estúdio Snakepit. De acordo com McAulay, Charlie já sabia tudo sobre o lugar antes mesmo de chegarem lá. Continuava ainda a distribuir encantadoras surpresas para os companheiros turnê afora. Chuck Leavell conta: "Eu havia lançado um álbum chamado *Chuck Gets Big*, com a Frankfurt Radio Big Band. Durante aquela turnê, agendei um show em um teatro em Nova York. Charlie ouvira o disco e gostara muito.

"Lógico que eu o convidei para o show e ele foi. Tocou em 'Honky Tonk Women' junto com alguns dos outros da banda. Nossa cantora, Sasha Allen, estava lá. Foi uma generosidade ímpar da parte dele, Charlie saiu de lá falando superbem e eu evidentemente ganhei o dia — ganhei a vida — por ele ter achado que fiz um bom show."

A turnê *No Filter* encerrou finalmente suas atividades em 30 de agosto de 2019, quando 40.768 pessoas viram Charlie Watts tocar em público com os Rolling Stones pelo que se revelaria a última vez. O show, que havia sido reagendado antes em razão da cirurgia cardíaca de Mick, ocorreu um dia antes do previsto, em meio à temporada de furacões, no Hard Rock Stadium, em Miami Gardens, na Flórida. "Uma tremenda festa de furacão[5]", elogiou o *Miami New Times* a respeito da apresentação debaixo de forte chuva.

"Watts parecia tímido e ligeiramente alheio a tudo, empoleirado atrás de seu kit de bateria minimalista", dizia a resenha de Wendy Rhodes. Um comentário que poderia ter se aplicado a qualquer de suas cerca de duas mil performances com o grupo ao longo de 56 anos e meio. Ela acrescentava que, ao final, em "Satisfaction", todos os integrantes, Watts incluso, "riam, tocavam e pareciam se divertir como nunca". Ninguém sabia na época, mas a Covid-19 estava a ponto de reconfigurar o mundo; aquela seria uma imagem final a ser saboreada.

O ano de 2019 traria também as últimas férias de família na França para Charlie, Shirley, Seraphina e o marido Barry. "Nós ainda temos aquela casa onde cresci, e estivemos lá, só nós quatro", conta Seraphina. "Fico feliz de termos feito aquela viagem, foi muito agradável", acrescenta Barry. "É uma casinha no interior da França, só três canais de TV pegam por lá, todos em francês. Seraphina e Shirley falam o idioma. Charlie e eu, não." Seraphina sorri melancolicamente. "Chorávamos de rir

[5] Tais festas são populares em toda a Costa Leste dos EUA e ocorrem durante a passagem de um furacão pela cidade. Como é recomendável que as pessoas não saiam à rua, e provável que fiquem ilhadas por um certo tempo, faz parte da tradição que o anfitrião acolha os convidados por alguns dias, se necessário, e que estes, em troca, levem suprimentos para ajudar na subsistência do grupo. (*N. do T.*)

com aqueles filmes franceses. Foi tão bom que tenhamos tido momentos como aqueles."

Mesmo durante o lockdown, Shirley deu continuidade ao trabalho que fazia com galgos abandonados e resgatados. Em maio de 2020, ela e Charlie adotaram mais um através do Forever Hounds Trust. Foram anos estranhamente silenciosos e tranquilos para um homem que havia passado cinco décadas e meia carregando uma mala. Contato houve, no entanto, como que interplanetário, por meio da nova realidade do *streaming* ao vivo[6], quando quatro Stones, em quatro quartos, tocaram "You Can't Always Get What You Want" para o concerto virtual One World: Together at Home, da organização Global Citizen. Pouco depois, surgiria a espirituosa nova canção "Living in a Ghost Town", cuja composição teve início em 2019 e na qual Charlie sustenta uma batida quase reggae. Mick adaptou a letra para os sombrios tempos pandêmicos.

O aniversário de oitenta anos de Charlie, em junho de 2021, foi um momento de celebração para todos os seus admiradores. Mas amigos que ligaram para ele para dar os parabéns, como Dave Green e Jools Holland, julgaram-no meio para baixo. Charlie Watts, naquela ocasião, já não sustentava mais a batida.

---

[6] A performance, na realidade, foi pré-gravada, como muitas outras do evento transmitido para o mundo todo em 18 de abril de 2020. Prova é que Charlie, bem-humorado, "toca" uma bateria imaginária sentado em um banco quase ao nível do chão, com caixas de metal à frente e agitando as baquetas no ar. (*N. do T.*)

9

Para sempre o Wembley Whammer

A primeira notícia oficial de que Charlie estaria sequer abatido surgiu em agosto de 2021, com o anúncio de que ele não participaria do início da adiada e posteriormente renovada turnê norte-americana *No Filter*, previsto para o fim de setembro. Havia passado por uma bem-sucedida cirurgia mas precisava de mais tempo de descanso e recuperação do que seria possível com o cronograma de ensaios. "Uma vez na vida, estou meio fora de compasso", dizia ele no comunicado à imprensa.

Charlie expressara anteriormente sua característica hesitação quanto à nova turnê, mas não pelas razões habituais. "Ele estava ligeiramente reticente quanto a embarcar nesta última turnê porque não se sentia muito bem", revela Mick. "Ele disse: 'Você é o animador de torcida do grupo. Se você diz que eu devo tocar, eu toco, lógico que toco, com prazer'."

Steve Jordan, baterista ultraconceituado, produtor, amigo do grupo todo e, havia tempos, parceiro de Keith na sua banda de apoio para discos solo, os X-Pensive Winos, foi o escolhido para substituí-lo, o único possível. A versão oficial, de que a expectativa da banda era a recuperação completa de Charlie e ele se juntaria posteriormente à turnê, era genuína. "Estávamos torcendo. Steve também estava", conta Keith. "Ele dizia: 'Estou esquentando o assento para você, Charlie'. Não esperava que fosse ser permanente. Mas os dois eram bons amigos e, para nós, foi uma tremenda sorte. Charlie sempre me disse: 'Se algum dia, pela razão que for, eu não puder estar atrás da bateria, é do Steve Jordan que vocês precisam'. Ele meio que o pusera na linha de sucessão ao trono."

"Visitei Charlie no hospital", lembra Ronnie, "e ele me disse que Steve certamente era o cara para segurar a peteca enquanto ele não podia tocar. A gente assistiu aos páreos de corridas de cavalos; ele amava [o jóquei] Frankie Dettori, obviamente. Nos últimos dias de internação, estava contrariado, porque se submetera a um certo grau de tratamento, mas então tinha havido a decisão de fazê-lo passar por algo mais."

A amável família Watts, que com tanta generosidade me concedeu o seu tempo e as suas lembranças para este livro, preferiu não divulgar detalhes da morte de Charlie para além do fato de que, após uma cirurgia bem-sucedida, o pós-operatório trouxe inesperadas complicações e sua saúde teve uma piora acentuada. Seraphina, Barry e Charlotte ficaram dia e noite com ele e foi Seraphina quem estava ao seu lado no fim.

Mick revela: "Eu conversava com o Charlie no hospital e, como ele não era nada tecnológico, lhe enviei um iPad para que pudesse assistir críquete. Configurei todos os apps e ele assistiu a um pouco dos jogos assim. Mas o Ronnie tivera uma doença parecida e melhorara, e creio que por isso eu estava confiante de que o mesmo ocorreria com o Charlie. O mais chocante é como tudo aconteceu tão rápido. Uma hora eu estava conversando com ele sobre a turnê e como seria o logotipo e, logo depois, ele havia partido".

A morte de Charlie, em 24 de agosto de 2021, desencadeou lamentos duradouros e avassaladores entre milhões de pessoas que nunca o haviam conhecido. Durante meses, milhões de imagens de quase sessenta anos de serviços prestados foram postadas em redes sociais, e muitos descreviam sua morte como se fosse uma perda em âmbito familiar. Ele obviamente teria ficado constrangido demais com tamanho alvoroço.

"E aí foi seguir em frente", diz Mick. "Bem, não que precisássemos, mas sentimos que deveríamos, e Charlie disse que deveríamos. Ele falou: 'Vocês devem fazer a turnê mesmo assim'. Porque ela havia sido adiada [devido à pandemia], lembre-se. 'Não vão cancelar de novo.'" Fazendo jus ao caráter altruísta, três dias antes de morrer Charlie se comunicou com Don McAulay cheio não de autopiedade, mas de pedidos de desculpa por não poder sair em turnê. "Era um homem muito amável", define McAulay, sucinto.

"Estávamos bem adiantados nos ensaios quando recebemos a notícia", diz Ronnie. "Interrompemos os trabalhos por um dia e pensamos, 'Bem, Charlie não quer que a gente fique sentado em um canto se lamentando'. Vamos seguir em frente. E foi isso. Decolamos e levamos a mensagem que Charlie teria amado." E o fizeram sob algumas das resenhas mais entusiasmadas da história recente da banda. Jordan disse à *Rolling Stone*: "A minha meta era trazer de volta alguns elementos dos discos e então remeter àquele que me parece um dos mais intensos períodos da banda ao vivo. Para mim, foi entre 1971 e 1975, nos anos Mick Taylor, quando Charlie estava com a corda toda".

No fim de 2021, Charlotte se forçou a assistir aos três últimos shows da turnê. Ao de Detroit, levou junto uma grande amiga. "Aquele seria importante para mim", conta a neta de Charlie. "Era meu primeiro show sem ele e ela estava ali para segurar minha mão. Foi bom ver todo mundo e foi bom para cair a ficha de que ele não estava mais ali."

Ringo Starr escreveu a respeito de uma imagem que jamais veremos. "Charlie era um cara ótimo, muito bacana", disse ao saber da morte do velho amigo. "Dei uma festa nos anos 1970 a que vieram Charlie e John Bonham, três bateristas de bobeira. Bonham se sentou à bateria e, como os bumbos não estavam afixados ao chão como ficam no palco, ficamos Charlie e eu a segurá-los enquanto ele tocava. Que foto não teria dado."

Pete Townshend também escreveu com emoção: "Charlie Watts chorou no funeral de Keith Moon. Quisera eu ser capaz de tais lágrimas hoje. Só o que quero é me despedir. Não era um baterista de rock, na verdade era um baterista de jazz e por isso os Stones tinham o suingue da banda de [Count] Basie! Que homem amável. Deus abençoe sua esposa e filha, e aposto que os cavalos sentirão sua falta também".

"Legado" é uma palavra que o faria cuspir de indignação, mas a métrica wattsiana gravada em mais de meio século de música popular é ampliada e amplificada pelo escopo de performances favoritas que ele deixou. "Ao meu ver, são todas extraordinárias", declara Glyn Johns. "A escolha mais óbvia seria 'Honky Tonk Women', que começa só com ele e um cowbell. Mas eu não escolheria uma em detrimento de outras. Ele jamais deixou a peteca cair. Nunca estragou um *take* sequer, isso eu posso dizer."

Mick se lembra em especial de sua batida estelar em *Get Yer Ya-Ya's Out!*. Tony King já manifesta preferência pelo *breakdown*[1] teatral da canção de *Steel Wheels* "Rock and a Hard Place". Charlotte adora, no palco, "Midnight Rambler" e "Sympathy for the Devil", e em disco, "Too Much Blood", faixa de *Undercover*, e o single mais recente "Don't Stop". "Há uma filmagem de bastidores deles tocando essa, ele de pulôver azul bebê", conta ela. "Fora que eu não queria que a turnê acabasse nunca, então a ouvia entre turnês, sentindo falta de todo mundo, como quem diz 'Vamos lá, voltar à estrada'. Era a melhor coisa do mundo. Não consigo ouvir essa música agora. Um dia, quem sabe."

Dave Green lembra que estava no carro ao receber a notícia da morte do amigo mais antigo. Ele vinha trabalhando em uma versão de "The Flower is a Lovesome Thing", de Billy Strayhorn, um dos favoritos de Charlie, com seus colegas da banda de dez integrantes do Ronnie Scott's. "Tinha me esquecido do que estava no CD player", diz ele. "Entrou essa faixa e as lágrimas vieram. É uma balada lenta, uma canção linda e foi a primeira música que ouvi depois de Charlie morrer."

Para o antigo amigo de Charlie, John DeChristopher, ex-Zildjian, "19th Nervous Breakdown" nunca envelhece. "É quase como se ele estivesse incorporando Elvin Jones ou um

---

1 *Breakdown* é um trecho de uma canção — costuma ser além da metade — em que a progressão melódica conjunta sustentada até então faz uma pausa, assim como os vocais, e a levada fica a cargo de um ou mais instrumentos isolados, enquanto outros param momentaneamente de tocar. No caso, um trecho em que só se ouve a bateria — em shows, o típico momento em que o vocalista puxa palmas da plateia. (*N. do T.*)

baterista de bebop, é tão técnico, tão gostoso", diz ele. "É a mistura perfeita do que torna Charlie tão especial. E aí há algo como 'Winter', onde sua batida é primorosa. Para ele, não havia regras. Faria o que fosse necessário para fazer todos soarem bem."

"Ele era singular no que trazia para os Stones", acrescenta Dave. "Não havia um conceito predeterminado de como tocar com uma banda de rock. Charlie tocava da forma como sentia a música. Nunca havia exibicionismo. Era muito discreto, tocava só pela música."

"Devo dizer que eu o amava muito", confessa Jools Holland. "Tínhamos uma sintonia ótima e ele era muito gentil comigo. Era como alguém de outra época, mas ao mesmo tempo inteiramente conectado com o momento. Era o sonho encarnado."

"'Enigma'", digo a Keith, "é uma palavra usada em excesso, mas cabe em Charlie 'Boom Boom' Watts." Ele concorda. "Cabe. É a que mais se encaixa. Charlie era capaz de criar seu próprio mundo. Do seu jeito. É difícil definir. Ele era um mistério para mim. Sempre será, em muitos aspectos. Mas ao mesmo tempo você vive com um cara, nos anos 1960 em especial… vivemos dessa forma basicamente por quatro anos, quando morávamos a um corredor de distância."

Admiradores de gente extremamente famosa costumam cometer um equívoco egoísta: se acham no direito de monopolizar o luto. Lidar com a partida de um artista que tanto se admira, que faz parte da sua vida desde sempre, é altamente emotivo, mas pode não ser nada em comparação à perda de um marido, de um irmão, de um pai, de um avô.

"Ele ligava todo santo dia", lembra Seraphina. "Ligava para a minha mãe, depois para a Charlotte e para mim. Quando vou à casa principal, é como se ele ainda estivesse viajando. Está em turnê. Falei isso para minha mãe outro dia. A sensação é de que ele pode telefonar a qualquer momento."

"Desde que tudo começou", diz Charlotte, "eu já pensava: 'Não posso me apegar demais a esse mundo, porque é o que é. Um dia vai acabar'. Mas tendo tido a oportunidade que tive, ainda é difícil acreditar que acabou. Isso é o mais incrível, a sorte que tive em tantos aspectos, por ter tido uma pessoa tão maravilhosa na minha vida."

Ela parafraseia a descrição do amigo Don McAulay de como Charlie enxergava a vida. "Era como se ele tivesse nos convidado para este mundo com uma atitude bem ao estilo 'Isso aqui é tudo faz de conta, vamos curtir enquanto durar, mas sem ninguém se acostumar porque, no fim da turnê, todo mundo precisa voltar para casa'." De fato, a turnê acabou e Charlie Watts voltou para casa. Mas é só fecharmos os olhos e lá estará ele, por trás daquele kit minúsculo, criando sua exibição de fogos de artifício, abrindo um sorriso deslumbrante e emocionando a todos, sem perder o ritmo.[2]

---

[2] Shirley Watts, esposa de Charlie, faleceu em 16 de dezembro de 2022, aos 82 anos, um ano, três meses e 22 dias após a morte do marido, com quem foi casada por 57 anos. (*N. do T.*)

Posfácio

Primeiro de junho de 2022, estádio Wanda Metropolitano, Madri. Inacreditavelmente, os dados continuam a rolar[1] e mais de cinquenta mil pessoas enlouquecidas marcam presença na reinauguração da mais antiga festa do rock. Os Rolling Stones iniciam a turnê europeia que marca seu sexagésimo aniversário e um homem domina os gigantescos telões.

O som dos aplausos às imagens das décadas de serviços prestados por Charlie Watts enche o céu antes de seus amigos da vida inteira tocarem em sua homenagem contra todas as expectativas da natureza, da gravidade e de qualquer outra lei que se imagine. Um show que, como prega o folclore stoniano, pode desabar a qualquer momento e, no entanto, só incrementa sua magnitude e se verte em puro encanto.

Vem à mente o inconveniente pensamento sobre as bandas de abertura: se começarem a contagem progressiva esta noite, para alcançar a longevidade da atração principal ainda terão que estar subindo aos palcos em 2082. Tendo à frente um ho-

[1] Referência à canção "Tumbling Dice", do álbum de 1972 *Exile on Main St.* (*N. do T.*)

mem cujo relógio biológico parece ter parado nos anos 1980, os Stones nos servem clássicos por diversão, com a novidade formidável, pela primeira vez em sua história, de um ingrediente extra agora em posição de destaque, "Out of Time". Título que certamente não os descreve.

Atrás da bateria, Steve Jordan toca com equilíbrio impecável, ciente de que a noite estranhamente pertence a um homem que não está ali. "Steve leva tão bem a situação", conta-me Mick. "Ele estudou o que Charlie fazia no palco e o que tocava nos discos. Não se deixa escravizar pelo que ouviu. Mas se você não souber quem está ali atrás, tem momentos — a introdução de 'Paint It Black', por exemplo — em que alguém poderia achar que era Charlie. É bizarramente igual." Charlie continua bem esta noite.

Créditos das fotos

Embora tenhamos feito todos os esforços para localizar os detentores dos direitos autorais do material aqui reproduzido e assegurar a permissão de uso, os editores desde já lamentam quaisquer omissões e se comprometem a incorporar prontamente créditos que porventura estejam faltando às futuras edições do livro.

Página 1, 2 (embaixo), página 7 (alto à esquerda): Cortesia de Linda Rootes
Página 2 (alto): Cortesia de Claire Deacon
Página 3 (alto), página 11 (embaixo): Cortesia de Dave Green
Página 3 (meio): Cortesia de Brian e Ann Jones
Página 3 (embaixo): Espólio de Charlie Watts
Página 4 (alto): Popperfoto via Getty Images
Página 4 (embaixo): Arquivo Photos/Hulton Archive/Getty Images
Página 5 (alto): TV Times via Getty Images
Página 5 (embaixo): Pictorial Press Ltd/Alamy Stock Photo
Página 6 (alto à esquerda): Daily Mirror/Mirrorpix/Mirrorpix via Getty Images

Página 6 (alto à direita): Trinity Mirror/Mirrorpix/Alamy Stock Photo
Página 6 (embaixo): Stan Mays/Daily Mirror/Mirrorpix
Página 7 (alto à direita): Keystone Features/Hulton Archive/Getty Images
Página 7 (embaixo): ABKCO
Página 8 (alto): Sunday Mirror/Mirrorpix/Mirrorpix via Getty Images
Página 8 (embaixo à esquerda): Evening Standard/Hulton Archive/Getty Images
Página 8 (embaixo à direita): Robert R. McElroy/Getty Images
Página 9: Keystone/Zuma/Shutterstock
Página 10 (alto): Espólio de David Gahr/Getty Images
Página 10 (meio): Aaron Rapoport/Corbis via Getty Images
Página 10 (embaixo): Mirrorpix
Página 11 (alto): Trinity Mirror/Mirrorpix/Alamy Stock Photo
Página 12 (alto): Cortesia de Tony King
Página 12 (meio): Lawrence Schwartzwald/Sygma via Getty Images
Página 12 (embaixo): KMazur/WireImage/Getty Images
Página 13 (alto): Christian Charisius/Reuters Pictures
Página 13 (meio): © Jools Holland
Página 13 (embaixo à esquerda): Action Images/Paul Childs Livepic/Reuters Pictures
Página 13 (embaixo à direita): Kacper Pempel/Reuters Pictures
Página 14 (alto): Sean Hansford/Manchester Evening News/Mirrorpix
Página 14 (embaixo à esquerda e à direita), página 15, página 16 (alto à esquerda e à direita): © Don McAulay
Página 16 (embaixo): © John Christie

Este livro foi impresso pela Cruzado, em 2023, para
a HarperCollins Brasil. O papel do miolo é pólen
natural 70g/m², e o da capa é cartão 250g/m².